古典文獻研究輯刊

十五編

潘美月・杜潔祥 主編

第 10 冊

《陳眉公家藏祕笈續函》
小說類作品之研究（上）

薛 雅 文 著

國家圖書館出版品預行編目資料

《陳眉公家藏祕笈續函》小說類作品之研究（上）／薛雅文
著 — 初版 — 新北市：花木蘭文化出版社，2012〔民 101〕
目 6+220 面；19×26 公分
（古典文獻研究輯刊 十五編：第 10 冊）
ISBN：978-986-254-993-3（精裝）
1. 明代小說　2. 版本學　3. 研究考訂
011.08　　　　　　　　　　　　　　　　101015064

ISBN-978-986-254-993-3
9 789862 549933

古典文獻研究輯刊
十五編　第 十 冊　　　　　　ISBN：978-986-254-993-3

《陳眉公家藏祕笈續函》小說類作品之研究（上）

作　　者　薛雅文
主　　編　潘美月　杜潔祥
總 編 輯　杜潔祥
企劃出版　北京大學文化資源研究中心
出　　版　花木蘭文化出版社
發 行 所　花木蘭文化出版社
發 行 人　高小娟
聯絡地址　新北市永和區中正路五九五號七樓
　　　　　電話：02-2923-1455／傳眞：02-2923-1452
網　　址　http://www.huamulan.tw 信箱 sut81518@gmail.com
印　　刷　普羅文化出版廣告事業
初　　版　2012 年 9 月
定　　價　十五編 26 冊（精裝）新台幣 42,000 元

《陳眉公家藏祕笈續函》
小說類作品之研究（上）

薛雅文　著

作者簡介

薛雅文

學歷：東吳大學中國文學系博士

經歷：現職明道大學中國文學系專任助理教授。曾參與東吳大學共通課程教學提昇計畫、東吳大學教學卓越計畫、明道大學人文學院「2009齊白石藝術創作紀念展」、明道大學人文學院「媽祖國際學術研討會」與明道大學先期性「《寶顏堂祕笈》子部書籍研究」等計畫。

論文：博士學位論文《《陳眉公家藏祕笈續函》小說類作品之研究》，學術刊物與會議論文有：〈評《管錐篇》論《太平廣記》中之小說〉、〈論教學取材古典小說示例 以《閱微草堂筆記》愛情主題故事為例〉、〈從國家圖書館《閱微草堂筆記》典藏版本觀文獻整理的新局面〉等十餘篇。

合著編輯專書有：《大學國文e點靈》、《語言文學課程與教學學術研討會論文集》；數位電子書（與許清雲教授合著）有：《詩詞曲全文檢索系統》、《世說新語全文檢索》、《樂府詩集全文檢索》、《文心雕龍全文檢索》、《藝人類聚》、《紅樓夢》、《三國演義》、《儒林外史》、《西遊記》、《水滸傳》等。

提　　要

本論文題目「《陳眉公家藏祕笈續函》小說類作品之研究」，係以明代陳繼儒等人編纂《寶顏堂祕笈》中之《陳眉公家藏祕笈續函》作為研究主題。研究重點聚焦在該部叢書收錄十四部小說內涵特色，且兼顧文獻版本之優劣探討。

研究範圍：其一，《寶顏堂祕笈》共六集，本論文擇其中《陳眉公家藏祕笈續函》作為研究對象，除綜述《寶顏堂祕笈》外，重點在就《陳眉公家藏祕笈續函》之編纂緣起與經過、選錄小說作品標準等，予以分析探討。其二，《陳眉公家藏祕笈續函》計收錄五十部作品，今擇定其中十四部小說類作品以為檢視該部叢書之媒介。

研究目的：藉由《陳眉公家藏祕笈續函》收錄十四部小說類作品，透過同是「明萬曆間繡水沈氏尚白齋刊本」或與明代著名叢書版本相互比較後，以評論編纂者陳繼儒於該套叢書選書鑑別能力與校勘用力程度。經過多方研讀、比較、判別，旨在論斷《陳眉公家藏祕笈續函》中之小說作品，是否值得研究者來利用與研究，且明白指出該部叢書於文獻學上之價值和貢獻。

內容綱要：「第一章　緒論」，主要針對研究動機、研究範圍及方法、文獻回顧與評述、預期成果及自我評估等項作概述。「第二章 《陳眉公家藏祕笈續函》綜合探討」，先介紹《寶顏堂祕笈》系列叢書，後就本論文主題《陳眉公家藏祕笈續函》收錄作品內容、小說作品標準等予以評述。「第三章《陳眉公家藏祕笈續函》志人小說之版本暨內容考述」，除簡述四部志人類小說作者、內容外，主要探討重心在小說版本文獻比較分析與作品是否具備文學內涵等問題。「第四章《陳眉公家藏祕笈續函》志怪傳奇小說之版本暨內容考述」，除簡述三部志怪傳奇類小說作者、內容外，主要探討重心在小說版本文獻比較分析與作品是否具備文學內涵等問題。「第五章《陳眉公家藏祕笈續函》雜俎小說之版本暨內容考述」，除簡述七部雜俎類小說作者、內容外，主要探討重心為小說版本文獻比較分析與作品是否具備文學內涵二項問題。「第六章　結論」，從陳繼儒編纂《陳眉公家藏祕笈續函》之整體評估與《陳眉公家藏祕笈續函》小說類作品刊刻之價值與缺失等二大方向，總結該部叢書質量暨級等之評定。「參考書目」，因參考古籍與現代出版書籍繁夥，故僅陳列本論文引用之書目。「附錄」有三：附錄一，今日叢書目錄與國內外著名圖書館記載《寶顏堂祕笈》內容情形；附錄二，分別依照本論文探討三大小說主題—志人類、志怪傳奇類、雜俎類等各版本書影，且簡述該版本情形；附錄三，國家圖書館善本書室所藏另一部「明萬曆間繡水沈氏尚白齋刊本」之書影。

上 冊

第一章　緒　論

第一節　研究動機

一、研究背景

　　筆者因治學性向所趨，偏好文獻學。中國文獻學發展至今，無論目錄、版本、校勘、輯軼及辨偽等部門，皆因時代不同而展現其特色。此種轉變，可從宋元以降叢書收集琳瑯滿目之書籍，窺見一二。《說文解字》：「叢，聚也。」可知叢書之編輯應有匯集眾書之特性。若論其價值，誠如清張之洞《書目答問》卷五「古今人著述合刻叢書」所言：

> 叢書最便學者，為其一部之中可該群籍，蒐殘存佚，為功尤鉅，欲多讀古書，非買叢書不可。〔註1〕

　　另據《輶軒語・語學弟二》，亦鼓勵學者多買叢書。其「一　讀諸子」條下云：

> 諸子切要者，國朝人多有校刻善本。多在叢書中。其未及者，明人亦多有仿宋重刻單行本。但枝節求之，即五都之市，亦須積年累月，始能完備，將何日讀之耶？為學者計，只有多買叢書一法。購得一書，即具數種，或數十種。其單行精本，徐圖可也。明刻叢書，極為荒率，脫誤固然，其專輒刪改，最為大害。然不聞陶淵明語云，「慰

〔註1〕　〔清〕張之洞著：《書目答問》（北京：生活・讀書・新知三聯書店出版發行，1998年6月），頁250。

情聊勝無」耶？〔註2〕

今人劉尚恆《古籍叢書概說》第四章「古籍叢書的價值和利用」，曾論及叢書四項價值：匯集功用、輯佚功用、提供善本與精本、普及功用等。〔註3〕換言之，叢書於中國文獻學上應有舉足輕重之地位，亦能讓讀者藉由叢書收書繁夥而對浩如煙海中國古籍有研究、閱讀之方向。

自宋俞鼎孫等人編《儒學警悟》、左圭編《百川學海》以來，迄明代而叢書之編輯事業已呈蓬勃發展，如程榮《廣漢魏叢書》、陳繼儒《寶顏堂祕笈》、毛晉《津逮祕書》等，皆一時之選。而促使明代叢書熱絡發展之因，可歸諸以下條件：

其一，帝王提倡教化，造成刻書風氣。清黃佐《南雍志》卷第一「事紀一」言：

> 上諭中書省臣曰：……朕恒謂治國之要，教化為先；教化之道，學校為本。今京師雖有太學，而天下學校未興，宜令郡縣皆立學。禮延師儒，教授生徒，以講論聖道，使人日漸月化，以復先王之舊，革污染之習。此最急務，當速行之。〔註4〕

同卷又言：

> 上諭之曰：致治在于善俗，善俗本于教化。教化行，雖閭閻可使為君子；教化廢，雖中材或墜于小人。〔註5〕

明代因帝王提倡教化，郡縣興辦學校，教化之道已行，促使刻書文化發展，故特重紙張材料與刊刻樣式。可從明項元汴《蕉窗九錄》「國朝紙」一條下記載佐證。其言曰：

> 永樂中，江西西山置官局造紙。最厚大而好者曰連七、曰觀音紙。……近日，吳中無紋灑金箋紙為佳。松江潭箋，不用粉造，以荊川連紙，背厚研光，用蠟打各色花鳥，堅滑可類宋紙。新安仿造宋藏經箋紙，亦佳。有舊裱畫卷，綿紙作字甚佳，有則宜收藏之。〔註6〕

〔註2〕 同上註，頁300。

〔註3〕 劉尚恆著：《古籍叢書概說》（上海：上海古籍出版社出版，1989年12月），頁54～62。

〔註4〕 〔清〕黃佐撰：《南雍志》（臺北：偉文圖書出版社有限公司，1976年9月），頁46～47。

〔註5〕 同上註，頁60。

〔註6〕 〔明〕項元汴著：《蕉窗九錄》（《叢書集成新編》第五十冊，臺北：新文豐出版公司印行），頁218。

　　明代對印書用紙，有較高標準，而無論在刻印內容或技術方面，亦有突出的成果。茲引錢存訓《造紙及印刷》「（4）明代刻書之創新」之言：

　　　　明代刻印書籍的特色在其題材廣泛、技術創新，以及藝術的精美。
　　　　明代與前朝作風不同，除刻印傳統的經、史、釋道藏、文集外，更
　　　　印通俗小說、樂譜、工藝、航海、造船，以及前所未見的西方科學
　　　　著述，以至戲曲、醫藥、外國記文、地方志等，而大型叢書及類書
　　　　的數量也大有增加。在技術上，明代創用金屬活字印刷、改良彩色
　　　　套印、精製版畫插圖，摹刻舊本古籍。不論在內容或技術方面，明
　　　　代的刻印都有突出的成果。〔註7〕

　　從錢氏之言，可知明代刻印技術創新，此技術當有助於大套叢書與類書刻印。

　　其二，社會經濟穩定，造成文化興盛。明葉盛《水東日記》卷二十一：

　　　　今書坊相傳射利之徒，偽為小說雜書，南人喜談如漢小王光武，蔡
　　　　伯喈邕，楊六使文廣；北人喜談如繼母大賢等事甚多。農工商販，
　　　　抄寫繪畫，家畜而人有之。癡騃文婦，尤所酷好。好事者因目為「女
　　　　通鑑」，有以也。甚者晉王休徵、宋呂文穆、王龜齡諸名賢，至百態
　　　　誣飾，作為戲劇，以為佐酒樂客之具，有官者，不以禁社，士大夫
　　　　不以為非；或者以警世之為而忍為推波助瀾者，亦有之矣。意者其
　　　　亦出於輕薄子一時好惡之為，如《西廂記》、《碧雲騢》之類，流傳
　　　　之久，遂以汎濫，而莫之捄歟！〔註8〕

　　葉氏所言，南人北人喜談話題，能見戲曲、小說因社會需求增加，除帶動通俗文學流行外，同時亦會影響說部叢書刊行，例如顧元慶輯《顧氏明朝四十家小說》、華淑《閒情小品》等是。本論文將探討之《寶顏堂祕笈》，亦屬此類。

　　其三，詔除書籍稅，助長藏書、刻書風氣。清龍文彬《明會要》卷二十六「學校下」記載：

　　　　書籍
　　　　洪武元年八月，詔除書籍稅。^{本紀。}〔註9〕

〔註7〕　錢存訓著：《造紙及印刷》（臺北：臺灣商務印書館股份有限公司，1999 年 6
　　　　月），頁 218。
〔註8〕　〔明〕葉盛撰：《水東日記》（《四庫筆記小說叢書》，上海：上海古籍出版社
　　　　出版，1991 年 12 月），頁 1041～130。
〔註9〕　〔清〕龍文彬撰：《明會要》（楊家駱主編：中國學術名著《歷代會要》第一

　　「詔除書籍稅」，此項政策實施後，必然促進藏書及刻書風氣日加盛行，益以當代刻書技術創新，故刻印書籍無論題材及數量，皆更盛於前代。李致忠《古代版印通論》第十章「明代的版印概況」，〔註10〕分別羅列統計中央機構刻書、地方機構刻書、藩府刻書、私宅坊肆刻書等情形，除能見此時期刻書盛況外，所呈現之刻書類型亦是琳瑯滿目。其中，叢書亦是當時主要刻書類型之一。據明周弘祖《古今書刻》記載明代各地刻書情形，其中有記載常州府官方、書坊刻印《百川學海》叢書之例。〔註11〕復據清王鳴盛《蛾術編》卷十四「合刻叢書」條下謂：

> 取前人零碎著述，難以單行者，彙刻為叢書。其在宋則石盧冀士罔有《五子合刻》，鄞山左圭禹錫有《百川學海》，溫陵曾慥端伯有《類說》，秀水朱勝非藏一有《紺珠集》。其在元則天台徐一夔大章有《藝圃搜奇》，華亭陶宗儀九成有《說郛》。其在明則海上陸楫思豫有《古今說海》，四明余有丁有《子彙》，大末舒石泉有《集賢書舍六子合刻》，新安程榮有《漢魏三十六種叢書》，會稽商濬有《稗海》，新安吳琯有《古今逸史》，鄞縣屠隆長卿，一字緯眞，有《漢魏叢書》，海寧胡文煥有《格致叢書》，武林鍾人傑有《唐宋叢書》，雲間陳繼儒眉公有《祕笈》六編，海虞毛鳳苞子晉有《津逮祕書》。〔註12〕

　　由此可知，叢書確為明代主要刻印書籍之一，皆與政治、經濟、文化、出版等因素息息相通。明代「叢書」刊刻蔚為風尚，以嘉靖前後為界。嘉靖前，多仿宋《百川學海》及元《說郛》體例，並以彙集子部、雜著小品內容之叢書為主，如陸楫《古今說海》、顧元慶《顧氏文房小說》等。嘉靖後，私家逐漸盛行刻印叢書，其類型可稱各體兼備，有以涵蓋四部之彙編類綜合性叢書，如程榮等人《漢魏叢書》、吳琯《古今逸史》、胡文煥《格致叢書》等；有以郡邑之方域類叢書，如樊維城《鹽邑志林》，以及個人著作之自著類叢書，如陸深《儼山外集》、王道《王文定公遺書》等。明代叢書刻印事業如此蓬勃發展，進而孕

　　　　期書，第九冊，1960 年 11 月），頁 418。

〔註10〕李致忠著：《古代版印通論》（北京：紫禁城出版社出版，2000 年 11 月），頁
　　　　226～268。

〔註11〕〔明〕周弘祖撰：《古今書刻》（嚴靈峰編輯：《書目類編》八十八。臺北：成
　　　　文出版社，1978 年），頁 12。

〔註12〕〔清〕王鳴盛撰：《蛾術編》（《續修四庫全書》編纂委員會編：《續修四庫全
　　　　書》「子部・雜家類」，上海：上海古籍出版社），頁 163。

育出各式各樣叢書類型，是以引發筆者欲探其原委之因素。故今即將以屬嘉靖後彙編類綜合性之《寶顏堂祕笈》叢書，作爲反映明代叢書質量優劣之開端。

二、研究目的

明華亭名人陳眉公《寶顏堂祕笈》六集，收書四百餘種，其中多罕見奇僻孤本，保存明代及明以前小說雜記，頗爲豐富，非僅是一部彙編類綜合性叢書，亦是一部文學性叢書，應可作爲研究取資之對象。本論文探究主題《寶顏堂祕笈》在諸家叢書中，號稱卷帙豐富，且清代私家藏書目錄有依據叢書作爲版本或記載該版本情形，如周中孚《鄭堂讀書記》、莫友芝《邵亭知見書目》等書目。以下即據清周中孚《鄭堂讀書記》中記載收錄書之版本狀況，統計採用《寶顏堂祕笈》版本之數量爲何。茲先以表格羅列《鄭堂讀書記》採用該套叢書情形：

《寶顏堂祕笈》各集名稱	《鄭堂讀書記》中採用《寶顏堂祕笈》版本之書名
《寶顏堂祕笈》本	《貧士傳》、《筆疇》、《雲烟過眼錄》《續錄》、《考槃餘事》等，四本作品。
《眉公祕笈》本	《群碎錄》等，一部作品。
《眉公雜著》本	《讀書鏡》、《書畫史》、《狂夫之言》《續狂夫之言》、《安得長者言》、《書蕉》、《枕譚》、《偃曝談餘》、《泥古錄》、《巖栖幽事》、《眉公筆記》、《讀書十六觀》、《珍珠船》、《見聞錄》、《太平清話》等，十三部作品。
《續祕笈》本	《伏戎紀事》、《慎言集訓》、《吳郡丹青志》、《畫說》、《煮泉小品》、《病榻寤言》、《麈餘雜識》、《讀書雜鈔》、《井觀瑣言》、《蝸笑偶言》、《南唐近事》、《後山談叢》、《吳社編》、《集異志》、《桂花叢談》、《長松茹退》、《旡上祕要》、《疑仙傳》等，十八部作品。
《彙祕笈》本	《周易尚占》、《畫品》、《文湖州竹派》、《一庵雜問錄》、《支談》、《環碧齋小言》、《春雨雜述》、《田居乙記》、《江鄰幾雜誌》、《先進遺風》、《道德寶章》、《金丹詩訣》、《韓仙傳》等，十三部作品。
《廣祕笈》本	《從政錄》、《瓶花譜》、《兩同書》、《汲古叢語》、《意見》、《經外雜鈔》、《東谷贅言》、《雨航雜錄》、《鼂釆館清課》、《食色紳言》、《農田餘話》、《老子解》、《席上腐談》等，十三部作品。
《普祕笈》本	《召對錄》、《冬官紀事》、《薛方山紀述》、《聖學範圍圖說》、《農說》、《畫禪》、《古今印史》、《茶寮記》、《茶疏》、《酒史》、《渾然子》、《祈嗣眞詮》、《聽心堂客問》、《眞珠船》、《朝野僉載》、《方州雜言》、《祐山雜說》、《東坡問答錄》、《漁樵閒話錄》等，十九部作品。

統計以上數據可知,《寶顏堂祕笈》收錄一百八十六部書籍,而清周中孚《鄭堂讀書記》共採用八十一部作品之多。此例證明,《寶顏堂祕笈》於清代中葉應非難得,且獲名家收藏,理應有舉足輕重之地位,可惜未見專家著書深入論述。清孫從添《藏書紀要》言:

> 各種書籍,務於舊刻、祕鈔完全、善本為妙,又必於《稗統》、《稗海》、《百川學海》、《眉公祕笈》、《文煥叢書》、《漢魏唐宋叢書》、《夷堅志》、《津逮祕書》、《邱林學山》、《顧氏四十小說》、《皇宋四十家小說》、《皇明小說》等書,擇其卷數完全刻本,與宋本、舊鈔、祕鈔本對明卷數字句同與不同,一一記清,以便檢不全而未備者棄之,見有全而精美者收藏之。〔註13〕

清盧文弨〈鮑氏知不足齋叢書序〉云:

> 昔人叢書之刻為嘉惠於學者至也。雖然,亦有反以為病者,真偽不分,雅俗不辨,或刪削而非完善,或脫誤而鮮校讎,就數者之中不完與不校之為弊更甚……甚或虛張名目,而所載不及本書之十之二三,或本一書而鈹離之為四五、為六七,此皆足以疑誤後人,後人將何由得觀其全乎!至若校讎不精之弊,更不可以枚數。〔註14〕

從以上二則引文,足見孫氏與盧氏指出使用叢書,必須留意收書及刻印之全不全問題,亦是今日文獻學專家每每評論叢書優劣,留意其收書及刻印之全不全、校勘精審與否等問題,作為孰優孰劣之標竿。筆者既鑽研有關叢書與《寶顏堂祕笈》論題後,心中油然太息,多數研究者皆以受到公眾美評之研究對象或課題為主,甚少勇於嘗試前輩專家不予重視之研究論題。反觀,若無研究者擇世人指名劣質叢書探其究竟,亦如何得知該部叢書其中有擇之不精、取之不雅等弊病,甚且刪削而非完善,或脫誤而鮮校讎等問題。故不忖譾陋,擇《寶顏堂祕笈》叢書中之《陳眉公家藏祕笈續函》所收「小說類」書籍為例作探討。以評估《陳眉公家藏祕笈續函》與明代著名叢書之間,孰優孰劣?且藉由與清代、民國以後叢書之比較,總結評價該叢書有何優劣缺點,並給予該叢書整體級等之評定。

〔註13〕 〔清〕孫從添撰:《藏書紀要》(《叢書集成新編》二。臺北:新文豐出版公司印行,1985 年),頁 754。

〔註14〕 〔清〕鮑廷博:《知不足齋叢書》(嚴一萍輯選:《百部叢書集成》,臺北:藝文印書館印行),〔清〕盧文弨〈鮑氏知不足齋叢書序〉,頁 1~2。

第二節　研究範圍及方法

一、研究範圍

（一）以《寶顏堂祕笈》中之《陳眉公家藏祕笈續函》叢書作為研究方向

《寶顏堂祕笈》總題陳繼儒。陳繼儒（1558～1639），字仲醇，號眉公。明代華亭著名文學家、藏書家、書畫家。生平事略，可從《明史·列傳》、《陳眉公先生全集》與自著作品等，清楚得知。若論眉公藏書，可稱豐富，從其子夢蓮編撰《眉公府君年譜》記載：

> 熹宗哲皇帝改元天啓元年辛酉
>
> 府君六十四歲。夜坐聞寂偶，自敍東余始末云：「余山居有頑仙廬、有含譽堂、有蔿庵、有老是庵，此在南山之麓也。……山居有蘇東坡石刻、風雨竹二碑、米元章甘露一品石碑、黃山谷此君軒碑、朱晦翁耕雲釣月碑。墨跡有顏魯公、朱巨川誥，倪雲林鴻雁泊舟圖。又良嘗草堂圖、黃鶴山樵皁齋圖、錢舜舉茄菜圖、馬遠和靖圖、梁風子陳希夷圖、梅花道人竹篠圖、高望山奇峰白雲圖、范寬釣雪圖、趙松雪高逸圖，吾明文沈以及玄宰不勝記。山莊有漢鈞文鼎、金鳩首欂葉笠、楊廉夫鐵冠、木上坐松花石、陸放翁松皮研米虎兒研山，及圖書萬卷。」〔註15〕

復據門生洪瀾〈陳眉翁先生行跡識畧〉記載：

> 先生兩間正氣，一代宗工，降生名區，正不乏上袞名卿爲之傳記。然或浮艷其詞，何如門下士言之質也。又或粗涉其概，何如深相知者言之詳也。故瀾敢從二三津津稱述之後，而謹爲之識。……遠近縉紳孝秀間，有不畏名法、不礙長吏，舉事一不當，必曰：「眉先生得無知否？」則何以至此，都人士每一造作制度、器用、飲食，以及斯文翰墨，靡不邀先生以爲奇，贋先生以爲重，則何以至此？海內不乏文人才子，後先蔚起。獨先生無論名勛貴畹、朝紳野牧、窮涯僻壤、旃裘箐篁之國，靡不瞻仰半采。〔註16〕

〔註15〕〔明〕陳繼儒撰：《陳眉公先生全集·年譜》（臺北國家圖書館「善本書室」藏，明崇禎間華亭陳氏家刊本），頁20～21。

〔註16〕〔明〕陳繼儒撰：《陳眉公先生全集·行述》。同上註，頁1。

　　上引文中，除記載陳繼儒藏書萬卷外，亦傳達陳繼儒尤愛藏異書之嗜好。此愛藏異書之癖，可從領銜編纂《寶顏堂祕笈》六集中收書四百餘種，見其一二。因各集之序，屢屢提及陳氏所藏罕見祕本之記載，如《陳眉公家藏祕笈續函》李日華〈敘〉云：

> 眉公陳先生披韋帶索，自放草澤，方將糠秕天地，芻狗萬象，一切
> 世榮物尚，排蕩殆盡，而獨留嗜書之癖。以故畸流英衲，所與往來，
> 得一隱書，必以歸先生。先生耳目所逮，與手所羅致，必獲而後已。
> 於是先生之笈日滿，而四方稱多異書者，必曰眉公先生云。……然
> 則謂今天下有奇篇逸帙，悉出陳氏笈中。〔註17〕

　　換言之，陳眉公所藏祕本蓋多收錄編纂《寶顏堂祕笈》中，實值得深入研究。

　　至於，《寶顏堂祕笈》叢書之名稱，據陽海清《中國叢書綜錄補正》記載「《寶顏堂祕笈》」一書云：

> 按：《寶顏堂祕笈》之名係約定俗成，實則書中無此總名，且各集題
> 名不一，亦非刻於一時。〔註18〕

　　陽氏之說，道出整部叢書總書名與各集題名參差不一之情形。筆者檢視本論文採用之底本臺北國家圖書館善本書室典藏之「明萬曆間繡水沈氏尚白齋刊本」四百零七卷二百四十冊之《寶顏堂祕笈》，〔註19〕誠如陽海清所言。

〔註17〕〔明〕陳繼儒輯：《寶顏堂祕笈》（明萬曆間繡水沈氏尚白齋刊本）。明李日華：〈續〉。

〔註18〕陽海清編撰：《中國叢書綜錄補正》（揚州：江蘇廣陵古籍刻印社，1984 年 8 月），頁 10。

〔註19〕臺北國家圖書館善本書室典藏之《寶顏堂祕笈》「明萬曆間繡水沈氏尚白齋刊本」介紹：
線裝書。共收錄四百零七卷，二百四十冊，一百八十六種書籍。板框高二十點五公分，寬十二點五公分。每半葉十行，行十七至十八字，單欄。板心上方記子目、書名、卷第，板心下方記頁次。《陳眉公訂正祕笈》卷首有姚士麟〈敘〉、陳萬言〈敘〉；《陳眉公家藏祕笈續》卷首有沈德先〈敘〉、李日華〈敘〉、沈孚先〈序〉；《陳眉公家藏彙祕笈》卷首有姚士麟〈序〉、沈德先〈序〉；《陳眉公家藏廣祕笈》卷首有李日華〈序〉、沈德先〈敘〉；《陳眉公普祕笈》卷首有張可大〈序〉、王體元〈敘〉；《眉公雜著》卷首有沈德先〈序〉。全書編纂各集為，《陳眉公訂正祕笈》、《陳眉公家藏祕笈續》、《陳眉公家藏彙祕笈》、《陳眉公家藏廣祕笈》、《陳眉公普祕笈》、《眉公雜著》等六類。書中目錄、序言、書名等處，鈐有「劉承幹字貞一號翰怡」白文方印、「吳興劉氏嘉業堂藏書印」朱文方印、「四明盧氏抱經樓藏書印」白文方印、「何澹園珍藏書畫之記」朱

以下簡述該版本情形：首先，整部叢書僅見各集有題名，且各集分別各自題名。其次，同一集中，題名亦產生分歧，可從每集目錄題名、目錄書耳處，以及收錄之書首頁卷端等得知，舉《陳眉公家藏祕笈續函》為例，從該集目錄首行見其題名為「《尚白齋鐫陳眉公家藏秘笈續函》」，另從該集目錄書耳處見其刊刻名稱為「《秘笈續函》」，再查檢該集收錄每部書首頁卷端處則題名「寶顏堂訂正某某書（書名）」。從以上得知，《寶顏堂祕笈》之書名與各集題名如此分歧外，旁查明代至今日學者亦無統一稱呼。幾經思考，加上採用臺北國家圖書館善本書室典藏之「明萬曆間繡水沈氏尚白齋刊本」作為研究之底本，故整套叢書名稱與各集題名則決定依據《國立中央圖書館善本書目》記載之名稱，該書目整套叢書題名為《寶顏堂祕笈》，各集名稱依序為《陳眉公訂正祕笈》、《陳眉公家藏祕笈續函》、《陳眉公家藏彙祕笈》、《陳眉公家藏廣祕笈》、《陳眉公普祕笈》、《眉公雜著》等。因此，全文引用有關各集名稱時，若採用資料另有題名，則據原本不作改動；而行文皆根據《國立中央圖書館善本書目》記載書名為主。

至於本論文探討範圍，原以陳繼儒所編刊《寶顏堂祕笈》為探討對象，因而陸續完成三篇論文：〈《寶顏堂祕笈》及臺北國家圖書館收藏版本考略〉刊登於《中國文哲研究通訊》第十六卷‧第三期、〈《寶顏堂祕笈》所收宋何薳《春渚紀聞》小說研究〉披露於《東吳中文學報》第十二期，以及陳繼儒〈《陳眉公家藏祕笈續函》小說類研究——以《談苑》（又稱《孔氏談苑》）為例〉發表東吳大學中國文學系「第一三二次常態學術研討會」。已而發覺陳氏《寶顏堂祕笈》系列，部頭太大，收書頗多，且內容十分龐雜，非有數年光陰，誠不易治理探究。其次，從整套《寶顏堂祕笈》叢書校訂閱者分析得知，署名陳繼儒校訂作品有八十餘種，[註20] 其中於《陳眉公家藏祕笈續函》參與校訂高達四十部作品。故遂決意集中精力聚焦在《寶顏堂祕笈》六集中《陳眉公家藏祕笈續函》上。

文方印、「豫園主人」白文方印、「國立中央圖書館收藏」朱文方印等諸印。值得一提，「秘」為「祕」之異體字，故全文引用有關《寶顏堂祕笈》中之《陳眉公家藏祕笈續函》原資料，篇名若「祕」作「秘」字者，則據原本不作改動；而筆者行文皆根據底本，以「祕」字為主。

〔註20〕《寶顏堂祕笈》叢書校訂閱者分析結果，於「第二章　《陳眉公家藏祕笈續函》綜合探討」之「第一節《寶顏堂祕笈》系列綜合探討」中，有進一步論述。

（二）以《陳眉公家藏祕笈續函》收錄小說類作品為研究範圍

《陳眉公家藏祕笈續函》該部叢書收錄作品，共有五十部。茲以台北國家圖書館「善本書室」所藏《寶顏堂祕笈》之《陳眉公家藏祕笈續函》「明萬曆間繡水沈氏尚白齋刊本」〔註21〕列表示之：

卷數、作品分類、校者 收錄作品順序、名稱	卷數	撰者
《尚書故實》	一卷	唐李綽
《南唐近事》	一卷	宋鄭文寶
《朱文公政訓》	一卷	宋朱熹
《眞西山政訓》	一卷	宋眞德秀
《談苑》	四卷	宋孔平仲
《荊溪林下偶談》	四卷	宋吳子良
《桂苑叢談》	一卷	唐馮翊
《陰符經解》	一卷	不著撰人
《元始上眞眾仙記》（一名《枕中書》）	一卷	晉葛洪
《後山談叢》	四卷	宋陳師道
《旡上祕要》	一卷	不著撰人
《脈望》	八卷	題明趙台鼎
《賢弈編》	四卷	明劉元卿
《煮泉小品》	一卷	明田藝蘅
《伏戎紀事》	一卷	明高拱
《皇明吳郡丹青志》	一卷	明王穉登
《畫說》	一卷	明莫是龍
《次柳氏舊聞》	一卷	唐李德裕
《谿山餘話》	一卷	明陸深
《耄餘雜識》	一卷	明陸樹聲
《西堂日記》	一卷	明楊豫孫
《知命錄》	一卷	明陸深

〔註21〕《陳眉公家藏祕笈續函》，以下有二項說明：其一，據原書冊應收錄五十部，然實際僅四十七部，此部分於「第二章 《陳眉公家藏祕笈續函》綜合探討」有進一步論述。其次，「收錄作品順序、名稱」則依照國家圖書館善本書室所藏「萬曆間繡水沈氏尚白齋刊本」之《陳眉公家藏祕笈續函》「目錄」記載順序。

《樂府指迷》	二卷	宋張炎
《疑仙傳》	一卷	宋王簡
《可談》	一卷	宋朱彧
《玉堂漫筆》	一卷	明陸深
《蜀都雜抄》	一卷	明陸深
《四夷考》	八卷	明葉向高
《集異志》	四卷	唐陸勳
《慎言集訓》	二卷	明敖英
《鼎錄》	一卷	梁虞荔
《古奇器錄》附江〈東藏書目錄小序〉	一卷	明陸深
《井觀瑣言》	三卷	明鄭瑗
《蜩笑偶書》	一卷	明鄭瑗
《長松茹退》	二卷	明憨頭陀
《虎薈》	六卷	明陳繼儒
《羅湖野錄》	四卷	宋釋曉瑩
《觴政》	一卷	明袁宏道
《吳社編》	一卷	明王穉登
《願豐堂漫書》	一卷	明陸深
《金臺紀聞》	一卷	明陸深
《長水日鈔》	一卷	明陸樹聲
《病榻寤言》	一卷	明陸樹聲
《夷俗記》	一卷	明蕭大亨
《三事遡眞》	一卷	明李豫亨
《銷夏部》	四卷	明陳繼儒
《辟寒部》	四卷	明陳繼儒

　　該集收錄作品類型，依照清《四庫全書總目》可知內容包含有史部之地理類、雜史類；子部之儒家類、道家類、雜家類、小說家、藝術類、譜錄類；集部之詩文評類等。然受限於學力及時間，今將針對《陳眉公家藏祕笈續函》收錄之小說類作品爲研究重點，故擬定論文題目：「《陳眉公家藏祕笈續函》小說類作品之研究」。

　　本論文既以《陳眉公家藏祕笈續函》中之小說類作品爲研究範圍，故擇其十四部小說類作品作爲檢視該部叢書之媒介。而該如何從《陳眉公家藏祕笈續函》中，挑選眞正小說作品，實非易事。誠如吳志達《中國文言小說史》「緒論‧三、文言小說的源流及其基本特徵」之言：

在研究文言小說的源流變遷時，既不能用現代「小說」的概念去規
範古人，也不能為古代的傳統「小說」概念所束縛。〔註22〕

唯吾人仍須擇一定準則，方能條析縷分呈現本論文內容架構。再三思索，
則以明代小說論述定義與今人小說分類範疇，作為擇取之標準。明代部分，從
官修、公私家目錄與文史、小說家等論小說觀層面，作切入；民國部分，以研
究小說之學者專家及編選古典小說書目等對小說分類看法，作參考。藉此挑選
《陳眉公家藏祕笈續函》收錄作品中小說類之準則，故該套叢書收錄小說作品
可分為三種類型：志人類、志怪傳奇類、雜俎類。至於，筆者淺論明代目錄學
家、文史學家、小說家與今人說法等「小說」觀，將於「第二章　《陳眉公家
藏秘笈續函》綜合探討」稍作論述。如此一來，方不至流於固執己見。

二、研究方法

本論文主要採用陳述、歸納與比較、分析四種方式，以下分述之：
「陳述法」：首先，就《寶顏堂祕笈》整套叢書與《陳眉公家藏祕笈續函》
作綜合探討。借助陳述編纂者與參與者之學養、該部叢書收書內容，以檢驗
主要編纂者陳繼儒於選書或校書之學力深厚與否？其次，再擇取《陳眉公家
藏祕笈續函》收錄「小說類」書籍作為探討實例，針對每部小說之作者與內
容考述一番，期能深入瞭解該叢書收錄該部小說是否符合祕笈之要求。
「歸納法」：據搜集有關編纂者陳繼儒、《寶顏堂祕笈》與《陳眉公家藏
祕笈續函》收錄該部小說作品等相關資料，歸納出重點與特色，期能讓條目
更清晰外，亦讓證據來說話。
「比較法」：此為本論文主要採用之研究法。一方面，將《陳眉公家藏祕
笈續函》所收錄小說類之版本，透過與明代著名叢書收錄情形相互比較，或
與同是「寶顏堂」刊刻該書之版本相互讎校，以鑒定該部叢書於明代地位。
二方面，考查收錄之小說類作品，與當時流傳之版本或今日校勘之善本等有
何差異，借旁證加以論斷《陳眉公家藏祕笈續函》收錄小說類書籍版本精善、
粗劣之情形，進一步釐清該部叢書是否值得後世學者取資。經過多重比較論
證後，期能給予該部叢書合理地位。
「分析法」：從比較研究所得之結果，進一步分析判斷《陳眉公家藏祕笈

〔註22〕吳志達著：《中國文言小說史》（濟南：齊魯書社出版發行，1994 年 9 月），
　　　頁 6。

續函》所收小說作品版本之文獻價值；復就其內容，剖析其文學功用，作爲判斷該套叢書文學價值之判準。經此二項分析，其目的有三：其一，陳繼儒編輯鑒別能力如何？其二，《陳眉公家藏祕笈續函》所收小說類作品能否成爲後世讀者取資利用之版本？其三，以小說類書籍爲檢驗例證，探究《陳眉公家藏祕笈續函》是否爲一部質量兼備之叢書？

　　筆者認爲論斷一部質量兼備之叢書，必須藉由前述四種研究方式，方能達到目的。故研究主軸擬從版本源流、文獻價值、文學特色等方向開展，周延論述，進而反映出編纂者陳繼儒之用心程度，以及《陳眉公家藏祕笈續函》叢書之優缺點。

第三節　文獻回顧與評述

　　《寶顏堂祕笈》既在所見諸家叢書中，號稱卷帙豐富，卻未見專家專文深入論述。在綜觀古今文獻資料過程中，油然而生感嘆，故知人生大有幸與不幸！以下依照前人與今人文獻資料，分別加以論述：

一、前人研究文獻回顧與評述

　　明清學者罕見專研陳眉公《寶顏堂祕笈》叢書者，但晚清以來之文獻專家每每論述叢書缺失或明代叢書屢犯傳刻古籍割裂脫漏之弊病時，總以《寶顏堂祕笈》作引喻。如清葉德輝《書林清話》卷七「明人刻書改換名目之謬」：

> 明人刻書，有一種惡習。往往刻一書，而改頭換面，節刪易名。如唐劉肅《大唐新語》，馮夢禎刻本改爲《唐世說新語》。……陳繼儒《祕笈》新書云：《四庫書目提要》子雜家類《野客叢書》三十卷，附《野老記聞》一卷。「書本三十卷，見於自序。陳繼儒《祕笈》所刻，僅十二卷。凡其精核之處，多遭刪削。今仍以原本著錄，而繼儒謬本則不復存目。」尤爲惡劣。〔註23〕

復據清葉昌熾《藏書紀事詩》卷三言：

> 昌熾案：眉公《寶顏堂秘笈》，改竄刪節，眞有不如不刻之嘆，未能副其言也。〔註24〕

　　除前人斥責外，亦見有美評者如清傅增湘《藏園訂補郘亭知見傳本書目》

〔註23〕〔清〕葉德輝著：《書林清話》（臺北：文史哲出版社，1998 年），頁 365～367。

〔註24〕〔清〕葉昌熾著：《藏書紀事詩》（北京：北京燕山出版發行，1999 年 12 月），頁 249。

卷十上‧子部十上‧雜家類上‧雜說「《珩璜新論》」記載四條之四云：

　　㊜《陳眉公訂正孔氏雜說》四卷　宋孔平仲撰○明刊《寶顏堂普秘笈》本。余曾用
　　明寫本《清江三孔集》本《孔氏雜說》校，改
　　訂頗多，佳處有出金孝章寫本之外者。然卷末列侯太夫人以下七條
　　吳騫舊藏寫本及墨海金壺本均脫，而《寶顏堂普秘笈》本獨存。〔註25〕

　　筆者認爲，清代學人評價《寶顏堂祕笈》呈現截然不同結論，唯有深研博覽該部叢書所收錄各書，以及透過與明代著名叢書相互比較後，方能給予允當評價。

二、今人研究文獻回顧與評述

　　民國學者以《寶顏堂祕笈》叢書主題研究之作品，屈指可數。以下列舉涉及對該部叢書評述者，如李春光《古籍叢書述論》「第三節　叢書的價值和作用」云：

　　　　五、古籍叢書的弊病……如明陳繼儒的《寶顏堂秘笈》中的許多書
　　　　就被刪削。其中《春渚紀聞》僅有前五卷，缺去一半；《野客叢書》
　　　　原書三十卷，僅有十二卷，其精核之處，多遭刪削；《詞源》取其下
　　　　卷改題爲《樂府指迷》。〔註26〕

　　而劉兆祐〈論「叢書」〉一文，亦有評論。其言曰：

　　　　叢書之缺失，主要有三項：（一）所收頗有刪削或不完之本……1.
　　　　宋王楙撰《野客叢書》爲例。……明萬曆年間，陳繼儒輯編《寶顏堂祕
　　　　笈》，所收此書，僅存十二卷，精核之處，多遭刪削。《寶顏堂祕笈》
　　　　所收圖書，不完者不止此一書，他如《春渚紀聞》、《貴耳集》、《捫
　　　　蝨新話》等，均爲不全之本。〔註27〕

　　二位專家針對《寶顏堂祕笈》刪減竄改缺失處皆言之鑿鑿。甚至，王重民《美國國會圖書館藏中國善本書錄》「《寶顏堂祕笈》」條云：

　　　　是刻改竄刪節，多失本來面目，故爲通人所嗤，近代藏書家皆擯而
　　　　不登於善本之目。兹以流傳漸少，特著錄焉。〔註28〕

〔註25〕〔清〕莫友芝撰‧傅增湘訂補‧傅熹年整理：《藏園訂補郘亭知見傳本書目》
　　　　（北京：中華書局出版，1993 年 6 月），第二冊，頁 76～77。
〔註26〕李春光著：《古籍叢書述論》（瀋陽：遼瀋書社，1991 年），頁 26。
〔註27〕劉兆祐撰：〈論「叢書」〉，《應用語文學報》創刊號（1999 年 6 月），頁 20～21。
〔註28〕王重民輯錄‧袁同禮重校：《美國國會圖書館藏中國善本書錄》（臺北：文海
　　　　出版社有限公司，1972 年），頁 672。

如此指責，更興起筆者欲深入探究該部叢書之心意。然黃鎮偉〈陳繼儒所輯叢書考〉一文卻指出：

> 嘉靖、萬曆之間，說部叢書刊刻成風。陳繼儒編輯《祕笈》，既屬從風之舉，又有推進之功。在《祕笈》輯刻之前，已有嘉靖二十三年（1544），上海陸楫輯《古今說海》一百三十五種……。這些叢書的行世，不能不對陳繼儒產生影響。只是眉公能上交官宦名流，下接文人寒士，相與揚扢風雅，其名遠在其他輯者之上，故《祕笈》一出，即名冠群籍，而《眉公雜著》，其中「閒談雅事，裝點山林」的話題、雋言，成為士子竟相閒談、引述的寶庫。〔註29〕

從以上今日專家評述，明顯對《寶顏堂祕笈》給予優、劣不同評價。然僅從文獻學家之泛評或僅就該部叢書收錄幾部作品論之，實難判斷何者之論斷較為正確。筆者認為，《寶顏堂祕笈》叢書實非短期間能研究完畢，但可先擇其中一集進行深研，在博覽該集叢書所收錄之書，並透過與明代著名叢書相互比較後，庶幾能正確掌握《寶顏堂祕笈》整套叢書得失利弊。

第四節　預期成果及自我評估

一、預期成果

　　1. 預期之收穫：其一，評鑑編纂者陳繼儒選書或校書之學力。其二，理清《陳眉公家藏祕笈續函》小說刊刻之價值與缺失。其三，指出陳繼儒《陳眉公家藏祕笈續函》之貢獻與缺失。

　　2. 預期之學術作用：其一，能具體評估《陳眉公家藏祕笈續函》，究竟值不值得研究者來使用與研究。其二，讓讀者除知道如何使用外，亦應明瞭叢書運用上該注意之處。其三，反映明代著名叢書之質量。其四，具體呈現《陳眉公家藏祕笈續函》中收錄小說作品研究成果，提供讀者欣賞，研究者參考。

二、成效評估

　　筆者研究明代叢書過程，深感於各類叢書形式不一，且良莠不齊者固亦

〔註29〕黃鎮偉撰：〈陳繼儒所輯叢書考〉，《常熟高專學報》第 5 期（2003 年 9 月），頁 106。

有之。是以利用此等資料，若無法掌握該部叢書之得失利弊，將導致錯誤判斷，研究失眞。個人逐決定以明代華亭名人陳繼儒所編刊《寶顏堂祕笈》之《陳眉公家藏祕笈續函》爲探討對象。

本論文共分爲：緒論、《陳眉公家藏祕笈續函》綜合探討、《陳眉公家藏祕笈續函》中志人小說之版本暨內容考述、《陳眉公家藏祕笈續函》中志怪傳奇小說之版本暨內容考述、《陳眉公家藏祕笈續函》中雜俎小說之版本暨內容考述、結論，共六章。除敘述研究動機、確定研究範圍及方法、評估前人研究成果，同時也對本套叢書編輯者之生平著述進行必要瞭解之外，論文研究重點放在文獻學與小說作品內涵上。以下即循此二方面評估自我研究能力：

1. 就文獻學層面而言。首先，淺論《寶顏堂祕笈》整套叢書內容狀況，作全面鳥瞰，進而擇其《陳眉公家藏祕笈續函》作爲本文探討主題。其次，根據《陳眉公家藏祕笈續函》小說類作品，按其屬性，分成志人、志怪傳奇、雜俎三類，逐一從版本流傳、明代叢書版本或其他版本等相互比較後，再進行綜合論考剖析。如此，雖耗費較長時間，然筆者不以爲苦，且認爲唯有藉由不同版本相互讎校比對，始能客觀反映出《陳眉公家藏祕笈續函》之價值，亦可間接讓明代諸叢書品質逐一浮現。本文研究成果，或可供治叢書學者參考取資。

2. 就小說作品內涵而言。《陳眉公家藏祕笈續函》小說類作品，按其屬性，可分成志人、志怪傳奇、雜俎三類。筆者認爲，除從版本探討外，再從作品內容詳予考述，亦是不可忽略。經實際閱讀小說本文，亦參考古今學者評論，按作者筆下文采、選用題材實虛與作品傳達意境等三方面，作爲對該部小說文學內涵價值評論之主軸。此部分論述所佔篇幅，雖不及文獻學層面多，卻可直截了當探究該小說作者之功力。而如何從他人研究成果進行爬梳，且須兼顧自己獨立創見，藉以評鑒該部小說是否有其價值，對筆者實是一大挑戰。經由個人不斷反覆推敲，幾經琢磨，以及指導教授悉心指點，方能掌握要領，故能進一部論斷《陳眉公家藏祕笈續函》中十四小說類作品，提出何者值得閱讀欣賞？何者值得再三研究？凡此，將清楚明白呈現於本論文中，以供研究小說者之參考。

總之，務必在外延、內涵兩大主軸上集中精力，綿密挖掘探討，庶幾可以客觀呈現明代陳繼儒所編《陳眉公家藏祕笈續函》小說類作品之價值與缺失，同時亦能讓讀者明瞭運用叢書進行學術研究之基本原則，進而取精用宏而避免爲疵病所累。

三、自我期許

本論文研究重點在《陳眉公家藏祕笈續函》文獻學與小說作品內涵上，如此設計，亦當有自我期許鞭策之意，茲分兩項表白：

1. 藉論文研究過程中，對叢書版本文獻有更深入之素養與寬廣之視野。首先，剖析《陳眉公家藏祕笈續函》收錄小說書籍之版本，探其優劣得失，期能對明代叢書有更全面且透徹瞭解，一則可避免流於人云亦云弊病，一則能有推陳出新之見解。其次，經由對十四部小說各版本之分析，除得知明代版刻特色外，亦冀望因而開啟對清人刊刻叢書態度與今日叢書編纂者觀點之瞭解；藉由不同時代叢書版本之比較，讓自己對叢書領域知識更加廣闊，避免論斷流於一孔之見。

2. 藉由研究叢書收錄小說作品，開啟對文學、史學領域之探究。《陳眉公家藏祕笈續函》收錄十四部小說，既含有豐富文史資料，如：史書、詩詞、諺語歌謠等，林林總總，正可帶領吾人前往其他領域作探索，達到學術多元化，不同學科交叉統合研究目標。

第二章 《陳眉公家藏祕笈續函》綜合探討

　　本章主要綜合探討《陳眉公家藏祕笈續函》二項問題：其一，該部叢書考略。主要著眼於編書緣起與經過、收錄作品等二項論述；其二，簡述明代、民國小說定義與該部叢書小說類作品考略。然欲探討《陳眉公家藏祕笈續函》主題時，首先必須追根溯源對《寶顏堂祕笈》作一番探究，方能瞭解本論文探討《陳眉公家藏祕笈續函》之來龍去脈。

第一節　《寶顏堂祕笈》系列綜合探討※

一、編纂刊刻考略

（一）編纂者

　　《寶顏堂祕笈》總題陳繼儒輯。繼儒，字仲醇，號眉公，〔註1〕又號麋公〔註2〕、空青公〔註3〕等。明松江華亭（今上海松江）人。嘉靖三十七年（1558）

※　　此單元，筆者之單篇論文：〈《寶顏堂祕笈》及臺北國家圖書館收藏版本考略〉已於九十五年九月刊登於《中國文哲研究通訊》第十六卷‧第三期。本文係節錄該篇論文若干章節，並略作增補與調整。

〔註1〕陳繼儒號眉公：據沈德符《萬曆野獲外編》言：「近日陳仲醇品格略與元鎮伯仲，其別號眉公，人頗稱其新。但國初詩人楊孟載名基者，吳縣人，已號眉菴，謂如人眉在面，雖不可少而實無用，以寓自謙。仲醇意亦取此，然亦落第二義矣。」

〔註2〕陳繼儒號麋公：據張岱《陶庵夢憶‧麋公》記載：「萬曆甲辰，有老醫馴一衣角鹿，……家大人見之喜，欲受其鹿，老人欣然，肯解以贈，大人以三十金售之。五月朔日，爲大父壽。大父偉碩，跨之走數百步，輒立而喘，常命小裙籠之，從游山澤。次年，至雲間，解贈陳眉公。眉公羸瘦，行可連二三里，大喜。……後眉公復號『麋公』者，以此。」

生,崇禎十二年(1639)卒。明文學家、藏書家、書畫家。喜抄校舊籍,得顏魯公書,乃名其藏書堂曰寶顏堂。〔註4〕因富藏書,又有頑仙廬、來儀堂、晚香堂、婉變草堂、一拂軒、白石山房等室名。《明史》列傳第一百八十六「隱逸」有傳,云:

> 陳繼儒,字仲醇,松江華亭人。幼穎異,能文章,同郡徐階特器重之。長為諸生,與董其昌齊名。太倉王錫爵招與子衡讀書支硎山。王世貞亦雅重繼儒,三吳名下士爭欲得為師友。繼儒通明高邁,年甫二十九,取儒衣冠焚棄之。隱居崑山之陽,構廟祀二陸,草堂數椽,焚香晏坐,意豁如也。時錫山顧憲成講學東林,招之,謝弗往。親亡,葬神山麓,遂築室東佘山,杜門著述,有終焉之志。〔註5〕

復據其子夢蓮編撰《眉公府君年譜》記載:

> 十四年丙戌
>
> 府君二十九歲。謝去青襟,郡侯喻公及諸薦紳再四慰勉,不能奪,即文宗亦咄嗟為異事。具呈有云:住世、出世,喧靜各別;祿養、色養,潛見則同。老父年望七旬,能　晚節,而某齒將三十,已厭塵氛。揣摩一世,真如對鏡之空花;收拾半生,肯作出山之小草。既稟命于父母,敢言告於師尊,嘗笑雞群,永拋蝸角,讀書談道,願附古人。〔註6〕

另據《寶顏堂祕笈》中沈德先〈鐫眉公祕笈序〉云:

> 眉公間代異材,絕意仕進,燔枯折芰。縱觀古人書,往往薈撮古人書,點綴名理,單詞半偈,無不令人絕倒。其為人,不喜作月旦陽秋,臧否人物。而所論著者,多文獻掌故徵風考俗之言。旁及古法

〔註3〕　陳繼儒別號空青公:陳繼儒自撰《空青先生墓志銘》曰:「先生姓陳諱繼儒,自號空青公。」空青,《辭源》指有二義:一義,謂青色天空。唐杜甫《杜工部詩史補遺》六〈不離西閣〉之二:「江雲飄素練,石壁斷空青。」二義,礦石名。入藥,也作雕刻工藝原料。南朝梁江淹《江文通集》二有〈空青賦〉。商務印書館編輯部編:《辭源》(北京:商務印書館出版,1993年7月),頁1260。

〔註4〕　「寶顏堂」之緣由,據其著作《太平清話》卷一云:「顏書《朱巨川告身》真跡,……今藏余家,余故有寶顏堂印。」將所居命其「寶顏堂」,是以得顏魯公書《朱巨川告身》,後亦以其室名作為編輯《寶顏堂祕笈》之叢書總稱。

〔註5〕　〔清〕張廷玉等編纂:《明史》(臺北:藝文印書館,據清乾隆武英殿刊本影印),頁3283。

〔註6〕　〔明〕陳繼儒撰:《陳眉公先生全集·年譜》(臺北國家圖書館「善本書室」藏,明崇禎間華亭陳氏家刊本),頁5〜6。

書、名畫、彝樽、山水之事。其口角似晉人，其經術似漢儒，其博
物強記似百六公，其弔古憂時似洛陽年少。〔註7〕

　　大抵可知眉公生平事略，學問志業以及對仕途之看淡。筆者考知陳繼儒
工詩善文，戲曲、小說、書法、畫藝均有研究，其子陳夢蓮〈陳眉公先生全
集・序〉謂：

　　府君有云，文有能言、立言二種。能言者，詩、詞、歌賦，此草花
　　之文章也。立言者，性命道德有關於世教人心，此救世之文章也。
　　發今人之所未發，是為能言。能言必貴。發古人之所未發，是謂立
　　言。立言必傳。試思鸚鵡、猩猩，憬然有悟矣。此府君欲以藏稿分
　　為二集意也。菌稿共計七千餘葉，分列約百餘卷，而內有名世之文，
　　不肖何敢妄定甲乙。吳長卿、許令則府君入室弟子也，因與商畧參訂，
　　分為四刻。先以第一刻六十卷梓行，度費約而力勉漸支。第二刻二
　　十卷，詮次遴寫，續即授棗。第三刻二十餘卷，尚欲搜討遺失，以
　　成全書，庶幾無憾。蓋以府君少年行文，隨手而應，亦間有為先達
　　代斷者，故存稿十無一二。即今一刻中新舊間雜，亦從友人處抄錄
　　幸存者，插入以備博覽。至四刻，則名別集，約二十卷，此又片鱗
　　野錯，非能言、立言可同日語也。若尺牘及偶然題咏，即三刻中挂
　　一漏萬，以俟四方見教增補，故每卷各目，正有待也。先有晚香堂
　　小品十種藏書，皆係坊中贋本掇拾補湊，如前人詩句俚語偽詞頗多
　　篡入，不無蘭薪之誚，此在大方自能辨之，無俟不肖嘵舌也。〔註8〕

　　從以上夢蓮〈陳眉公先生全集・序〉得知，陳繼儒著作各體皆具，數量
可觀。然序中亦指出若干作品，有他人代筆或有書商偽托陳氏盛名而牟利，
故是否皆為陳氏親手撰寫，須加以辨識。唯一生著述宏富，可從《陳眉公先
生全集》〔註9〕與《四庫全書總目》卷一三四「雜家存目」記載《眉公十集》
則能略窺一二。

　　陳繼儒除學博外，亦喜鑒別、富藏書，其所撰《太平清話》卷二言：

〔註7〕　〔明〕陳繼儒輯：《寶顏堂祕笈》（臺北國家圖書館「善本書室」藏，明萬曆
　　　　間繡水沈氏尚白齋刊本）。〔明〕沈德先：〈鑴眉公祕笈序〉，頁1～2。
〔註8〕　〈陳眉公先生全集・序〉。同註6，頁5～6。
〔註9〕　同註6。《陳眉公先生全集》「目錄」，有「題序」、「壽序」、「碑記」、「論策」、
　　　　「詩」、「墓誌」、「傳」、「祭文」、「贊疏」、「題跋」、「啟　尺牘」、「議」等類
　　　　型，可見陳繼儒作品琳琅滿目。

余每欲藏萬卷異書，襲以異錦，薰以異香，茅屋蘆簾，紙窗土壁，而
終身布衣嘯咏其中。客笑曰：「果爾，此亦天壤間一異人。」〔註10〕

陳氏愛藏異書、校書，可從著作《太平清話》、《巖棲幽事》、《讀書十六
觀》等書籍見之；另從編輯《寶顏堂祕笈》中李日華〈廣秘笈序〉、王體元〈普
秘笈敘〉等序言，亦可略知陳繼儒藏書之特色。此外，喜刻印圖書，亦精校
讎之學，其所撰《太平清話》卷二言：

余得古書，校過付抄，抄後復校；校過付刻，刻後復校；校過即印，
印後復校。然魯魚帝虎，百有二三，夫眼眼相對尚然，況以耳傳耳，
其是非毀譽，寧有眞乎？〔註11〕

復據清錢謙益《列朝詩集小傳》「丁集下・陳徵士繼儒」言：

繼儒，字仲醇，華亭人。少爲高才生，與董玄宰、王辰玉齊名。年
未三十，取儒衣冠焚棄之，與徐生益孫，結隱于小崑山。仲醇爲人，
重然諾，饒智略，精心深衷，妙得老子陰符之學。婁東西王公雅重
仲醇，兩家子弟如雲，爭與仲醇爲友，惟恐不得當也。玄宰久居詞
館，書畫妙天下，推仲醇不去口。海內以爲董公所推也，咸歸仲醇。
而仲醇又能延招吳越間窮儒老宿隱約飢寒者，使之尋章摘句，族分
部居，刺取其瑣言僻事，薈蕞成書，流傳遠邇。款啓寡聞者，爭購
爲枕中之祕。於是眉公之名，傾動寰宇。〔註12〕

另據瞿冕良《中國古籍版刻辭典》「陳繼儒」條下言：

明天啓間松江華亭人，字仲醇，號眉公，隱居昆山之陽，後築室東
佘山，工詩善文，短翰小詞，皆極風致，兼精書畫，名重一時，編
注、評校過書籍頗多。刻印過宋馬令《南唐書》30卷，宋蔡正孫《精
選詩林廣記》4卷，李攀龍輯《唐詩選》7卷，王衡《諸子類語》4
卷，張翼軫輯《金剛般若波羅蜜經注》1卷，秦登瀛《金剛般若波
羅蜜經集解》不分卷，自撰《陳眉公先生全集》60卷附《年譜》1
卷（子夢蓮刻印，見本條），自輯《寶顏堂秘笈》229卷469卷，陳
邦俊《廣諧史》10卷等。抄本有宋葉夢得《避暑錄話》2卷、《朱子

〔註10〕〔明〕陳繼儒撰：《太平清話》（《叢書集成新編》第八十八冊，臺北：新文豐
出版公司印行），頁335。
〔註11〕同上註，頁335。
〔註12〕〔清〕錢謙益撰：《列朝詩集小傳》（楊家駱主編：中國學術名著《文學名著》
第三集，第二十三冊，1961年2月），頁637。

韻譜》2冊。〔註13〕

　　從以上三則引文可知，陳氏自稱：凡得古書，校過即付鈔，鈔後復校，校後復刻，校過即印，印後再復校，故所刊《寶顏堂祕笈》，能名重一時。

（二）參與者

　　《寶顏堂祕笈》共分六集，其中《陳眉公訂正祕笈》、《陳眉公家藏祕笈續函》及《眉公雜著》，皆題尚白齋刻。《陳眉公家藏彙祕笈》、《陳眉公家藏廣祕笈》與《陳眉公普祕笈》，皆題亦政堂刻。探究「尚白齋」、「亦政堂」，即能略見沈德先、沈孚先兄弟參與《寶顏堂祕笈》編纂刊刻之關係。按「尚白齋」之名，據瞿冕良《中國古籍版刻辭典》記載【尚白齋】言：

　　　　明萬曆間嘉興人沈德先的室名。德先字天生，刻印過陳繼儒《寶顏堂秘笈》正集（一名《陳眉公訂正祕笈》）、續集（一名《陳眉公家藏祕笈續函》）、廣集（一名《陳眉公家藏廣祕笈》）、普集（一名《陳眉公普祕笈》）、匯集（一名《陳眉公家藏匯祕笈》）、祕集（一名《眉公雜著》），共二二九種四七二卷。〔註14〕

　　是所謂「尚白齋」者，即沈德先書齋名。又據，《寶顏堂祕笈》〈續祕笈敘〉後之記載云：「繡水沈德先天生」。而海鹽姚士麟序《彙祕笈》云：「吾友沈天生。」天生是沈德先之字。海鹽姚士麟，據林慶彰師《豐坊與姚士粦》〔註15〕考證〈姚士粦之生平〉，可知沈德先亦是晚明刻書家。至於「亦政堂」為何人書齋名？據王重民美國國會圖書館藏《中國善本書錄》云：

　　　　《寶顏堂秘笈》正集二十種，續集、廣集各五十種，彙集四十四種，眉公雜著十六種。

　　　　明陳繼儒輯。《正集》、《續集》及《眉公雜著》題「尚白齋」刻，《廣集》、《彙集》題「亦政堂」刻，並沈德先、沈孚先所刻也。《續集》刻訖，孚先下世，以此推之，「尚白齋」殆為孚先齋名，而「亦政堂」為德先齋名歟？〔註16〕

〔註13〕瞿冕良編著：《中國古籍版刻辭典》（濟南：齊魯書社出版發行，1999年2月），頁336。

〔註14〕同上註，頁361。

〔註15〕林慶彰撰：《豐坊與姚士粦》（臺北：臺灣私立東吳大學研究所碩士論文，1978年），頁120～121。按，「麟」、「粦」通用。

〔註16〕王重民輯錄・袁同禮重校：《美國國會圖書館藏中國善本書錄》（臺北：文海出版社有限公司，1972年），頁672。

　　王氏稱「尙白齋殆爲孚先齋名」，似無可疑。至於「亦政堂」是否爲德先齋名？據瞿冕良《中國古籍版刻辭典》「亦政堂」條下之記載：

　　　　明萬曆間人黃啓勝的室名。刻印過《重刻申閣老校正朱文公家禮》
　　　　八卷，陳繼儒《廣祕笈》五十四種一百○三卷、《普祕笈》五十種八
　　　　十八卷。〔註17〕

　　又同書「槐蔭草堂」條下之記載：

　　　　清乾隆間天都人黃晟的室名。晟字曉峰，曾與李灼同輯《至聖編年
　　　　世紀》二十四卷並刻印之。此外又刻印過自輯《三古圖》四十二卷
　　　　（《亦政堂重修考古圖》十卷，《亦政堂重修古玉圖》二卷，《亦政堂
　　　　重修宣和博古圖》三十卷）……。〔註18〕

　　瞿冕良二則資料來自何處？不得而知。唯筆者查證《寶顏堂祕笈》中所收書之校訂閱者，無黃啓勝參與編刊之事實，瞿氏言「亦政堂」爲黃啓勝書齋名之說及刊刻《廣祕笈》、《普祕笈》兩書，尚待求證。至於，「亦政堂」是否爲黃晟之書齋名？即令屬實，瞿氏未云及刊刻《寶顏堂祕笈》，故不論可也。

　　陳夢蓮編《眉公府君年譜》：

　　　　二十三年乙未

　　　　府君三十八歲。嘉禾包學憲瑞溪公，延迪鴻逵、鶴齡二孫，同事者
　　　　如御冷錢公、懷樣沈公、玄海項公、昭自錢公、沈白生昆仲，後先
　　　　皆巍科上袞，極一時之盛。比府君衡文無譁，諸公微得切磋之助，
　　　　時付《祕笈》於梨棗。〔註19〕

　　從此年譜中，可證沈氏兄弟確實參與《寶顏堂祕笈》。其次，從〈續祕笈敘〉後記載「繡水沈孚先白生題辭」或《寶顏堂祕笈》中所收書之校訂閱者，亦可查證，沈氏二人曾參與編刊應無問題。甚至，姚士麟〈刻尙白齋祕笈敘〉言：

　　　　此刻爲友人沈天生及其弟水部白生齋頭所藏，亦以不傳爲慮。爰檢
　　　　《小史》，學、稗諸海所無者，自梁、宋、遼、元至今，凡得二十種，
　　　　昆季手校，授之剞劂。〔註20〕

　　上引文姚序中，除道出沈氏兄弟參與該套叢書編纂情況外，進一步說明

〔註17〕　同註13，頁174。
〔註18〕　同註13，頁603。
〔註19〕　《眉公府君年譜》。同註6，頁8。
〔註20〕　〔明〕姚士麟：〈刻尚白齋祕笈敘〉。同註7，頁5。

《寶顏堂祕笈》刊刻之書亦有來自沈氏家藏。至於，沈氏兄弟生平事蹟，《嘉興縣志》〔註21〕中有沈孚先資料可參考之。大抵，沈氏兄弟在《寶顏堂祕笈》各集序言，皆屢被提及，可見參與編纂《寶顏堂祕笈》之關係頗深，故王重民推測「亦政堂」爲沈德先之書齋名較爲可信。

（三）校訂刊刻者

《寶顏堂祕笈》編纂刊刻者總題陳繼儒是否妥當？參與編撰者究竟尚有何人？以下擬從《寶顏堂祕笈》各集序言及全書校訂閱者作分析，且依此二方面略作探究。

1. 從各集序言作分析

筆者閱讀《寶顏堂祕笈》六集序言之後，認爲該部叢書撰者總題曰陳繼儒輯，委實不妥。大抵，前人認爲《寶顏堂祕笈》總題陳繼儒，乃「名聲」甚大之因素，如《四庫全書總目》子部雜家類存目十一《眉公十集》「提要」云：

> 《眉公十集》四卷兩江總督採進本
>
> 明陳繼儒撰。繼儒有《邵康節外紀》，已著錄。是書名爲十集，實十一種，曰《讀書鏡》，曰《狂夫之言》，曰《續狂夫之言》，曰《安得長者言》，曰《筆記》，曰《書蕉》，曰《香案牘》，曰《讀書十六觀》，曰《群碎錄》，曰《巖栖幽事》，曰《槐談》。皆在寶顏堂《祕笈》之內，惟《讀書十六觀》一種爲《祕笈》所未收。簡端各綴以評，其評每卷發屬一人，而相其詞氣，實出一手。刊版亦粗惡無比，蓋繼儒名盛一時，坊賈於《祕笈》中摘出翻刻，又妄加批點也。〔註22〕

復據王重民美國國會圖書館藏《中國善本書錄》中「《寶顏堂祕笈》」條下云：

〔註21〕 《嘉興縣志》卷二十二「列傳二」：「沈孚先，字白生，思孝從子。萬曆二十六年進士，以工部主事，分司濟寧協理洳河工務。聞父病，棄官歸，尋起推關荊州。蕭然儒寒素。擢吏部郎中，歷四司，門無私謁。三十八年佐察典，疏曰：『一清不足以盡天下之才，一濁足以縶天下之不肖。』時以爲名言。編《人才錄》，凡京朝林下、大官長吏，皆朱墨箚記。每言參苓烏附盡入藥籠驅使，乃見國手。所著有《尚白齋詩文》。^{湯志}」

《浙江府州縣志・嘉興縣志》（故宮博物院編：《故宮珍本叢刊》第 096 冊，海南：海南出版社出版發行，2001 年 6 月），頁 100。

〔註22〕 〔清〕紀昀等人編撰：《四庫全書總目》（臺北：藝文印書館，1997 年 9 月），第四冊，頁 2635。

明陳繼儒輯。《正集》、《續集》及《眉公雜著》題「尚白齋」刻，《廣集》、《彙集》題「亦政堂」刻，並沈德先、沈孚先所刻也。《續集》刻記，孚先下世，以此推之，「尚白齋」殆爲孚先齋名，而「亦政堂」爲德先齋名歟？通稱爲『寶顏堂祕笈』者，則以「寶顏堂」爲陳繼儒齋名，而繼儒名在二沈上也。……然則是書舊本，藏自郁而梓於張，眉公等名，特爲發售而作招牌耳。〔註23〕

王重民對《寶顏堂祕笈》總題曰陳繼儒輯持保留態度，筆者亦有同感。吾人持疑之論點如下：

（1）首先，《寶顏堂祕笈》六集之序言中，僅有《陳眉公訂正祕笈》及《眉公雜著》序名分別題爲〈刻尚白齋祕笈敘〉及〈鐫眉公祕笈敘〉，僅有此二敘稱「祕笈」，其餘則稱《陳眉公家藏祕笈續函》、《陳眉公家藏彙祕笈》、《陳眉公家藏廣祕笈》、《陳眉公普祕笈》等。筆者考《明史》藝文志第七十四記載「繼儒《祕笈》一百三十卷」，知命名原爲《祕笈》，前無「寶顏堂」三字。據《明史》及姚士麟〈彙祕笈序〉可知清代以後稱《寶顏堂祕笈》者，應是不斷增加其他各集之後，且該部叢書校訂閱者署名陳繼儒出現次數相當多，故採其陳氏書齋命名，遂稱《寶顏堂祕笈》。

（2）其次，《陳眉公家藏祕笈續函》中有序，名爲〈續祕笈敘〉。寫序者爲繡水沈德先天生。沈德先〈續祕笈敘〉云：

余既鐫《彙祕笈》，猶然不療饕癖。復從陳眉公麗中索得若干種，輒以豔詫親好。人亦不靳出所藏來會。而家弟更從荊邸寄我數編，謂足壓惠生一輻矣。………國家著紀紛映，前載所稱扶正史而輔經政者，未必不在此續編五十家也。尚有餘書，則更竢《廣笈》。〔註24〕

此段敘，明言沈德先在刊刻《彙祕笈》後，又從陳眉公麗中索得若干祕本，故復刊刻《祕笈續》，且言尚有餘書則更竢《廣笈》。據此，筆者推測沈氏刊《陳眉公家藏彙祕笈》，應亦是從陳眉公麗中索書而刻。至於《陳眉公家藏廣祕笈》中之書，觀此敘言最後一段云「尚有餘書則更竢《廣笈》」，可證沈氏仍是從陳眉公麗中挑選若干書籍刊刻。此外，據其他敘言中語，知沈天生及沈白生二兄弟均有收訪購書之記載。如〈普祕笈敘〉，寫序者爲梅林居士王體元。王體元於敘言中云：

〔註23〕同註16，頁671～672。
〔註24〕〔明〕沈德先：〈續祕笈敘〉。同註7，頁1～4。

《秘笈》初集，大半眉公先生結撰。中多物外玄談，林間韵事，而經世學術，稍稍露其一班。常寓吾郡中，墨瀋淋漓，高言驚座。每謂藏書家庋閣朽蠹，不如散襟流通。沈天生、白生兄弟，頗同此志。出先世藏蓄，并軺軒懸購，爲廣、爲續，幾數十種。玉魚金盌，竝出人間。而秘笈之傳，益膾炙海內。〔註25〕

　　另據海鹽姚士麟〈彙秘笈序〉、繡水沈孚先白生〈續秘笈題辭〉、〈廣秘笈序〉等，亦皆有資料可佐證。

　　（3）再其次，第六集《眉公雜著》中，可發現全是陳眉公繼儒本人之作品，然在第二部冊《陳眉公家藏祕笈續函》中之《邵康節先生外紀》、《銷夏部》及《辟寒部》等三書，若眞是陳眉公本人自行選書刻書，應不至有此紊亂狀況發生。筆者以爲《陳眉公家藏祕笈續函》是沈德先所刻，《眉公雜著》是陳繼儒自刻。

2. 從全書校訂閱者分析

　　筆者以臺北國家圖書館善本書室典藏「明萬曆間繡水沈氏尚白齋刊本」〔註26〕四百零七卷二百四十冊爲底本，將《寶顏堂祕笈》書中校訂閱者詳作統計，其結果如下：

　　《陳眉公訂正祕笈》——校訂閱者，有沈士龍、沈德先、沈孚先、陳繼儒、郁嘉慶、王淑民、王子逸、張昺、夏日萱、姚士麟等十餘人。總計《正集》二十種中，校訂閱者最多前三位分別爲：張昺有《雲煙過眼錄》、《冥廖子游》、《瓶史》、《野客叢書》四種；郁嘉慶有《筆疇》、《樂郊私語》、《娑羅館清言》、《瓶史》四種；陳繼儒有《雲煙過眼錄》、《娑羅館清言》、《瓶史》三種。

　　《陳眉公家藏祕笈續函》——校訂閱者，有陳繼儒、高承埏、王體元、王體國、沈德先、沈孚先、沈士龍、郁嘉慶等八人左右。總計《續集》四十七種中，幾爲陳繼儒與高承埏同作校訂閱者。其中高承埏有《尚書故實》、《南唐近事》、《朱文公政訓》、《眞西山政訓》等四十六種；陳繼儒有《尚書故實》、《南唐近事》、《朱文公政訓》、《眞西山政訓》、《談苑》、《荊溪林下偶談》、《桂苑叢談》、《陰符經解》、《元始上眞眾仙記》、《後山談叢》等四十三種。

　　《陳眉公家藏彙祕笈》——校訂閱者，有黃承玄、岳元聲、沈中英、沈元昌、沈元嘉、沈元熙、陳繼儒、李君實、姚士麟、王體國、沈德先等十餘人。

〔註25〕〔明〕王體元：〈普秘笈敘〉。同註7，頁1。
〔註26〕同註7。

總計《彙集》三十七種中，校訂閱者人數相當多，其中以陳繼儒有《蟾仙解老》、《兼明書》、《讕言長語》等八種爲最多；姚士麟有《兼明書》、《衍極》、《方洲先生奉使錄》、《黃帝祠額解》等四種；張弨有《靖康緗素雜記》、《海語》、《異魚圖贊》等四種；沈德先與沈孚生有《讕言長語》、《夢溪補筆談》等四種。

《陳眉公家藏廣祕笈》——校訂閱者，有陳繼儒、姚士麟、陳皐謨、沈德先、沈孚先、顧雲誥、王體元、王體國、李日華、岳元聲等十餘人。總計《廣集》五十二種中，校訂閱者人數亦相當多，其中以陳繼儒有《兩同書》、《經外雜鈔》、《物類相感志》、《正朔考》等二十六種爲最多；沈德先與沈孚生有《兩同書》、《經外雜鈔》、《文則》等十四種次之。

《陳眉公普祕笈》——校訂閱者，有陳繼儒、姚士麟、沈德先、顧雲鳳、顧雲鵬、王體國、王體元、李日華等十餘人。總計《普集》十八種中，校訂閱者人數亦相當多，其中以沈德先有《朝野僉載》、《攬轡錄》等五種爲最多。

《眉公雜著》——校訂閱者，有沈德先、沈孚先、王體國、王體元、張昪、郁嘉慶等八人。總計《眉公雜著》十七種中，以張昪有《偃曝談餘》、《巖棲幽事》、《枕談》等六種爲最多。

綜觀上述各集序言所載及全書校訂閱者二方面之分析，略可得知：

（1）從各集作分析得知，陳繼儒分別在《陳眉公訂正祕笈》、《陳眉公家藏祕笈續函》、《陳眉公家藏彙祕笈》、《陳眉公家藏廣祕笈》中，無論在校、訂、閱上，出現次數爲最高。出現次數第二者，則以沈德先、沈孚先兄弟及張昪等三人爲最多。

（2）從整套《寶顏堂祕笈》全書校訂閱者分析得知，以陳繼儒八十餘種爲最多；其中在《陳眉公家藏祕笈續函》部份就達四十餘種。其次，則以高承埏校四十餘種爲第二。再者，則以沈德先及沈孚先兄弟校訂閱三十餘種爲第三。

總之，《寶顏堂祕笈》雖以陳繼儒所編輯校閱爲主，其餘參與者應以沈天生及沈白生兄弟出力最多；二沈兄弟屢從陳繼儒家藏精挑細選，而與陳繼儒商定後續刊各集。此外，另亦有當時著名文人如張昪、高承埏等人，共同參與校閱完成此套叢書。故《寶顏堂祕笈》總題曰陳繼儒輯，似有所不妥。然爲何總題陳繼儒輯？除與當時喜託有名氣之人發行有關外，該套叢書刊刻之書多來自陳氏家藏。其次，陳氏確實於《寶顏堂祕笈》亦投入不少心力，從該部叢書共收將一百八十六部書籍而陳氏即校勘八十餘部，佔全部校者第一名，故從此項因素亦能探究陳氏於該部叢書之選書用心程度與校勘功力，可

以據此評斷眉公是否爲合格之叢書家。

二、選編原則及收書內容

（一）原初命名及選編動機

1. 原初命名

《寶顏堂祕笈》原初命名爲何？可從以下資料得知一二，其子夢蓮編《眉公府君年譜》：

> 二十三年乙未
>
> 府君三十八歲。……諸公微得切磋之助，時付《秘笈》於梨棗。
> 〔註27〕

清黃虞稷《千頃堂書目》卷十五「子部・類書類」記載：

> 陳繼儒《寶顏堂祕笈》二十卷，又《續祕笈》五十卷，又《廣祕笈》
> 五十卷，又《普祕笈》四十六卷，又《彙祕笈》四十一卷。〔註28〕

《明史》藝文志第七十四記載，「繼儒《秘笈》一百三十卷」。再者，《寶顏堂祕笈》中收錄明姚士麟〈彙秘笈序〉亦云：

> 吾友沈天生，自初得眉公書，題爲秘笈。〔註29〕

陽海清《中國叢書綜錄補正》記載《寶顏堂祕笈》一書云：

> 按：《寶顏堂祕笈》之名係約定俗成，實則書中無此總名，且各集題
> 名不一，亦非刻於一時。〔註30〕

從以上資料可知，陳繼儒手刻之初僅命名爲《祕笈》，今日稱《寶顏堂祕笈》者，應是清代坊間刻書之俗稱，自此後人多從之。劉尚恆《古籍叢書概說》〔註31〕亦持此說。

2. 選編動機

陳繼儒刊刻《寶顏堂祕笈》動機，乃因家藏多異書，欲刻之以惠同好。

〔註27〕《眉公府君年譜》。同註6，頁8。
〔註28〕〔清〕黃虞稷撰：《千頃堂書目》（上海：上海古籍出版社出版，2001 年 7 月），頁 417。
〔註29〕〔明〕姚士麟：〈彙秘笈序〉。同註7，頁1。
〔註30〕陽海清編撰：《中國叢書綜錄補正》（揚州：江蘇廣陵古籍刻印社，1984 年 8 月），頁 10。
〔註31〕劉尚恆著：《古籍叢書概說》（上海：上海古籍出版社出版，1989 年 12 月），頁 85。

據明李日華〈廣秘笈〉序云：

> 眉公先生之笈多異書，嘗一再發之，以惠同好。同好之士讀之，益
> 用色飛神動，競出所蓄隱文逸簡，以求當先生。先生以笈受之恆滿，
> 而又輒恆發之。甚有不及笈，而削牘者捧之去。所勒《廣笈》五十
> 餘種，而意猶未已。〔註32〕

又王體元〈普秘笈敍〉云：

> 《秘笈》初集，大半眉公先生結撰。中多物外玄談，林間韻事，而
> 經世學術，稍稍露其一班。常寓吾郡中，墨瀋淋漓，高言驚座。每
> 謂藏書家庋閣朽蠹，不如散襟流通。沈天生、白生兄弟，頗同此志。
> 〔註33〕

大抵，眉公除願以他人分享自藏奇書秘籍外，欲藉刊刻《寶顏堂祕笈》
以顯露藏書家藏書應有流通之觀念，此觀念讓參與選編沈氏兄弟相當認同，
故主要編纂該套叢書陳眉公及參與者共同理念爲「藏書家庋閣朽蠹，不如散
集流通。」其次，明人有刻書、編纂叢書風氣，陳繼儒既家藏善本頗多，且
願聘請當時名人共同編纂，實受當時風氣影響，故喜愛刻書。故所刻祕笈甚
受時人注意，而一再爲廣爲續，凡幾數十種。據《四庫全書總目》子部雜家
類十一存目《眉公十集》所載：

> 明陳繼儒撰。繼儒有《邵康節外紀》，已著錄。是書名爲十集，實十
> 一種，……簡端各綴以評，其評每卷分屬一人，而相其詞氣，實出
> 一手。刊本亦粗惡無比，蓋繼儒名盛一時，坊賈於《秘笈》中摘出
> 翻刻，又妄加批點也。〔註34〕

《四庫全書總目》對此雖有不滿，但其能反映出一事實，當時便有人翻
刻陳繼儒《秘笈》，且加以批點，足見其名氣之大，所刻祕笈甚受時人注意。

（二）各集刊刻次序及分類

臺北國家圖書館善本書室典藏之「明萬曆間繡水沈氏尙白齋刊本」四百
零七卷二百四十冊之《寶顏堂祕笈》，其次序爲《陳眉公訂正祕笈》、《陳眉公
家藏祕笈續函》、《陳眉公家藏彙祕笈》、《陳眉公家藏廣祕笈》、《陳眉公普祕
笈》、《眉公雜著》等六部。然觀各單元序言所載時間及各集題名不一情形，

〔註32〕〔明〕李日華：〈廣秘笈〉序。同註7，頁1。
〔註33〕〔明〕王體元：〈普秘笈敍〉。同註7，頁1。
〔註34〕同註21，頁2635。

遂發現分此六集是否正確，及其中之先後次序，仍存有若干問題待釐清。以下依「各集刊刻次序」及「各集分類」略作一探討。

1. 各集刊刻次序

《寶顏堂祕笈》第一集《陳眉公訂正秘笈》中有〈刻尙白齋祕笈敍〉，記載時間爲「丙午中秋後三日穎川陳萬言書于文在堂」，又第六集《眉公雜著》中有〈鐫眉公祕笈敍〉，記載時間爲「丙午夏日繡水沈德先書于仇池艸堂」。此二處之「丙午」紀年，乃明萬曆三十四年（西元 1606 年）。是此二集爲同一年時間所刊刻，亦是六集中出現最早之刊刻時間。今從此二集序言之名稱及卷數總數推敲，是最符合《明史》藝文志第七十四中記載「繼儒《秘笈》一百三十卷」之數；另於第二集沈德先〈續秘笈敍〉中亦可察考蛛絲馬跡。第二集《陳眉公家藏祕笈續函》中，沈德先〈續秘笈敍〉云：

> 國家著紀紛映，前載所稱扶正史而輔經政者，未必不在此編五十家也。尚有餘書，則更俟《廣笈》。〔註35〕

據此可證，《陳眉公家藏祕笈續函》刊刻在《陳眉公家藏廣祕笈》之前。而第三集《陳眉公家藏彙祕笈》中，亦有沈德先〈續祕笈敍〉云：

> 余旣鐫《彙祕笈》，猶然不療饕癖。復從陳眉公麓中索得若干種，輒以艷詫親好，人亦不靳出所藏來會。而家弟更從荊邸寄我數編，謂足壓惠生一輻矣。〔註36〕

據此可證《陳眉公家藏彙祕笈》刊刻在《陳眉公家藏祕笈續函》之前。第四集《陳眉公家藏廣祕笈》，見序言所記載之時間爲「萬曆乙卯春日就李沈德先敍」，此「萬曆乙卯」紀年，乃明萬曆四十三年（西元 1615 年）；第五集《陳眉公家藏普祕笈》刊刻年代，見〈陳眉公家藏普祕笈序〉中所記載時間爲「庚申孟秋梅林居士王體元謹識」，此「庚申」紀年，乃明光宗泰昌元年（西元 1620 年）。

總之，若從序言時間逐一作考證，則此六集刊刻次序筆者認爲應是：《陳眉公訂正祕笈》、《眉公雜著》、《陳眉公家藏祕笈續函》、《陳眉公家藏彙祕笈》、《陳眉公家藏廣祕笈》、《陳眉公家藏普祕笈》。除從此等「序言」能知《寶顏堂祕笈》各部叢書刊刻時間外，亦能得知當時係分開獨立刊行發售。復據明

〔註35〕〔明〕沈德先：〈續秘笈敍〉。同註7，頁4。
〔註36〕〔明〕沈德先：〈續秘笈敍〉。同註7，頁1。

代《澹生堂藏書目》子部「叢書家」〔註37〕部分佐證，祁氏書目分別著錄《秘笈》、《續秘笈》、《廣秘笈》，可知該部叢書確實非同一時期完成。值得一提，此說與黃鎮偉〈陳繼儒所輯叢書考〉所言刊刻次序有分歧。黃鎮偉言：

> 從現存各集的序跋來看，《寶顏堂祕笈》的刊刻順序應是《尚白齋襍陳眉公寶顏堂祕笈》，《訂正祕笈》，《續祕笈》，《廣祕笈》，《普祕笈》，《彙祕集》。其依據有二：（一）《尚白齋襍陳眉公寶顏堂祕笈》卷首有尚白齋識語：「祕笈百種陸續刻補，未分甲乙。」與此集同刊於萬曆三十四年的《訂正祕笈》二十一種正是陸續補刻的第一集。（二）《普祕笈》卷首有張可大序，稱：眉公「每發一笈，無慮數十種，前後所發之笈，若續、若廣、若彙、若普，無慮數百種。」〔註38〕

黃氏與筆者同樣以「現存各集的序跋」判斷，但除針對序言內容參考外，筆者認為序言者後之署名時間，理應相互參酌，方能正確推論各集刊刻次序。

2. 各集分類

前言臺北國家圖書館善本書室典藏之「明萬曆間繡水沈氏尚白齋刊本」，共分六集。然明姚士麟〈彙秘笈序〉中記載云：

> 吾友沈天生，自初得眉公書，題為《秘笈》。以至於今，所稱廣、續、普、彙，凡五成函軸矣。〔註39〕

根據此段記載，《寶顏堂祕笈》應該只有《陳眉公訂正祕笈》、《陳眉公家藏廣祕笈》、《陳眉公家藏祕笈續函》、《陳眉公普祕笈》、《陳眉公家藏彙祕笈》等五集，而無《眉公雜著》。復據清黃虞稷《千頃堂書目》卷十五「類書類」〔註40〕記載，亦然。

另據清阮元《文選樓藏書記》卷六「眉公秘笈」一條下記載：

> 《正集》二十卷、《續集》五十卷、《普集》四十八卷、《彙集》四十一卷、《廣集》五十卷，明陳繼儒輯，華亭人刊本。〔註41〕

〔註37〕〔明〕祁承㸁撰：《澹生堂藏書目》（上海：上海古籍出版社，《續修四庫全書》編纂委員會編《續修四庫全書》），頁 694。

〔註38〕黃鎮偉撰：〈陳繼儒所輯叢書考〉，《常熟高專學報》第 5 期（2003 年 9 月），頁 104。

〔註39〕〔明〕姚士麟：〈彙秘笈序〉。同註 7，頁 1。

〔註40〕同註 28，頁 417。

〔註41〕〔清〕阮元撰：《文選樓藏書記》（台北：廣文書局有限公司，1969 年 2 月），

　　再配合上述刊刻時間及明姚士麟〈彙祕笈序〉等序之稱名而言，後世所言第一集《陳眉公訂正祕笈》及第六集《眉公雜著》，原本應該合刻在一起，否則此二集卷數不應與其他集卷數相差甚多。至於爲何會分成二集？筆者推測其原因，疑是後人割裂所爲，乃欲區分陳繼儒編集之書及眉公本人著作使然。且應於清代時已分爲二集，可據清代黃虞稷《千頃堂書目》與阮元《文選樓藏書記》佐證之。

　　綜觀上述，今再利用叢書書目及國內外著名圖書館典藏該書所記載《寶顏堂祕笈》先綜合簡述其「各集刊刻次序」及「各集分類」如下；詳細內容，呈現於論文後「附錄一：今日叢書目綠與國內外著名圖書館記載《寶顏堂祕笈》內容情形」：

書　名	內　　容						備　註
《叢書書目彙編》〔註42〕	正集二十種	續集五十種	廣集五十種	普集四十八種	彙集三十八種	眉公雜著十五種	共收錄二百二十一種。無錫丁氏藏本。
中央研究院歷史語言研究所《普通本線裝書目》〔註43〕							僅記載收錄二百二十三種四十八冊，每集收錄情況均無詳細記錄。民國十一年上海文明書局石印本。
《中國叢書綜錄》〔註44〕	正集二十一種	續集五十種	廣集五十四種	普集五十種	彙集四十二種	祕集十五種	收錄二百三十二種。明萬曆中繡水沈氏刊本。民國十一年上海文明書局石印本。
《中國叢書綜錄補正》〔註45〕	正集二十一種	續集五十種	廣集五十四種	普集五十種	彙集四十二種	祕集十七種	收錄二百三十四種。「正集」「祕集」沈氏尚白齋刊本；「續集」「廣集」明萬曆刊本；「普集」「彙集」明刊本。
《國家圖書館善本書志初稿》	陳眉公訂正祕笈	陳眉公家藏祕笈續函	陳眉公家藏彙祕笈	陳眉公家藏廣祕笈	陳眉公普祕笈	眉公雜著	收錄一百九十一種，明萬曆中繡水沈氏尚白齋刊本。另

　　　　頁761～762。
〔註42〕沈乾一編：《叢書書目彙編》（臺北：文海出版社，1970年），頁577。
〔註43〕中央研究院歷史語言研究所編：中央研究院歷史語言研究所《普通本線裝書目》（臺北：中央研究院歷史語言研究所，1970年），頁43。
〔註44〕上海圖書館編：《中國叢書綜錄》（上海：上海古籍出版社，1986年），頁45。
〔註45〕同註29，頁9～11。

〔註46〕	二十種	四十七種	三十七種	五十二種	十八種	十六種	外，還有民國十一年上海文明書局石印本及有成套之某集。
美國國會圖書館藏《中國善本書目》〔註47〕	正集 二十種	續集 五十種	廣集 五十種	彙集 四十四種	眉公雜著 十六種		共載錄三套，一套收錄一百八十種，缺「普集」，一套但存正集及雜著，一套殘存正續普三集，皆明萬曆間刻本。
《內閣文庫漢籍分類目錄》〔註48〕	尚白齋鐫 陳眉公寶顏堂祕笈 陳眉公寶顏堂祕笈 十七種	尚白齋鐫 陳眉公訂正祕笈 二十種	亦政堂鐫 陳眉公寶顏堂普祕笈 五十種	亦政堂鐫 陳眉公家藏廣祕笈 五十二種	尚白齋鐫 陳眉公家藏祕笈續函 五十種	亦政堂鐫 陳眉公訂正彙祕笈 二十二種	收錄二百一十一種。但有些集不僅收錄一套而已。明刊。
《東京大學東洋文化研究所漢籍分類目錄》〔註49〕	寶顏堂祕笈正函即陳眉公訂正祕笈 二十種	寶顏堂祕笈續函即陳眉公家藏祕笈續函 五十種	寶顏堂祕笈彙函即陳眉公家藏彙祕笈 四十一種	寶顏堂祕笈廣函即陳眉公家藏廣祕笈 五十一種	寶顏堂祕笈普函即陳眉公家藏普祕笈一集 四十八種	寶顏堂祕笈祕函即眉公雜著 十六種	收錄二百二十六種。有「寶顏堂祕笈正函」、「寶顏堂祕笈續函」及「寶顏堂祕笈祕函」，皆繡水沈氏尚白齋刊本；「寶顏堂祕笈彙函」、「寶顏堂祕笈廣函」與「寶顏堂祕笈普函」，皆繡水沈氏亦政堂刊本。
《京都大學人文科學研究所漢籍目錄》〔註50〕							僅記載正集、續集、廣集、普集、彙集、眉公雜著，明陳繼儒輯，民國十一年上海文明書局石印本。此外，還有其他各集中之殘缺本。

〔註46〕國家圖書館特藏組編：《國家圖書館善本書志初稿》（臺北：國家圖書館，2000年），頁85～88。

〔註47〕同註16，頁671～672。按，此書目與上欄《中國善本書提要》同為王重民輯錄，故所收錄相同。

〔註48〕內閣文庫：《內閣文庫漢籍分類目錄》（臺北：進學書局，1970年），頁526。

〔註49〕東京大學東洋文化研究所：《東京大學東洋文化研究所漢籍分類目錄》（東京：大藏省印刷局，昭和四十八年），頁871。

〔註50〕財團法人文科學研究協會：《京都大學人文科學研究所漢籍目錄》（京都：株式會社同朋舍出版，昭和五十六年），頁760。

　　據上表統計結果，各書目對《寶顏堂祕笈》各集次序排列情形，仍有分歧。推究其因，書目功能在於詳細記錄收書狀況，故毋需作考證。至於各集之分類，仍舊以分六大集居多。另外，從上述圖表亦可反映出以下幾點現象：

（1）各書記載各集總卷數之差異

　　從以上書目得知，《寶顏堂祕笈》各「總卷數」差異現象，筆者以爲有二大因素：

　　Ⅰ、卷數分法不一。例如：《陳眉公家藏廣祕笈》——《食色紳言》二卷，在《叢書書目彙編》中算一種。《內閣文庫漢籍分類目錄》則分《飲食紳言》一卷、《男女紳言》一卷，算二種，《國家圖書館善本書志初稿》亦是如此分法；《歲華紀麗譜》一卷內附《牋紙譜》一卷和《蜀錦譜》一卷，在《內閣文庫漢籍分類目錄》中算一種。《中國叢書綜錄》中《歲華紀麗譜》一卷、《牋紙譜》一卷和《蜀錦譜》一卷，算三種；《陳眉公普祕笈》——《說孝三書》在《中國叢書綜錄》中則有《孝經集靈節略》一卷、《孝經引證》一卷、《孝經宗旨》一卷等三書，但算一種。《叢書書目彙編》中《孝經集靈節略》一卷、《孝經引證》一卷、《孝經宗旨》一卷算三種。又《內閣文庫漢籍分類目錄》亦是如此分法。

　　Ⅱ、收集時遺漏或得書時就已經不完全。例如《中國叢書綜錄》中《眉公雜著》收書十五種。《中國叢書綜錄補正》言：

　　　　《綜錄》收十五種，漏著《書畫金湯》一卷、《寶顏堂清明曲》一卷。

　　　　別有《眉公雜著十五種》，其子目與《綜錄》所收『祕集』同。〔註51〕

（2）從版本見流傳情況

　　從以上書目得知，《寶顏堂祕笈》今存版本，以繡水沈氏尚白齋刊本與民國十一年上海文明書局石印本，二者爲最多。亦可見《寶顏堂祕笈》現存在海外之版本，仍以繡水沈氏尚白齋刊本與民國十一年上海文明書局石印本爲主。

　　此外，《寶顏堂祕笈》在《明代版刻綜錄》第三卷中，亦記載：

　　　　《正集》三十六種五十卷、《續集》五十種九十八卷、《廣集》五十三種一百零四卷、《普集》五十種八十八卷、《彙集》四十二種八十一卷、《眉公雜著》十五種四十七卷。明陳繼儒輯。明萬曆三十四年秀州沈德先尚白齋刊。〔註52〕

　　從上引文得知，雖《寶顏堂祕笈》仍分六集，但排序依舊分歧。

〔註51〕同註30，頁11。
〔註52〕杜信孚纂輯：《明代版刻綜錄》（揚州：江蘇廣陵古籍刻印社，1983年），頁10。

綜合上述，筆者認為，此套叢書中六集應是不同時間所刊刻，亦非同一時間販售；雖最後合成一套叢書，但各集皆各自記載其刊刻時間，應不致混淆。惜書目家及收藏者，可能僅注意各集中收書情況，而忽略六集間之真正次序及原本分部實況。

（三）編輯概況與收書內容

此小節，主要簡述《寶顏堂祕笈》編輯概況與收書內容，以顯露整套叢書選編態度與收書特色。依照臺北國家圖書館所藏「明萬曆間繡水沈氏尚白齋刊本」四百零七卷二百四十冊收書情形，作介紹。

1. 編輯概況

以下從部冊分類、刊刻時間、刊刻卷數等三方面，呈現整套叢書編輯概況。

（1）部冊分類

《寶顏堂祕笈》計分六集刊刻，茲先簡述六集名稱之意。所謂《陳眉公訂正祕笈》，乃陳眉公親自編纂訂正之意；所謂《陳眉公家藏祕笈續函》，是就陳眉公家藏祕笈加以續編之意；所謂《陳眉公家藏彙祕笈》，是就陳眉公祕笈續之後再加以彙集之意；所謂《陳眉公家藏廣祕笈》，是就陳眉公彙祕笈之後再加以廣編之意；所謂《陳眉公普祕笈》，是就陳眉公廣祕笈之後再加以普及之意；所謂《眉公雜著》，乃陳眉公本人作品之意。筆者謂《陳眉公訂正祕笈》應是初集，係陳眉公親自選編刊刻；之後所稱《陳眉公家藏祕笈續函》、《陳眉公家藏彙祕笈》、《陳眉公家藏廣祕笈》、《陳眉公普祕笈》者，應是繡水尚白齋沈氏兄弟參與編成。從以上各集名稱，除反映出祕笈收錄來自眉公家藏，且一再刊刻發行外，復能看出眉公親自參與編纂、校讎之嚴謹態度。

（2）刊刻時間

據《寶顏堂祕笈》中諸序言，知刊刻時間先後有三次，分別為：《陳眉公訂正祕笈》、《陳眉公家藏彙祕笈》與《眉公雜著》皆在萬曆三十四年（西元1606年）；《陳眉公家藏廣祕笈》與《陳眉公家藏祕笈續函》皆在萬曆四十三年（西元1615年）；《普集》在泰昌元年（西元1620年）。從以上各集發行時間，反映出陳繼儒家藏異書一再發行，除與同好分享外，亦有流通古籍之志。

（3）刊刻卷數

該套叢書所收古籍卷數，查考今日臺北國家圖書館典藏之《寶顏堂祕笈》「明萬曆間繡水沈氏尚白齋刊本」收書情況，以一、二卷本居多。蓋眉公考

量其篇幅短小，難以單行，故刊刻於《寶顏堂祕笈》中。

2. 收書內容

以下從收書時代範圍、內容範疇等二方面，呈現整套叢書收書特色。

（1）收書時代範圍

《寶顏堂祕笈》收錄之書，時代以六朝至明代為主，其中宋、元、明三代之著述為多。而其呈現刊刻選書標準，除罕見祕笈外，亦有陳氏自身創作與當代名人著作。

（2）收書內容範疇

《寶顏堂祕笈》所收書是屬於綜合性，依照清《四庫全書總目》可知內容包含有史部之政書類、傳記類、地理類、雜史類、史評類；子部之儒家類、道家類、雜家類、小說家、藝術類、類書類、譜錄類；集部之總集類、詩文評類等等。綜觀其收錄之書，其中以史部、子部書籍為主，觀其內容特色仍以文學性質較多，例如《眉公雜著》收錄十七部書籍，皆是文學類書。

第二節　《陳眉公家藏祕笈續函》綜合探討

一、《陳眉公家藏祕笈續函》考略

（一）《陳眉公家藏祕笈續函》編書緣起與經過考述

《寶顏堂祕笈》共分六集，分別為《陳眉公訂正祕笈》、《陳眉公家藏祕笈續函》、《陳眉公家藏彙祕笈》、《陳眉公家藏廣祕笈》、《陳眉公普祕笈》、《眉公雜著》。筆者論文若將六集悉數加以研究，則篇幅過多，故探討主題專以《陳眉公家藏秘笈續函》為研究對象。而《寶顏堂祕笈》相關論題，已於上節「第一節《寶顏堂祕笈》系列綜合探討」縷析考述完畢，此處不再贅言。

至於，《陳眉公家藏秘笈續函》該套叢書編書緣起與經過情形為何？可從李日華、沈德先、沈孚先等人「敘」或「題辭」，大抵能窺知一二。沈德先〈續祕笈敘〉云：

> 余既鐫《彙祕笈》，猶然不療饕癖。復從陳眉公麓中索得若干種，輒以豔詫親好。人亦不靳出所藏來會。而家弟更從荊邸寄我數編，謂足壓惠生一輻矣。私心獨謂唐篇，尚屬典品，未駴耳目。而姚叔祥，則以《柳氏舊聞》及《故實》。《近事》所載，如魏知古傾姚元崇、

明皇煮藥………。朱或趙郏法家，法之對也；錢德循忍哀，以攻曾
布也。此尤兩宋間逸評遺記，流響斷篇者。大抵唐宋史傳已外，軼
事、軼人，視前代最夥，非賴野編，焉藉不朽？由此推之，則　　國
家著紀紛映，前載所稱扶正史而輔經政者，未必不在此續編五十家
也。尚有餘書，則更埃廣笈。〔註53〕

沈孚先〈續祕笈題辭〉云：

余頃在荊州，公暇時以《續笈》爲念，向人問盛弘之《荊州記》及
《荊楚歲時》、《渚宮舊事》後五卷，即荊州人不知有荊州書也。僅
得《觴政》已上三數帙，而荊州近志亦寥寂無可採。至詩文祇載其
目，得無爲楊用脩《蜀志‧藝文》所笑。比歸里，則眉公已悉付梓，
而家兄序其端矣。亦足徵吾兄弟兩人篇籍之好，與眉公鼎足也。然
篇籍投好，好即不同，乃儒舊猶病爲翫物。至以當官、抄書爲過，
好誠不可不愼矣。余繕檢眉公此編，如能以林君復《省心》、敎清江
《愼言》，用自縮攝；以魏鶴山《雜抄》、陸文定《耄餘》《寱言》，
披卷隨證；以紫陽、西山兩《政訓》，出治臨民；以高文忠《伏戎紀
事》，外馭夷狄，亦庶幾乎讀有用書，上謝儒舊，而其他種種，政不
妨爲諸公鼓吹可也。〔註54〕

李日華〈敘〉言：

眉公陳先生披韋帶索，自放草澤，方將糠粃天地，芻狗萬象，一
切世榮物尚，排蕩殆盡，而獨留嗜書之癖。以故畸流英衲，所與
往來，得一隱書，必以歸先生。先生耳目所逮，與手所羅致，必
獲而後已。於是先生之笈日滿，而四方稱多異書者，必曰眉公先
生云。……然則謂今天下有奇篇逸帙，悉出陳氏笈中。其讀書有
得新‥不窮，謂悉自眉公先生抽秘以示也，烏乎不可？斯秘笈之
行，一續再續，以至於三四五續也。又烏乎不可！剞劂氏躍而喜
曰：命之矣。〔註55〕

據沈氏兄弟與李日華所言，可溯本求源《陳眉公家藏祕笈續函》當時刊
行動機與情形如下：其一，該套叢書收書總數，共五十部作品。其二，該套

〔註53〕〔明〕沈德先：〈續祕笈敘〉。同註7，頁1～4。
〔註54〕〔明〕沈孚先：〈續祕笈題辭〉。同註7，頁1～3。
〔註55〕〔明〕李日華：〈敘〉。同註7。

叢書收書來源，除從陳繼儒家藏外，沈德先、沈孚先亦提供若干書籍。其三，該套叢書收書年代，除唐宋外，亦兼及明代著作。其四，該套叢書編纂目的，是以讓閱讀者能讀有用之書。其五，該套叢書收書特色，是以軼聞典籍為主，此項可從陳繼儒自著作品《太平清話》佐證之。其書卷二曰：

> 余每欲藏萬卷異書，襲以異錦，薰以異香，茅屋蘆簾，紙窗土壁，
> 而終身布衣嘯咏其中。客笑曰：果爾，此亦天壤間一異人。〔註56〕

從上述諸引文可知，陳繼儒編纂《寶顏堂祕笈》動機顯露其愛藏書，尤以異書為主。且喜與他人分享，此實有流通古籍之功。

（二）《陳眉公家藏祕笈續函》收錄作品論述

《陳眉公家藏祕笈續函》該部叢書收錄作品，共有五十部。茲以台北國家圖書館「善本書室」所藏《寶顏堂祕笈》之《陳眉公家藏祕笈續函》「明萬曆間繡水沈氏尚白齋刊本」列表示之：

卷數、作品分類、收錄作品 校者 順序、名稱〔註57〕	卷　數	撰　者	作品分類〔註58〕	校　　者
《尚書故實》	一卷	唐李綽	雜家類	陳繼儒・高承埏校
《南唐近事》	一卷	宋鄭文寶	小說類	陳繼儒・高承埏校
《朱文公政訓》	一卷	宋朱熹	未著錄	陳繼儒・高承埏校
《眞西山政訓》	一卷	宋眞德秀	未著錄	陳繼儒・高承埏校
《談苑》	四卷	宋孔平仲	小說類	陳繼儒・高承埏校
《荊溪林下偶談》	四卷	宋吳子良	詩文評類	陳繼儒・高承埏校
《桂苑叢談》	一卷	唐馮翊	小說類	陳繼儒・高承埏校
《陰符經解》	一卷	不著撰人	未著錄	陳繼儒・高承埏校
《元始上眞衆仙記》（一名《枕中書》）	一卷	晉葛洪	道家類	高承埏校
《後山談叢》	四卷	宋陳師道	小說類	陳繼儒・高承埏校
《旡上祕要》	一卷	不著撰人	道家類	陳繼儒訂・高承埏校
《脈望》	八卷	題明趙台鼎	雜家類	「卷一」陳繼儒・沈德先校「卷二」陳繼儒・郁嘉慶校

〔註56〕同註10，頁335。
〔註57〕「收錄作品順序、名稱」：依照國家圖書館善本書室所藏「萬曆間繡水沈氏尚白齋刊本」之《陳眉公家藏祕笈續函》「目錄」記載順序。
〔註58〕「作品分類」：依照《四庫全書總目》「門目」中，記載各卷應屬何種部類之情形。另外，表格註明「未著錄」部分，則指《四庫全書總目》未收錄該部作品而言。〔清〕紀昀等人編撰：《四庫全書總目》（臺北：藝文印書館，1997年9月）。

				「卷三」陳繼儒・沈孚先校 「卷四」陳繼儒・沈士龍校 「卷五」陳繼儒・沈元昌校 「卷六」陳繼儒・郁嘉慶校 「卷七」闕 「卷八」陳繼儒・陳天保校
《賢弈編》	四卷	明劉元卿	未著錄	陳繼儒・高承埏校
《煮泉小品》	一卷	明田藝蘅	譜錄類	陳繼儒閱・高承埏校
《伏戎紀事》	一卷	明高拱	雜史類	高承埏校
《皇明吳郡丹青志》	一卷	明王穉登	藝術類	陳繼儒・高承埏校
《畫說》	一卷	明莫是龍	藝術類	陳繼儒・高承埏校
《次柳氏舊聞》	一卷	唐李德裕	小說類	陳繼儒・高承埏校
《谿山餘話》	一卷	明陸深	小說類	陳繼儒・高承埏校
《毫餘雜識》	一卷	明陸樹聲	雜家類	陳繼儒・高承埏校
《西堂日記》	一卷	明楊豫孫	未著錄	陳繼儒・高承埏校
《知命錄》	一卷	明陸深	小說類	陳繼儒・高承埏校
《樂府指迷》	二卷	宋張炎	未著錄	陳繼儒・高承埏校
《疑仙傳》	一卷	宋王簡	未著錄	陳繼儒・高承埏校
《可談》	一卷	宋朱彧	小說類	高承埏校
《玉堂漫筆》	一卷	明陸深	小說類	陳繼儒・高承埏校
《蜀都雜抄》	一卷	明陸深	地理類	陳繼儒・高承埏校
《四夷考》	八卷	明葉向高	未著錄	陳繼儒・高承埏校
《集異志》	四卷	唐陸勳	小說類	陳繼儒・高承埏校
《慎言集訓》	二卷	明敖英	儒家類	陳繼儒・高承埏校
《鼎錄》	一卷	梁虞荔	譜錄類	陳繼儒
《古奇器錄》附江〈東藏書目錄小序〉	一卷	明陸深	譜錄類	陳繼儒・高承埏校
《井觀瑣言》	三卷	明鄭瑗	雜家類	陳繼儒・高承埏校
《蜩笑偶書》	一卷	明鄭瑗	雜家類	陳繼儒・高承埏校
《長松茹退》	二卷	明憨頭陀	未著錄	陳繼儒・高承埏校
《虎薈》	六卷	明陳繼儒	譜錄類	陳繼儒集・高承埏校・錢應金校
《羅湖野錄》	四卷	宋釋曉瑩	未著錄	陳繼儒・高承埏校
《觴政》	一卷	明袁宏道	譜錄類	陳繼儒・高承埏校
《吳社編》	一卷	明王穉登	小說類	陳繼儒・高承埏校
《願豐堂漫書》	一卷	明陸深	小說類	陳繼儒・高承埏校
《金臺紀聞》	一卷	明陸深	小說類	陳繼儒・高承埏校
《長水日鈔》	一卷	明陸樹聲	雜家類	陳繼儒・高承埏校
《病榻寤言》	一卷	明陸樹聲	雜家類	高承埏校
《夷俗記》	一卷	明蕭大亨	地理類	高承埏校
《三事遡眞》	一卷	明李豫亨	雜家類	陳繼儒訂・高承埏校
《銷夏》	四卷	明陳繼儒	雜家類	高承埏校
《辟寒部》	四卷	明陳繼儒	雜家類	高承埏校

　　針對以上《陳眉公家藏祕笈續函》收錄作品情況，先分別略述之：

　　第一，該套叢書收數總數。從上一小節沈德先〈續祕笈敘〉可知，該套叢書應收錄五十部書籍。從清阮元《文選樓藏書記》、黃虞稷《千頃堂書目》至叢書書目，以及國內外著名圖書館典藏該書所記載《陳眉公家藏祕笈續函》該部叢書，可證此部叢書收書總數應為五十部。然本論文根據之台北國家圖書館「善本書室」所藏《寶顏堂祕笈》六集中之《陳眉公家藏祕笈續函》「明萬曆間繡水沈氏尚白齋刊本」僅存四十七部，計闕《省心錄》、《觚不觚錄》、《讀書雜抄》三部作品。筆者查考藏於台北國家圖書館「善本書室」記載另一「明萬曆間繡水沈氏尚白齋刊本」僅存《陳眉公訂正祕笈》、《陳眉公家藏祕笈續函》、《眉公雜著》等三集之本，適有存錄此三部書籍。大抵，本論文根據底本雖言存留整套《寶顏堂祕笈》較完整之版本，然並非完帙，故必須考查其他單集之本，以補其中不足之處。

　　第二，該套叢書收書卷數、類型。從上文表格中，可見收錄作品多為一卷本。至於作品屬何種類型，筆者以查考清《四庫全書總目》著錄《陳眉公家藏祕笈續函》收錄作品進行分類陳列於上文表格中。從清《四庫全書總目》對作品類型界定標準，可知該套叢書是屬於綜合性，約有幾種類型：史部之地理類、雜史類；子部之儒家類、道家類、雜家類、小說家、藝術類、譜錄類；集部之詩文評類等，主要以收錄史部、子部作品為主。其中，本論文探究以子部「小說類」作品探討，且於下一節「二、《陳眉公家藏祕笈續函》『小說類』考略」中，將稍加論述明代小說範疇，並配合民國小說定義、分類，擇定本論文要探討之小說作品。

　　第三，該套叢書校訂者人數。從上文表格校訂閱者，知有陳繼儒、高承埏、沈德先、郁嘉慶等十位。其中署名高承埏有《尚書故實》、《南唐近事》、《朱文公政訓》、《眞西山政訓》等四十七部；署名陳繼儒有《尚書故實》、《南唐近事》、《朱文公政訓》、《眞西山政訓》、《談苑》、《荊溪林下偶談》、《桂苑叢談》、《陰符經解》、《元始上眞眾仙記》、《後山談叢》等四十部。據此可知高承埏〔註59〕、陳繼儒〔註60〕二人，位居《陳眉公家藏祕笈續函》校訂者

〔註59〕　《明詩紀事》卷二十一「辛籤」記載「高承埏」：「承埏字寓公，一字澤外，嘉興人。郎中道素子，崇禎庚辰進士，除遷安知縣，改寶坻涇縣。福王立，遷工部主事。有《稽古堂集》。
　　　　　《靜志居詩話》，先生表忠裡孝，以父死不韋，伏闕訟冤，絲綸奪者載錫，三字雷封，各著循績，而危邦墨守，尤文吏所難，惜乎功多不賞，至今寶坻父

之第一、第二名。

　　第四，該套叢書收書時代範圍。從上文表格檢視收錄之書，時代從晉、梁、唐、宋、至明代為止，其中以宋代十部、明代二十九部作品為最多。刊刻選書標準，除罕見祕笈外，亦有幾部陳氏自身創作，至於當代（明代）名人著作以收錄陸深、陸樹聲作品為最多。

　　綜合以上論述，筆者以《陳眉公家藏祕笈續函》為探究對象，因從整套《寶顏堂祕笈》叢書校訂閱者分析得知，以陳繼儒八十餘種為最多，其中在《陳眉公家藏祕笈續函》部份就達四十種。其次，因該套叢書收錄作品類型相當繁夥，筆者僅能擇其「小說類」主題作為探討對象。故而選擇陳繼儒《寶顏堂祕笈》六集中，其參與編輯用力甚深之《陳眉公家藏祕笈續函》，並以該部叢書所收小說類作品，為探討研究之例證。

二、《陳眉公家藏祕笈續函》「小說類」考略

　　本論文主要從二方面界定《陳眉公家藏祕笈續函》「小說類」範圍：一方面，略舉明代目錄學家對小說部類分屬狀況與重要文史學者、小說家對小說論述，以分析對小說文體之見解；另一方面，略舉民國以來專家學者對小說論述，以瞭解對小說文體於定義與分類準則。進一步，綜合歸納明人論點，再兼顧今人說法，以界定本篇談論「小說類」作品為何？

（一）綜述明代對「小說類」之界定

1. 從明代目錄學家見「小說」作品分類之反映

　　以下茲據汪辟疆《目錄學研究》所列「漢唐以來目錄統表」存在目錄為例。〔註61〕

老有遺憾焉。家藏書八十櫝，與項氏萬卷樓爭富。雖干戈倥傯，不輟吟哦，其病中述志云，惟將前進士，慘澹表孤墳，讀者比之澤畔行吟，西臺慟哭。」另有〔清〕陳鼎《留溪外傳》卷六「隱逸部下」、〔清〕杜陰棠《明人詩品》卷二以及〔清〕朱竹坨《靜志居詩話》卷十九等，均可知高氏之生平事蹟。〔清〕陳田撰：《明詩紀事》卷二十一（周駿富輯：《明代傳記叢刊》學林類⑪，臺北：明文書局，1991年元月），第十五冊，頁015-871。

〔註60〕陳繼儒介紹，於上一節中「一、編纂刊刻考略」已論述，故不再贅述。

〔註61〕汪辟疆《目錄學研究》所列「漢唐以來目錄統表」存在目錄為主要探討對象，然若干註明存在目錄，今日卻遍尋不著者，筆者將暫不列入探討。

汪辟疆著：《目錄學研究》（臺北：文史哲出版社，1983年6月），頁73～84。

書目類型、名稱	有「小說」部類者		無「小說」部類者
官修目錄			
文淵閣書目〔註62〕			無
新定內閣藏書目錄〔註63〕			無
私家目錄			
西亭中尉萬卷堂書目〔註64〕	有	子類・小說家	
菉竹堂書目〔註65〕			無
李蒲汀家藏書目〔註66〕			無
世善堂藏書目〔註67〕			無
天一閣藏書目〔註68〕	有	子部・小說類	
寶文堂分類書目〔註69〕			無
百川書志〔註70〕	有	子志二・小說家	
澹生堂藏書目〔註71〕	有	子部・小說家	
徐氏家藏書目〔註72〕	有	子部・小說類	

〔註62〕　〔明〕楊士奇：《文淵閣書目》（臺北：新文豐出版公司印行，《叢書集成新編》，1985年），第一冊，頁719。

〔註63〕　〔明〕張萱撰：《內閣藏書目錄》（臺北：廣文書局印行，《書目續編》，1968年3月）。

〔註64〕　〔明〕朱睦㮮撰：《萬卷堂書目》（上海：上海古籍出版社，《續修四庫全書》編纂委員會編《續修四庫全書》），頁476。

〔註65〕　〔明〕葉盛：《菉竹堂書目》（臺北：成文出版社有限公司印行，嚴靈峰編輯《書目類編》，1978年），第二十九冊，頁12970。

〔註66〕　〔明〕李廷相：《濮陽蒲汀李先生家藏目錄》（臺北：新文豐出版公司印行，《叢書集成續編》），第四冊。

〔註67〕　〔明〕陳第撰：《世善堂藏書目錄》（臺北：廣文書局印行，《書目三編》，1969年2月）。

〔註68〕　〔明〕范欽藏・清范邦甸撰：《天一閣書目》（上海：上海古籍出版社，《續修四庫全書》編纂委員會編《續修四庫全書》），頁159。

〔註69〕　〔明〕晁瑮撰：《晁氏寶文堂書目》（上海：上海古籍出版社，《續修四庫全書》編纂委員會編《續修四庫全書》）。

〔註70〕　〔明〕高儒撰：《百川書志》（上海：上海古籍出版社，《續修四庫全書》編纂委員會編《續修四庫全書》），頁370。

〔註71〕　〔明〕祁承㸁撰：《澹生堂藏書目》（上海：上海古籍出版社，《續修四庫全書》編纂委員會編《續修四庫全書》），頁638。

〔註72〕　〔明〕徐𤊹撰：《徐氏紅雨樓書目》（臺北：成文出版社有限公司印行，嚴靈峰編輯《書目類編》，1978年），第二十八冊，頁12495。

脈望館書目 [註73]	有	子・小說		
牧齋書目 [註74]	有	子類・小說		
絳雲樓書目 [註75]	有	小說類		
汲古閣珍藏祕本書目 [註76]	有	小說		
千頃堂書目 [註77]	有	子部・小說類		
史家目錄				
國史經籍志 [註78]	有	子類・小說家		

　　以上私家目錄有「子部小說家」分屬者，相當多見，顯露明私家藏書家已重視此類書籍之收藏。然小說類定義爲何？僅祁承煠《澹生堂藏書目》，其「小說家」提要云：

> 小說之目，爲說彙、爲說叢、爲佳話、爲雜筆、爲閒適、爲清玩、爲記異、爲戲噱，計八則。[註79]

　　若從祁氏書目對小說分類情形，得知小說內容範圍似乎無所不有，其特質近似雜屬類。至於上表史家目錄有焦竑輯《國史經籍志》，其「小說家」序云：

> 張衡之賦〈二京〉也，曰：「小說九百，本自虞初。」知古祕書所掌，其流實繁。班固列之諸家，見王治之悉貫，與小道之可觀，其言韙己。何者？陰陽相摩，古今相嬗，萬變撟起，蒐瑣弔詭，不可勝原，欲一格以咫尺之義，如不廣何？故古街談巷議，必有稗官主之，譬之管蒯絲麻，無悉捐棄，道固然也。余故仍列於篇，蓋立百體而馬繫乎前，嘗聞之蒙莊矣。[註80]

　　《國史經籍志》論「小說」之義，清楚指出該文體非講大道之特質，雖

〔註73〕〔明〕趙琦美撰：《脈望館書目》（據國家圖書館「善本書室」所藏上海商務印書館影印本《涵芬樓祕笈》），第二冊。
〔註74〕〔明〕錢謙益撰：《牧齋書目》（據國家圖書館「善本書室」所藏「舊鈔本」）。
〔註75〕〔明〕錢謙益撰：《絳雲樓書目》（臺北：廣文書局印行，《書目三編》，1969年），頁88。
〔註76〕〔明〕毛扆撰：《汲古閣珍藏祕本書目》（上海：上海古籍出版社，《續修四庫全書》編纂委員會編《續修四庫全書》）。
〔註77〕〔明〕黃虞稷撰：《千頃堂書目》（臺灣：臺灣商務印書館發行，《影印文淵閣四庫全書》），史部，第六七六冊，頁676～331。
〔註78〕〔明〕焦竑輯：《國史經籍志》（臺北：新文豐出版公司印行，《叢書集成新編》，1985年），第一冊，頁662。
〔註79〕同註71，頁630。
〔註80〕同註78，頁663。

小道仍有可觀之處。

　　大抵，從「目錄著錄」層面而言，小說被私家目錄置於子部中之一類，且另有分屬；從「定義」方面而言，據「焦氏序云」，大致得知因作品日益繁夥，其範疇遂日趨複雜，因而反映出小說內容十分寬泛；因界限廣泛，最易與子部雜家類，以及史部傳記類、雜史類混淆不清。另從祁承爜《澹生堂藏書目》將小說內容細分八種類屬可證之。

　　2. 綜述明代著名文史學者、小說家論「小說」定義之範疇

　　以下分別略舉著名「文史學者」與「小說家」淺論「小說」一詞之定義，期能一窺明代小說之真正涵義。

　　首先，文史學者雖無專書專論此類文體，然從己身撰寫作品中之隻字片語亦能得知其對小說之觀點。例如胡應麟《少室山房筆叢》提出不少有關「小說」之見解。其書卷十三「九流緒論下」：

> 小說家一類，又自分數種：一曰志怪，搜神、述異、宣室、酉陽之類是也。一曰傳奇，飛燕、太真、崔鶯、霍玉之類是也。一曰雜錄，世說、語林、瑣言、因話之類是也。一曰辯訂，鼠璞、雞肋、資暇、辯疑之類是也。一曰箴規，家訓、世範、勸善、省心之類是也。叢談、雜錄二類，最易相紊，又往往兼有四家。類多獨行，不可攙入二類者。至於志怪、傳奇，尤易出入，或一書之中二事並載，一字之內兩端具存，姑舉其重而已。〔註81〕

　　同卷又云：

> 小說，子書流也。然談說理道，或近於經；又有類注疏者。紀述事跡，或通於史；又有類志傳者。他如孟棨《本事》、盧瓌《抒情》，例以詩話文評，附見集類，究其體制，實小說者流也。至於子類雜家，尤相出入。鄭氏謂古今書家所不能分有九，而不知最易混淆者小說也。必備見簡編，窮究底裏，庶幾得之。而冗碎迂誕，讀者往往涉獵，優伶遇之，故不能精。〔註82〕

　　從胡氏此二則引文，得知小說因題材、類型之不同，雖可分類，然亦有一書跨二類之情形。且小說與其他經、史、子、集文體之差異性，亦有混淆

〔註81〕〔明〕胡應麟撰：《少室山房筆叢》卷十三（臺灣：臺灣商務印書館發行，《影印文淵閣四庫全書》），子部十，第八八六冊，頁886～305。

〔註82〕同上註，頁886～305。

近似者。此外，謝肇淛《五雜組》卷十五「事部三」曾談論小說特色，具參考者有以下二則：

> 小說野俚諸書，稗官所不載者，雖極幻妄無當，然亦有至理存焉。如《水滸傳》無論已，《西遊記》曼衍虛誕，而其縱橫變化，以猿為心之神，以豬為意之馳。其始之放縱，上天下地莫能禁制，而歸於緊箍一咒，能使心猿馴伏，至死靡他，蓋亦求放心之喻，非浪作也。華光小說，則皆五行生剋之理，火之熾也，亦上天下地莫之撲滅，而真武以水制之，始歸正道。其他諸傳記之寓言者，亦皆有可采。惟《三國演義》與《錢唐記》、《宣和遺事》、《楊六郎》等書，俚而無味矣。何者？事太實則近腐，可以悅里巷小兒而不足為士君子道也。〔註83〕

> 凡為小說及雜劇戲文，須是虛實相半，方為游戲三昧之筆，亦要情景造極而止，不必問其有無也。古今小說家如《西京雜記》、《飛燕外傳》、《天寶遺事》諸書，《虯髯》、《紅線》、《隱娘》、《白猿》諸傳，雜劇家如《琵琶》、《西廂》、《荊釵》、《蒙正》等詞，豈必真有是事哉？近來小說，稍涉怪誕，人便笑其不經，而新出雜劇，若《浣紗》、《青衫》、《義乳》、《孤兒》等作，必事事考之正史，年月不合，姓字不同，不敢作也。如此則看史傳足矣，何名為戲？〔註84〕

此二則所提出觀念如下：其一，小說應虛、實相半，不必事事考之正史，故小說必與史傳文學作區分。其二，從列舉小說作品中，能見其範疇已包括筆記小說，如《西京雜記》；傳奇小說，如《紅線》；通俗小說，如《水滸傳》等。

其次，小說家論小說涵義層面。此部分從小說創作作品中之序言，可找尋其對小說之看法。如洪楩輯《六十家小說》、馮夢龍輯《三言》及袁褧輯《廣四十家小說》等。據馮夢龍《古今小說・序》云：

> 大抵唐人選言，入於文心；宋人通俗，諧於里耳。天下之文心少而里耳多，則小說之資於選言者少而資於通俗者多。試令說話人當場描寫，可喜可愕，可悲可涕，可歌可舞；再欲捉刀，再欲下拜，再欲決脰，再欲捐金；怯者勇，淫者貞，薄者敦，頑鈍者汗下。雖小

〔註83〕〔明〕謝肇淛撰：《五雜組》卷十五（上海：上海書店出版社，2001年8月），頁312。
〔註84〕同上註，頁312。

誦《孝經》、《論語》，其感人未必如是之捷且深也。〔註85〕

馮氏數語即道出，小說內容需具通俗性，方能引發讀者共鳴。

綜述以上文史學者、小說家論「小說」，主要有以下幾項特點：

第一，內容題材。主要談論層面以題材實與虛爲關鍵。依據《少室山房筆叢》卷十三「九流緒論下」及《五雜組》卷十五「事部三」，可知小說家題材來源，一者有源自於正史人物傳記資料或名人雅士軼事傳說，此題材多半實多於虛；二者有取材於民間里巷地方性資料，此題材多半虛多於實。凡爲小說須是虛實相半。

第二，寫作技巧。主要談論層面以語言特色與人物形象爲關注，依據上述明《五雜組》卷十五「事部三」得知，一部小說如何傳要妙之情，著文章之美，在乃情景造極而止，不必問其人物於正史有無與合不合也。

第三，體裁分類。主要談論層面以小說體裁特徵爲本，進而再分述各式各樣之類型。明胡應麟《少室山房筆叢》卷十三「九流緒論下」之言，除一語道出問題外，亦間接突顯出小說體裁多元特色，此乃是其它文體所無。

大抵，明代文史學者、小說家論「小說」特點，能提供本論文探討《陳眉公家藏祕笈續函》收錄十四部小說作品之標準，且以作爲評論與探究陳繼儒選擇小說作品功力之權衡。

（二）《陳眉公家藏祕笈續函》「小說類」之界定

1. 今日專家學者之論說

除藉助明代目錄學家、文史學者與小說家，給予小說看法外，筆者發現今日談論小說之學者與專書頗多，亦可擇一、二專書及單篇論文作爲輔助參酌。如此，更有助於本論文中對《陳眉公家藏祕笈續函》小說類作品之判定。

魯迅《中國小說史略》「第一篇　史家對於小說之著錄及論述」云：

> 清乾隆中，撰《四庫全書總目提要》，以紀昀總其事，於小說別爲三派，而所論列則襲舊志。……右三派者，校以胡應麟之所分，實止兩類，前一即雜錄，後二即志怪，第析敘事有條貫者爲異聞，鈔錄細碎者爲瑣語而已。傳奇不著錄；叢談辯訂箴規三類則多改隸雜家，小說範圍，至是乃稍整潔矣。……至於宋之平話，元明之演義，自

〔註85〕〔明〕馮夢龍輯：《古今小說》（《古本小說集成》編委會編：《古本小說集成》，上海：上海古籍出版社），〈序〉，頁 5～7。

來盛行民間，其書故當甚夥，而史志皆不錄。惟明王圻作《續文獻通考》，高儒作《百川書志》，皆收《三國志演義》及《水滸傳》，清初錢曾作《也是園書目》，亦有通俗小說《三國志》等三種，宋人詞話《燈花婆婆》等十六種。然《三國》、《水滸》，嘉靖中有都察院刻本，世人視若官書，故得見收，後之書藝文有眞知，遂離叛於舊例也。史家成見，自漢迄今蓋略同；目錄亦史之支流，固難有超其分際者矣。〔註86〕

吳志達《中國文言小說史》「緒論・三、文言小說的源流及其基本特徵」謂：

「小說」的概念，也有一個演化過程，從莊子、桓譚、班固、劉知幾，到洪邁、胡應麟、紀昀，在進化中概念逐漸嚴密起來。事物的發展，往往不是先有其名後有其實，而是在客觀世界中先存在某種事物，才產生與其相應的概念，而概念的外延與內涵也會有發展變化。因此，在研究文言小說的源流變遷時，既不能用現代「小說」的概念去規範古人，也不能爲古代的傳統「小說」概念所束縛。……從文言小說的發展過程中，我們可體認到不同時代作家的心跡，感受到他們脈搏的跳動。漢代是「罷黜百家，獨尊儒術」的時代，強調尊王崇禮，作家的主體意識受儒家思想的制約，以禮樂爲言動規範，作品的創作個性不夠鮮明。魏晉南北朝時期，玄、道、佛盛行，晉朝統治者雖然也曾想以禮治天下，但在實際生活中儒學已無約束力，士大夫或談玄，或崇道，或信佛，千奇百怪；這種精神狀態、文化思想、人生哲學，在志怪小說或志人小中，有著具體的反映。〔註87〕

王恆展《中國小說發展史概論》「第一章　引論・第二節　中國小說發展史的研究方法」言：

用宏觀的眼光和思路研究中國小說發展史，從大的方面講必須注重三個方面的研究。首先，要研究中國小說與社會文化的關係。「文變染乎世情，興廢繫乎時序」。一千多年前的劉勰已充分地認識到這一問題的重要性，《文心雕龍・時序》即其研究這一問題的專論。……

〔註86〕魯迅著：《中國小說史略》（釋評本）（上海：上海文化出版社，2005 年 1 月），頁 3～4。

〔註87〕吳志達著：《中國文言小說史》（濟南：齊魯書社出版發行，1994 年 9 月），頁 6～9。

二是要注意傳統文化對小說史的影響，如史官文化、巫官文化對小
說的影響；儒家的社會觀念和倫理道德對小說的影響；佛教、道教
對小說的影響等等。其次，要研究中國小說與其他文學藝術之間關
係。小說與文學的關係，包括小說與神化傳說、寓言、詩歌、辭賦、
散文、戲曲等的關係。研究這些關係，對於我們認識中國小說將敘
事、抒情、議論融爲一體的藝術特點將大有幫助。……第三，要研
究中國小說的內部關係，亦即小說與小說之間的關係。這是一個非
常複雜的問題，因爲中國「小說之名雖同，而古今之別，則相去天
淵」。同是小說，從語言方面可以分爲文言小說、白話小說；從作品
的思想內容和藝術格調方面可分爲文言小說、通俗小說；……簡直
令人眼花撩亂，更不用說其中還有兼容和交叉了。〔註88〕

　　以上專家之小說觀點，限於篇幅僅節錄一鱗半爪，即已提供今日從事小
說研究者該注意事項：

　　其一，從「內涵」而言。首先，承認多元且複雜之內在特質，如語言、思
想、文體、藝術手法、題材類型等，造成小說作品天差地別之文學價值。其次，
學門專家各持己見下，亦造成小說定義分歧，誠如上述魯迅《中國小說史略》
「第一篇　史家對於小說之著錄及論述」云：「然《三國》、《水滸》，嘉靖中有都
察院刻本，世人視若官書，故得見收，後之書藝文有眞知，遂離叛於曩例也。
史家成見，自漢迄今蓋略同；目錄亦史之支流，固難有超其分際者矣。」

　　其二，從「外延」而言。據上述吳志達《中國文言小說史》「緒論·三、
文言小說的源流及其基本特徵」謂：「從文言小說的發展過程中，我們可體認
到不同時代作家的心跡，感受到他們脈搏的跳動。」以及王恆展《中國小說
發展史概論》「第一章　引論·第二節　中國小說發展史的研究方法」言：「首
先，要研究中國小說與社會文化的關係。……二是要注意傳統文化對小說史
的影響。」二者主要強調時代學術風潮、文化特色等外在因素，皆能影響小
說內涵發展。換言之，一種文體無法脫離時代、文化，甚至其他文體之影響，
「小說」文體亦是如此。

2. 本論文小說界定範圍

　　本論文如何從《陳眉公家藏祕笈續函》中，挑選眞正小說作品，筆者認

〔註88〕王恆展著：《中國小說發展史概論》（濟南：山東教育出版社，1999年9月），
　　　　頁31～33。

同吳志達之觀點，研究文言小說時，既不能完全採用現代「小說」觀念規範古人，亦不能被古人傳統「小說」見解所束縛。且不同類型小說，隨時代轉變亦產生不同定義，甚至難以某類型完全彰顯其作品特徵，誠如李劍國《唐五代志怪傳敘錄》「唐稗思考錄──代前言」言：

> 志怪和傳奇的區別，不在於題材和外表形式。……舊有的志怪小說作為一個有特定內涵的概念，已不再適用於雖仍含有怪異內容，但已脫離開「叢殘小語」格局而演變為「敘述宛轉，文辭華豔」的作品，它只能用來指稱那些還基本保持著六朝舊貌的作品，而其餘的成熟或比較成熟的作品──包括寫人和語怪、單篇和專集──是應當都稱作傳奇的。

> 不過涉及具體作品，要加以區分並不都是好辦的。所謂描寫的精細，曲折，宛轉，華豔，在較長的作品中看得明顯，一篇幾百字的小說，又如何判定呢？只能作大概的判定，比如四五百字以內的作品大概就不好叫做傳奇了，──自然也不盡如此。以此來考察唐代小說集，會看到不全是而且大部分都不是真正的傳奇集。以《史略》提到的傳奇集《玄怪錄》、《續玄怪錄》、《河東記》、《宣室志》來看，其中很有些篇章是簡短的志怪體，也就是胡元瑞說的「一書之中二事並載」：志怪體和傳奇體並存。而有的作品集其中又有既非傳奇又非志怪的雜事內容，這類作品數量不算少，它們容易同前文提到的那些雜史雜事性的筆記相淆。處理辦法是「舉其重而已」。〔註89〕

李氏之言，點破筆者擇選《陳眉公家藏祕笈續函》小說作品必須慎重。幾經思索，遂決定參考寧稼雨《中國文言小說總目提要》作為挑選《陳眉公家藏祕笈續函》收錄作品中小說類之準則。另外，筆者還簡述該套叢書收錄作品中小說類型之定義。

（1）參考寧氏書挑選《陳眉公家藏祕笈續函》叢書中之小說作品

《中國文言小說總目提要》「前言」：

> 總之，我在本書中所確定的劃定文言小說界限的原則是，在尊重古人小說概念的前提下，以歷代公私書目小說家類著錄的作品為基本依據，用今人的小說概念對其進行遴選釐定，將完全不是小

〔註89〕李劍國著：《唐五代志怪傳敘錄》（天津：南開大學出版社，1993年12月），頁4～5。

　　說的作品剔除出去，將歷代書目小說家中沒有著錄、然而又確實
可與當時的小說相同，或能接近今人小說概念的作品選入進來。
〔註90〕

　　寧稼雨訂定小說範疇，以歷代公私書目為基本依據，兼採古人小說概念
與今人小說概念，作為擇定小說條件；此三方面考量，等同筆者上節分述目
錄學家、明文史學者、小說學家，以及參酌今日小說學家等，故認為寧氏言
之成理，可以參考。茲依照《中國文言小說總目提要》標準，檢視《陳眉公
家藏祕笈續函》收錄五十部作品，其中符合小說作品共有十四部。值得一提，
《中國文言小說總目提要》增設「剔除小說書目」〔註91〕中，《陳眉公家藏祕
笈續函》叢書中亦有作品羅列於此，例如《觚不觚錄》、《耄餘雜識》、《虎薈》、
《長水日鈔》、《銷夏部》、《辟寒部》等，此等作品本論文亦不列入討論範疇；
至於，「偽訛書目」〔註92〕部分依照著錄小說特性，給予分類之類型，例如唐
陸勳《集異志》等，此等作品本論文將列入討論範疇。

　　（2）確立《陳眉公家藏祕笈續函》十四部小說之類型

　　上文已論述挑選《陳眉公家藏祕笈續函》收錄小說之標準後，進一步再
釐清收錄十四部小說之類型。據寧稼雨《中國文言小說總目提要》將收錄小
說分為五大類型觀之，本論文探究之小說作品可入類情況有三；茲先以表格
呈現之。

〔註90〕　寧稼雨著：《中國文言小說總目提要》（濟南：齊魯書社出版發行，1996 年 12 月）。

〔註91〕　寧稼雨《中國文言小說總目提要》「前言」：「第四，為了客觀反映古代文言小
　　　　　說實際情況，本書後附有兩個附錄。一是《剔除書目》，即將歷代書目小說家
　　　　　類著錄，而我們認為不是小說的作品列在一起，說明見於何書著錄，並簡要
　　　　　說明不是小說的理由。」
　　　　　寧稼雨著：《中國文言小說總目提要》（濟南：齊魯書社出版發行，1996 年 12
　　　　　月），「前言」，頁 9。

〔註92〕　寧稼雨《中國文言小說總目提要》「前言」：「第四，為了客觀反映古代文言小
　　　　　說實際情況，本書後附有兩個附錄。……二是《偽訛書目》，文言小說史上的
　　　　　作偽情況屢有發生，尤其明清兩代，將前人小說割裂拼湊，妄題書名和作者
　　　　　的現象更是屢見不鮮。這種魚目混珠的情況並沒有引起人們的充分注意，以
　　　　　至於有些小說詞典的作者對這些贗品信以為真，而將其作為真品列目介紹。
　　　　　大有以訛傳訛，貽誤後人之勢。為了正本清源，辨偽存真，我們將盡力揭穿
　　　　　這些假貨的虛偽所在，還其本來面目。這裡需要解釋的是，這些偽書中，有
　　　　　些原作並不假，只是被後人割裂包裝，便以假的面目出現。我們要揭穿的是
　　　　　被改裝後的假象，而不是改裝前的原貌。」
　　　　　同上註，「前言」，頁 9～10。

《陳眉公家藏祕笈續函》收錄作品總數 《中國文言小說總目提要》	志人類	志怪傳奇類	雜俎類
一	唐李德裕《次柳氏舊聞》	唐馮翊《桂苑叢談》	唐李綽《尚書故實》
二	宋鄭文寶《南唐近事》	唐陸勳《集異志》	宋孔平仲《談苑》
三	明陸深《谿山餘話》	宋王簡《疑仙傳》	宋陳師道《後山談叢》
四	明陸深《金臺紀聞》		明劉元卿《賢弈編》
五			明陸深《知命錄》
六			明陸深《玉堂漫筆》
七			明陸深《願豐堂漫書》

以下將此三類之定義、特色分別扼要言之：

Ⅰ、志人小說

寧稼雨《中國文言小說總目提要》「前言・（4）志人小說」：

> ……志人小說之所以在文學性上要輸於志怪和傳奇，其主要原因在於它們記載的是零星的人物軼事，而且往往寫法比較簡短樸素。這樣的內容和形式很容易與子部雜家、史部雜史之書相混。這給它在史書目錄中的入類帶來一定困難。關於志人小說與雜史的區別，可以參照《四庫全書總目提要・小說家類雜事類跋》的意見，其云：「按記錄雜事之書，小說與雜史最易相淆，諸家著錄，亦往往牽混。今以述朝政軍國者入雜史，其參以里巷閒談、詞章細故者則均隸此門。《世說新語》古俱著錄於小說，其明例矣。」這就是說，有關國家軍政大事者歸雜史，凡屬民間里巷傳聞者歸志人小說。關於志人小說與雜家的關係，我們認為，二者有兩點相似，一是闡發道理的成分，二是程度不同的故事性。區別應當在於以何為主。雜家著作以闡發道理為主，需要時以講道理為輔；志人小說則完全相反，它所注重的，是傳播軼聞，而不是大講道理。……因此，志人小說與雜家著作相比，多具故事性；與雜史相比，多具傳說性；而與志怪、傳奇相比，則多具真實、平實性。這幾條應當是叛定志人小說的標準。〔註93〕

所謂「志人」定義，乃記述人之言行。此類型之特色，以人之軼事軼聞為主題，且須兼顧故事性、傳說性、真實性、平實性等條件。「志人」二字，

〔註93〕同註90，頁7～8。

乃魯迅從志怪推衍而來。《陳眉公家藏祕笈續函》收錄此類型之小說，有唐李德裕《次柳氏舊聞》、宋鄭文寶《南唐近事》、明陸深《谿山餘話》、明陸深《金臺紀聞》等四部作品。

II、志怪傳奇小說

寧稼雨《中國文言小說總目提要》「前言・（1）志怪小說」：

> ……相對而言，志怪小說的外在特徵比較明顯，它記載的是各種怪異故事。今人李劍國《唐前志怪小說史・志怪敘略》又將其具體爲神、仙、鬼、怪、妖、異六類。人們一般比較容易將志怪與其他小說區別開來。唯一難分的是志怪與傳奇的區別。原因是這兩種小說有些在題材上比較接近，而且在手法上，人們一般認爲志怪簡短，傳奇細膩，以此作爲區分二者的標志。但涉及到具體作品，人們就會發現這兩者之間並沒有一個截然可分的鴻溝，而往往只是一個量的不同而已。……至於一部書中志怪和其他故事兼有者，則看其比重程度，即胡應麟主張的「舉其重」的辦法。誰的比重大就歸誰。〔註94〕

所謂「志怪」定義，內容多言神仙怪異，而記事詼詭。此類型特色，易與傳奇題材相淆，往往於內容中有題材並存之現象。故合而論之可也。《陳眉公家藏祕笈續函》收錄此類之小說，有唐馮翊《桂苑叢談》、唐陸勳《集異志》、宋王簡《疑仙傳》等三部作品。

III、雜俎小說

寧稼雨《中國文言小說總目提要》「前言・（3）雜俎小說」：

> 本書設置「雜俎」一類是基於兩種考慮。……一類是比較單純地以記載人物軼聞遺事爲主的文言小說。這就是學者們通常所說的「志人小說」，或者叫「軼事小說」；另一類則是內容包羅萬象的筆記雜書。說它包羅萬象，有兩個含義，一是指它既有小說因素，也有許多非小說因素。諸如朝政典章，天文地理，草木蟲魚，人間鬼域，無所不包。其中的確有很多小說故事，放棄它們，對於文言小說的整體來說，不啻是一個很大損失；二是指這類小說中的部分作品，全書的小說含量很大，但又很難將其歸入特色明顯的小說類別當中，因爲這些書中幾乎包括了文言小說的各種類別。如《酉陽雜俎》，

〔註94〕同註90，頁4～5。

其中既有志怪，也有傳奇，還有志人，笑話，以及很多不屬於小說
的百科雜記。這種書不但自成系統，而且源源不斷。完全有資格劃
出一類，與另幾類並駕齊驅。〔註95〕

　　所謂「雜俎」定義，實為雜記叢談之書。此類型特色，以匯集異聞、雜
事、考證於一編中，故一書涵蓋內容主題駁雜。《陳眉公家藏祕笈續函》收錄
此類型之小說，有唐李綽《尚書故實》、宋孔平仲《談苑》、宋陳師道《後山
談叢》、明劉元卿《賢弈編》、明陸深《知命錄》、明陸深《玉堂漫筆》與明陸
深《願豐堂漫書》等七部作品。

第三章　《陳眉公家藏祕笈續函》志人小說之版本暨內容考述

第一節　《陳眉公家藏祕笈續函》志人小說作品考述

此單元，主要論述《陳眉公家藏祕笈續函》本收錄《次柳氏舊聞》、《南唐近事》、《谿山餘話》與《金臺紀聞》等四部志人類小說之作者與內容。其次，以「文獻學」層面作論述考證，一則透過與明代其他著名叢書比較，以瞭解該部小說之版本優劣，且能提供該部小說源流與發展訊息；二則藉由該部小說今日流傳之善本作比較，以論斷編纂者陳繼儒採用版本用心與否及鑑別學養深淺。再者，以「內容」層面作論述考證，一方面深入作品內容文字與其他版本比較，以反映該部小說何者可被研究時取資；另一方面，針對每部小說內容特質作論考，以評定《陳眉公家藏祕笈續函》陳繼儒選書鑑別能力為何。筆者藉由此四部志人小說之實例，期能大致允當無誤地評論《陳眉公家藏祕笈續函》是否為一部質量兼具之叢書。

一、唐李德裕《次柳氏舊聞》考述

（一）作者與內容介紹

1. 作者生平簡述

唐李德裕，字文饒，趙郡（今河北趙縣）人，為元和名相李吉甫之子。曾任掌書記、監察御史、翰林學士、兵部員外郎等職。為牛李黨爭時李黨首

領。李氏爲官節儉自奉，革除弊風，托箋諫言，平定蕃鎮。仕旅中，雖曾失勢，綜觀一生，政績顯赫。《舊唐書》卷一百七十四、《新唐書》卷一八○，皆有李德裕傳。

《舊唐書‧列傳》第一百二十四「李德裕」記載：

> 李德裕，字文饒，趙郡人。祖栖筠，御史大夫，父吉甫，趙國恭懿公，元和初宰相，祖、父自有傳。

> 德裕，幼有壯志，苦心力學，尤精《西漢書》、《左氏春秋》。耻與諸生從鄉賦，不喜科試。年纔及冠，志業大成。貞元中，以父譴逐蠻方，隨侍左右，不求仕進。元和初，以父再秉國鈞，避嫌不仕臺省，累辟諸府從事。十一年，張弘靖罷相，鎮太原，辟爲掌書記。由大理評事得殿中侍御史。十四年府罷，從弘靖入朝，眞拜監察御史。明年正月，穆宗即位，召入翰林充學士。帝在東宮，素聞吉甫之名，既見德裕，尤重之。禁中書詔，大手筆多詔德裕草之。是月，召對思政殿，賜金紫之服。逾月，改屯田員外郎。……

> 潤州承王國清兵亂之後，前使竇易直傾府藏賞給，軍旅寖驕，財用殫竭。德裕儉於自奉，留州所得，皆以贍軍，雖施與不豐，將卒無怨。二年之後，賦輿復集。德裕壯年得位，稅於布政，凡舊俗之害民者，悉革其弊。江、嶺之間信巫祝，惑鬼怪，有父母兄弟屬疾者，舉室棄之而去。德裕欲變其風，擇鄉人之有識者，諭之以言，繩之以法，數年之間，弊風頓革。屬郡祠廟，按方志前代名臣賢后則祠之，四郡之內，除淫祠一千一十所。又罷私邑山房一千四百六十，以清寇盜。人樂其政，優詔嘉之。……

> 帝手詔答曰：「卿文雅大臣，方倚重寄。表率諸部，肅清全吳。化洽行春，風澄坐嘯。眷言善政，想嘆在懷。卿之宗門，累著聲績，冠內廷者兩代，襲侯伯者六朝。果能激愛君之誠，喻詩人之旨，在遠而不忘忠告，諷上而常深慮微。博我以端躬，約予以循禮。三復規諫，累夕稱嗟。置之座隅，用比韋弦之益；銘諸心腑，何啻藥石之功？卿既以投誠，朕每懷開諫。苟有過舉，無忘密陳。山川既遐，眷屬何已，必當克己，以副乃誠。

> 德裕意在切諫，不欲斥言，托箋以盡意。《宵衣》，諷坐朝稀晚也；《正服》，諷服御乖異也；《罷獻》，諷徵求玩好也；《納誨》，諷侮棄讜言

也；《辨邪》，諷信任群小也；《防微》，諷輕出游幸也。帝雖不能盡用其言，命學士韋處厚殷勤答詔，頗嘉納其心焉。德裕久留江介，心戀闕廷，因事寄情，望回聖獎。而逢吉當軸，枳棘其塗，竟不得內徙。……

德裕所歷征鎮，以政績聞。其在蜀也，西拒吐蕃，南平蠻、蜑。數年之內，夜犬不驚，瘡痏之民，粗以完復。會監軍王踐言入朝知樞密，嘗於上前言悉怛謀縛送以快戒心，絕歸降之義，上頗尤僧孺。其年冬，召德裕為兵部尚書，僧孺罷相，出為淮南節度使。七年二月，德裕以本官平章事，進封贊皇伯，食邑七百戶。六月，宗閔亦罷，德裕代為中書侍郎、集賢大學士。

德裕特承武宗恩顧，委以樞衡。決策論兵，舉無遺悔，以身捍難，功流社稷。及昭肅棄天下，不逞之伍咸害其功。白敏中、令狐綯，在會昌中德裕不以朋黨遺之，置之臺閣，顧待甚優。及德裕失勢，抵掌戟手，同謀斥逐，而崔鉉亦以會昌末罷相怨德裕。大中初，敏中復薦鉉在中書，乃相與掎摭構致，令其黨人李咸者，訟德裕輔政時陰事。乃罷德裕留守，以太子少保分司東都，時大中元年秋。尋再貶潮州司馬。敏中等又令前永寧縣尉吳汝納進狀，訟李紳鎮揚州時謬斷刑獄。明年冬，又貶潮州司戶。德裕既貶，大中二年，自洛陽水路經江、淮赴潮州。其年冬，至潮陽，又貶崖州司戶。至三年正月，方達珠崖郡。十二月卒，時年六十三。〔註1〕

李德裕性情孤傲，致力於讀書，論文反對雕琢與拘於聲律，善為詩文，又喜撰書，著有《花木記》、《歌詩篇錄》、《李文饒文集》、《次柳氏舊聞》、《御臣要略》等書。據《新唐書・列傳》第一百五「李德裕」記載：

德裕性孤峭，明辯有風采，善為文章。雖至大位，猶不去書。其謀議援古為質，袞袞可喜。常以經綸天下自為，武宗知而能任之，言從計行，是時王室幾中興。〔註2〕

復據《舊唐書・列傳》第一百二十四「李德裕」記載：

〔註1〕 〔唐〕劉昫撰：《舊唐書・列傳》第一百二十四「李德裕」（許嘉璐主編：《二十四史全譯》，上海：漢語大詞典出版社，2004 年 1 月），第五冊，頁 3863～3884。

〔註2〕 〔宋〕歐陽脩：《新唐書・列傳》第一百五「李德裕」（許嘉璐主編：《二十四史全譯》，上海：漢語大詞典出版社，2004 年 1 月），第七冊，頁 3941～3942。

德裕以器業自負，特達不群。好著書爲文，獎善嫉惡，雖位極台輔，而讀書不輟。有劉三復者，長於章奏，尤奇待之。自德裕使鎮浙西，迄於淮甸，皆參佐賓筵。軍政之餘，與之吟咏終日。在長安私第，別構起草院。院有精思亭，每朝廷用兵，詔令制置，而獨處事中，凝然握管，左右侍者無能預焉。東都於伊闕南置平泉別墅，清流翠篠，樹石幽奇。初未仕時，講學其中。及從官藩服，出將入相，三十年不復重游，而題寄歌詩，皆銘之於石。今有《花木記》、《歌詩篇錄》二石存焉。有文集二十卷。記述舊事，則有《次柳氏舊聞》、《御臣要略》、《伐叛志》、《獻替錄》行於世。〔註3〕

除從《舊唐書》、《新唐書》等資料可得知李德裕事蹟外，李德裕之家世背景、交遊狀況、學養深厚、政治作風，甚至於唐代重要地位等情形，可參考湯承業《李德裕研究》。〔註4〕另外，傅璇琮《李德裕年譜》〔註5〕針對李德裕家世、仕途過程等，曾作詳細考據辨證，亦可參考。

2. 《次柳氏舊聞》內容介紹

唐李德裕《次柳氏舊聞》，《陳眉公家藏祕笈續函》所刻爲一卷本，而明代諸家叢書中雖亦言一卷本，但內容文字、作品收錄總數、作品分法，均有出入。《陳眉公家藏祕笈續函》是否爲收錄最完整、完善之版本？下一單元中，將進一步分析比較。茲先據今日校勘較爲完善之上海古籍出版社《唐五代筆記小說大觀》〔註6〕之一卷本作內容簡述。

李德裕〈次柳氏舊聞序〉：

太和八年秋，八月乙酉，上於紫宸殿聽政，宰臣涯已下奉職奏事。

上顧謂宰臣曰：「故內臣力士終始事迹，試爲我言之。」臣涯即奏云：

「上元中，史臣柳芳得罪，竄黔中，時力士亦徙巫州，因相與周旋。

力士以芳嘗司史，爲芳言先時禁中事，皆芳所不能知，而芳亦有質

〔註3〕 同註1，第五冊，頁 3884。

〔註4〕 湯承業著：《李德裕研究》（臺北：嘉新水泥公司文化基金會，1973 年 6 月）。

〔註5〕 傅璇琮撰：《李德裕年譜》（濟南：齊魯書社出版發行，1984 年 10 月）。

〔註6〕 上海古籍出版社編《次柳氏舊聞》「校點說明」言：「今以《顧氏文房小》本作底本，參校《唐開元小說六種》本、《五朝小說大觀》本。《唐開元小說六種》本後附葉德輝《考異》一卷，實爲校勘，茲擇其善者校改正文。」
上海古籍出版社編：《唐五代筆記小說大觀》（一）（上海：上海古籍出版社書版，2000 年 3 月）。

疑者。芳默識之。及還，編次其事，號曰《問高力士》。」上曰：「令
訪史氏，取其書。」臣涯等既奉詔，乃召芳孫度支員外郎璟詢事。
璟曰：「某祖芳前從力士問，覼縷未竟，復著《唐歷》，採摭義類尤
相近者以傳之。其餘或祕不敢宣，或奇怪，非編錄所宜及者，不以
傳。」今按求其書，亡失不獲。臣德裕亡父先臣與芳子吏部郎中冕，
貞元初俱爲尚書郎，後謫官，亦俱東出，道相與語，遂及高力士之
說，且曰：「彼皆目睹，非出傳聞，信而有徵，可爲實錄。」先臣每
爲臣言之。臣伏念所憶授，凡有十七事。歲祀久，遺稿不傳。臣德
裕非黃瓊之達練，習見故事；愧史遷之該博，惟次舊聞。懼失其傳，
不足以對大君之問，謹錄如左，以備史官之闕云。〔註7〕

　　從此小序可知，唐李德裕撰寫該部小說之緣由。蓋肅宗上元中，史臣柳
芳得罪竄黔中，高力士亦徙於巫州，相與周旋，因得聞禁中事。及還，編次
其事，號曰《問高力士》。大和中，有詔求其書，宰相王涯向柳芳之孫柳璟索
書不獲。而德裕父李吉甫，及與柳芳子柳冕遊，嘗聞其說，以告德裕，德裕
因而追憶錄進。

　　吾人欲瞭解該部小說内容主題特色，必須先探討《次柳氏舊聞》全書書
名、收錄卷數與作品總數等問題。

　　李德裕〈次柳氏舊聞序〉：「臣伏念所憶授凡有十七事」，其序未言該部小
說共幾卷？且收錄作品總數是否真是十七則作品？其書名究竟該如何稱呼？
以下藉由考察歷代史書、公私目錄著錄情形，並旁及類書資料，分別列舉且
敘述如下：

唐《舊唐書·本紀》第十七（下）「文宗李昂（下）」記載：

九月乙酉朔。辛亥夜，彗起太微，近郎位，西指，長丈餘，西北行，
凡九夜，越郎位西北五尺滅。癸丑，月入南斗。乙亥，宣州觀察使
陸亘卒。己未，宰臣李德裕進，《御臣要略》及《柳氏舊聞》三卷。

〔註8〕

宋《新唐書·藝文志》卷五十八志第四十八「雜史類」記載：

李德裕《次柳氏舊聞》一卷。
又《文武兩朝獻替記》三卷。

〔註7〕　同上註，頁464。
〔註8〕　《舊唐書·本紀》第十七（下）「文宗李昂（下）」。同註1，第一冊，頁466。

《會昌伐叛記》一卷

《上黨紀叛》一卷劉從諫事。〔註9〕

宋《崇文總目》卷二「傳記類下」記載云：

《次柳氏舊聞》一卷　李德裕撰。

繹按：舊本多次字，今校增。〔註10〕

宋鄭樵《通志・藝文略》第三「雜史」記載：

《次柳氏舊聞》一卷李德裕撰。〔註11〕

元《宋史・藝文志》第一百五十六「故事類」：

李德裕《西南備邊錄》一卷。

又《兩朝獻替記》二卷。

《次柳氏舊聞》一卷。〔註12〕

清《四庫全書總目》子部五十「小說家類一」云：

《次柳氏舊聞》一卷江蘇巡撫採進本唐李德裕撰。德裕事蹟具《唐書》本傳。是書所記皆玄宗遺事，凡十七則。……《舊唐書・文宗本紀》載太和八年九月己未，宰臣李德裕進《御臣要略》及《柳氏舊聞》三卷，蓋即其事。惟卷數與今本不合，殆二書共爲三卷歟？中如元獻皇后服藥、張果飲堇汁、無畏三藏祈雨、吳后夢金甲神、興慶池小龍、内道場素黃文事，皆涉神怪。其姚崇、魏知古相傾軋及乳媼以他兒易代宗事，亦似非實錄。存以備異聞可也。柳珵《常侍言旨》。案：此書無別行之本，此據陶宗儀《說郛》所載。首載李輔國逼脅玄宗遷西内事，云此事本在朱厓太尉所續《程史》第十六條内，蓋以避時事，所以不書也。考德裕所著，別無所謂《程史》者，知此書初名《程史》，後改題今名。又知此書本十八條，刪此一條，今存十七。至其名《程史》之義，與所以改名之故，則不可詳矣。〔註13〕

〔註9〕　《新唐書・藝文志》第四十八。同註2，頁1173。

〔註10〕　〔宋〕王堯臣撰：《崇文總目》（王雲五主編：《叢書集成簡編》。臺北：臺灣商務印書館，1965年），第一冊，頁117。

〔註11〕　〔宋〕鄭樵：《通志略》（王雲五主編：《國學基本叢書》四百種。臺北：臺灣商務印書館，1968年），頁109。

〔註12〕　〔元〕托克托等奉勅撰：《宋史・藝文志》第一百五十六（許嘉璐主編：《二十四史全譯》，上海：漢語大詞典出版社，2004年1月），第七冊，頁4212。

〔註13〕　〔清〕紀昀等人編撰：《四庫全書總目》（臺北：藝文印書館，1997年9月），

　　私家藏書目錄著錄情形，如宋陳振孫《直齋書錄解題》卷五「雜史類」記載：

> 《次柳氏舊聞》一卷。
>
> 唐李德裕撰，記柳芳所聞於高力士者，凡十七則。芳謫黔中，力士徙巫州，芳從力士問禁中事。德裕父吉甫，從芳子冕聞之。〔註14〕

　　宋尤袤《遂初堂書目》「小說類」下記載：

> 《柳氏舊聞》。〔註15〕

　　明徐𤊻《徐氏紅雨樓書目》「小說類」：

> 《次柳氏舊聞》一卷李德裕〔註16〕

　　清周中孚《鄭堂讀書記》卷六十三「子部十二之一·小說家類一·雜事上秦至五代」中記載：

> 《次柳氏舊聞》一卷《說郛》本
>
> 唐李德裕撰。……《宋志》無『次』字，蓋脫文爾。晁氏云：「上元中，史臣柳芳與高力士同竄黔中，為芳言開元、天寶禁中事，為論次，號：『問高力士』。李吉甫與芳子冕，貞元初俱為尚書郎，嘗道力士之說。吉甫每為其子德裕言，歲祀既久，遺棄不傳。但記十七事，後文宗訪力士事于德裕。德裕遂編次上之，多同《明皇雜錄》。」是書前有自序，與晁氏所載相同。但自序稱力士之說，彼皆目覩，非出傳聞，信而有徵，可為實錄，而書中多涉邪怪不經之談，恐難當實錄之目也。
>
> 《歷代小史》、《續祕笈》均收入之，《說郛》又別載文饒《明皇十七事》一卷，即屬此書。蓋改題而不知重出者耳。〔註17〕

　　清傅增湘《藏園訂補郘亭知見傳本書目》卷十一上·子部十二·小說家類·「雜事」記載：

　　　　　第四冊，頁 2736～2737。

〔註14〕　〔宋〕陳振孫撰：《直齋書錄解題》卷五（王雲五主編：《國學基本叢書》四百種，臺北：臺灣商務印書館股份有限公司，1968 年 3 月），上冊，頁 140。

〔註15〕　〔宋〕尤袤撰：《遂初堂書目》（商務印書館四庫全書出版工作委員會編：《文津閣四庫全書》。北京：商務印書館出版，2005 年），第二二四冊，頁 669。

〔註16〕　〔明〕明徐𤊻：《徐氏紅雨樓書目》（臺北：成文出版社有限公司印行，嚴靈峰編輯《書目類編》，1978 年），第二十八冊，頁 12495。

〔註17〕　〔清〕周中孚撰：《鄭堂讀書記》卷六十三「子部十二之一·小說家類一·雜事上秦至五代」（國家圖書館編：《國家圖書館藏古籍題跋叢刊》，北京：北京圖書館出版社，2002 年 5 月），第十四冊，頁 280～281。

《次柳氏舊聞》一卷。唐李德裕撰。○《説郛》本。○《歷代小史》本。○《續秘笈》本。○《學海類編》題作《明皇十七事》。○《顧氏四十家小説》本。

⊕ ○明弘治十八年鈔《説郛》本，墨格，十三行二十五字。余藏。商務印書館已排印。○清順治三年宛委山堂刊《説郛》本，余藏。○明正德嘉靖間陽山顧氏夷白齋刊《顧氏文房小説》本，十行十八字，白口，左右雙闌。余藏。○明萬曆刊《歷代小史》本，十一行二十六字，白口，四周雙闌。○明萬曆刊寶顏堂《續祕笈》本，八行十八字，白口，四周單闌。均余藏。○明抄《説集》本，藍格，十一行二十四字，白口，四周雙闌。朱文鈞藏。余曾借校《學海類編》本。

⊕《明皇十七事》一卷。不著撰人名氏，實即《次柳氏舊聞》。○明萬曆中黃氏刊《稗乘》本。○清道光十一年晁氏刊《學海類編》本，余曾據明鈔《説集》本《次柳氏舊聞》校。〔註18〕

此外，再考察宋代著名類書記載該部小説情形，宋李昉《太平廣記》引此書作《柳氏史》，於卷第一百三十六〈唐玄宗〉、〈唐肅宗〉；〔註19〕卷第一百六十四〈蕭嵩〉；〔註20〕卷第一百六十五〈唐玄宗〉；〔註21〕卷第三百九十六〈無畏三藏〉，〔註22〕共收錄五則作品。

宋朱勝非《紺珠集》卷五中，《明皇十七事》並附柳珵《常侍言旨》下收錄十四則作品，〈剪綵〉、〈眞卿地〉、〈客土無氣〉、〈顏郎衫色如此〉、〈上清〉、〈陸九〉、〈張果老〉、〈齒落復生〉、〈無畏致雨〉、〈金甌〉、〈以餅拭刃〉、〈玉環琵琶〉、〈四十年不知酒味〉、〈興慶小龍〉。〔註23〕

宋曾慥《類説》卷二十一中，收錄《明皇十七事》十三則作品，〈李嶠眞才子〉、〈四十年不知酒味〉、〈玉環琵琶〉、〈以餅拭刃〉、〈金甌命相〉、〈興慶小龍〉、〈阿瞞〉、〈剪綵〉、〈顏眞卿地仙〉、〈顏郎衫色如此〉、〈客土無氣〉、〈張果老〉、〈求雨〉等。〔註24〕

總結以上資料得知：

〔註18〕〔清〕莫友芝撰・傅增湘訂補・傅熹年整理：《藏園訂補邵亭知見傳本書目》（北京：中華書局出版，1993年6月），第二冊，頁8～9。

〔註19〕〔宋〕李昉等人編：《太平廣記》（北京：中華書局出版，1996年6月），第三冊，頁973、975～976。

〔註20〕同上註，第四冊，頁1193。

〔註21〕同註19，第四冊，頁1201。

〔註22〕同註19，第八冊，頁3165。

〔註23〕〔宋〕朱勝非撰：《紺珠集》（《四庫筆記小説叢書》。上海：上海古籍出版社出版，1993年7月），第二十三冊，頁872-368至872-370。

〔註24〕〔宋〕曾慥編：《類説》（《四庫筆記小説叢書》。上海：上海古籍出版社出版，1993年7月），第三十一冊，頁873-378至873-379。

　　第一，書名問題。從以上列舉公私目錄著錄情形與類書等資料可知，該部小說之名稱，《次柳氏舊聞》最多見。亦稱《柳氏舊聞》者，據《崇文總目》所言，應是脫文所致。另從宋代類書得知，有《明皇十七事》、《柳氏史》、《柳史》等，大抵，命名者根據此部小說相關訊息推之，因經由柳芳聽聞於高力士，柳芳之子柳冕告之於李德裕之父，再經由德裕撰之，故此書與於柳芳有密切關係；而德裕記聞十七則，皆為玄宗朝事，命名明皇十七事，亦甚合理。至於，《四庫全書總目》子部五十・小說家類一云「提要」言：「《次柳氏舊聞》一卷……柳珵《常侍言旨》。^{案：此書無別行之本，此據陶宗儀《說郛》所載。}……考德裕所著，別無所謂《桯史》者，知此書初名《桯史》，後改題今名。」可知《說郛》（重編本）誤將《柳史》作為《桯史》。故筆者以下介紹此部小說，則以最常見《次柳氏舊聞》稱之。

　　第二，卷數問題。從以上列舉公私目錄著錄《次柳氏舊聞》，皆言一卷本。唯《舊唐書・文宗本紀》將李德裕上呈二書卷數合併紀錄，故後世有誤將《次柳氏舊聞》作三卷之說。此說之誤，周勛初《唐人筆記小說考索》「下編：作家作品考・《明皇十七事》考」已言明：

> 《舊唐書》卷十七下《文宗紀》下大和八年九月「己未，宰臣李德裕進，《御臣要略》及《柳氏舊聞》三卷。」《唐會要》卷三六「修撰」載大和八年「九月，宰相李德裕進《御臣要略》、《次柳氏舊聞》。」《冊府元龜》卷五五六《國史部・採撰三》載「李德裕為中書侍郎平章事。太和八年九月己未，進《柳芳舊聞》三卷。」均指此事。只是《次柳氏舊聞》中一共只有十七個故事，至多只能編成薄薄的一卷，「三卷」云云，當是和《御臣要略》合在一起計算的。〔註25〕

　　第三，收錄作品總數問題。從以上列舉公私目錄著錄得知，從宋代至清代為止，持《次柳氏舊聞》收錄十七則之說仍佔多數。然十七則內容為何？既使收藏各種版本最豐富之清傅增湘《藏園訂補郘亭知見傳本書目》，亦無清楚紀錄該部小說內容究竟為何。茲先以上海古籍出版社《唐五代筆記小說大觀》收錄《次柳氏舊聞》十九則作品，查證宋代類書，可知宋朱勝非《紺珠集》與宋曾慥《類說》除刪減《次柳氏舊聞》外，且摻雜有他書，並非全是《次柳氏舊聞》。其中宋朱勝非《紺珠集》卷五收錄《明皇十七事》十四則作品中，已言附錄柳珵《常侍言旨》，卻未將二書內容作區隔，故僅有〈張果老〉、

〔註25〕周勛初著：《唐人筆記小說考索》（江蘇：江蘇古籍出版社，1997年5月），頁182。

〈齒落復生〉、〈無畏致雨〉、〈金甌〉、〈以餅拭刃〉、〈玉環琵琶〉、〈四十年不知酒味〉、〈興慶小龍〉等八則作品是屬該部小說內容；而〈張果老〉、〈齒落復生〉二則，實爲同一則作品。宋曾慥《類說》卷二十一收錄《明皇十七事》十三則作品中，僅有〈李嶠眞才子〉、〈四十年不知酒味〉、〈玉環琵琶〉、〈以餅拭刃〉、〈金甌命相〉、〈興慶小龍〉、〈張果老〉、〈求雨〉等八則作品是屬該部小說內容。據王師國良《唐代小說敍錄》「第一章 現存書目」謂：

> 7.《次柳氏舊聞》一卷（又名：柳氏史、明皇十七事）
>
> （內容考）……《紺珠集》卷五節錄《明皇十七事》十四條，前六條乃柳珵《常侍言旨》之文附入。曾慥《類說》錄十三條，其〈阿瞞〉、〈剪綵〉、〈顏眞卿地仙〉、〈顏郎衫色如此〉、〈客土無氣〉五條亦《常侍言旨》所有，而未注明，失之。〔詳《常侍言旨》篇下〕。〔註26〕

復據周勛初《唐人筆記小說考索》「下編：作家作品考‧《明皇十七事》考」言：

> 《紺珠集》卷五《明皇十七事》中也先後錄有《剪綵》、《顏眞卿地仙》、《客土無氣》、《顏郎衫色如此》四條，今知三、四兩條均出《戎幕閒談》，一、二兩條與第四條敍同一故事，不但俶詭周折，文風一致，而且首尾貫通，渾然一體。《太平廣記》卷三二《顏眞卿》條，原出《仙傳拾遺》及《戎幕閒談》、《玉堂閒話》，相當於「及」下二書的位置內有「別傳」云云的兩段文字，至「自當擘裂飛去矣」爲止，顯然就是概括《戎幕閒談》中《剪綵》、《顏眞卿地仙》兩條文字而成的。那麼《紺珠集》中的這四條文字均出《戎幕閒談》，或可成爲定論。總結上言，可知附在《類說》卷二一《明皇十七事》之後的五條異文，都是《戎幕閒談》中的文字，後人不應該把他們作爲「補遺」而附入《明皇十七事》。〔註27〕

可知宋代類書中收錄《次柳氏舊聞》，明顯有與他書混雜現象，此現象因皆與李德裕著書有關，宋代刻書時未能詳加釐清，故而誤將篇幅短少之《次柳氏舊聞》與他書合刻，欲使用《紺珠集》及《類說》收錄之《明皇十七事》

〔註26〕王國良撰：《唐代小說敍錄》（臺灣：嘉新水泥公司文化基金會，1979 年 11 月），頁 5～6。

〔註27〕同註25，頁 190。

作品，必須留意刪減與混淆他書內容之問題。而《次柳氏舊聞》究竟收錄十七則之說，是否可信？以下有二種說法：

其一，據《中國古代小說總目提要》言：

宋代以來傳本多為十七事，故《類說》諸本皆題《明皇十七事》，則與一卷說相符。但考各本十七事分合與多寡均有不同，去其重複，共二十二則，則十七事之說亦難成立。〔註28〕

其二，周勛初《唐人筆記小說考索》「下編：作家作品考・《明皇十七事》考」言：

李德裕的《次柳氏舊聞》，一名《明皇十七事》，而傳世的有些本子所載不止十七事，於是有人提出了疑問，以為後一名稱不符事實。我在研究各種材料之後，認為「十七事」之說還是可信的。今將考核的結果縷陳如下。

李氏自序與宋代書目著錄均作「十七事」

傳世各本《次柳氏舊聞》的正文之前均有李氏自序，文曰：

太和八年秋，八月乙酉，上於紫宸殿聽政，宰臣〔王〕涯已下奉職奏事。……

南唐劉崇遠撰《金華子雜編》，卷上言及《次柳氏舊聞》，文曰：

《柳氏舊聞》，唐宰相李德裕所著也。德裕以上元中史臣柳芳得罪竄黔中，時高力士亦徙巫州，因相與周旋，力士以芳嘗司史，為芳言先時禁中事，皆所不能知，而芳亦有質疑者默識之，次其事，號曰《問高力士》。上令採訪故史氏取其書。今按其書已失不獲。德裕之父與芳子吏部郎中冕，貞元初俱為尚書郎，後謫官俱東出，道相與語，遂及高力士之說，乃編此為《次柳氏舊聞》，以備史官之說也。

與上比較，可知這段文字差不多是照抄李德裕的自序而成的。裡面雖然沒有提到「凡有十七事」之說，但因前後文字類同，《次柳氏舊聞》自序中的這一句話也不大可能出於後人的添加或擅改。「凡有十七事」之說應當可信。〔註29〕

〔註28〕朱一玄・寧稼雨・陳桂聲編著：《中國古代小說總目提要》（北京：人民文學出版社出版，2005年12月），頁83～84。

〔註29〕同註25，頁181～182。

　　從以上二十二則與十七則之二種說法，筆者認爲周勛初說法較爲可信，然仍有若干處待商榷。有待商榷部分，將於下一節「（二）與明代其他著名叢書收錄版本比較」，透過明代叢書版本間之差異，再詳加論述其中原委。

　　唐李德裕《次柳氏舊聞》小說內容，應是十七則作品。今上海古籍出版社《唐五代筆記小說大觀》所錄爲十九則，其中有二則作品因分法不同而產生歧異，另有二則作品尚待考證，此部分下節「（二）與明代其他著名叢書收錄版本比較」再作說明。以下仍先以上海古籍出版社《唐五代筆記小說大觀》所錄爲十九則，〔註30〕作內容介紹。該部小說可歸納出三項主題：

　　（1）談論玄宗知人善任之經過，如〈玄宗初即位〉、〈魏知古起諸吏〉、〈源乾曜因奏事稱旨〉、〈蕭嵩爲相〉等則作品。

　　（2）描述玄宗好神仙之事，如〈玄宗之在東宮〉、〈玄宗好神仙〉、〈玄宗嘗幸東都〉、〈天寶中興慶池小龍嘗出游宮垣南溝水中〉等則作品。

　　（3）描寫玄宗遇安史之亂心情反映，如〈興慶宮〉、〈玄宗西幸〉、〈安祿山之叛也〉等則作品。

　　總之，《次柳氏舊聞》收錄題材多與唐玄宗相關事，〈次柳氏舊聞序〉：「臣德裕亡父先臣與芳子吏部郎中冕，貞元初俱爲尚書郎，後謫官，亦俱東出，道相與語，遂及高力士之說，且曰：『彼皆目睹，非出傳聞，信而有徵，可爲實錄。』……懼失其傳，不足以對大君之問，謹錄如左，以備史官之闕云。」李德裕雖言之出自高力士親聞所見，然是否眞能稱謂實錄，恐有誇大之嫌。茲舉其該部小說中〈玄宗嘗幸東都〉作品：

　　　　玄宗嘗幸東都，天大旱，且暑。時聖善寺有竺乾僧無畏，號三藏，善召龍致雲之術。上遣力士疾召無畏請雨。無畏奏云：「今旱，數當然耳。召龍興雲，烈風迅雷，適足暴物，不可爲也。」上強之曰：「人苦暑病矣，雖暴風疾雷，亦足快意。」無畏不得已，乃奉詔。有司爲陳請雨具，而幡幢像設甚備。無畏笑曰：「斯不足致雨。」

〔註30〕　上海古籍出版社《唐五代筆記小說大觀》所錄《次柳氏舊聞》十九則作品篇名如下：（因作品無標題，故以每則作品首句爲篇名）〈玄宗之在東宮〉、〈玄宗初即位〉、〈魏知古起諸吏〉、〈源乾曜因奏事稱旨〉、〈蕭嵩爲相〉、〈玄宗好神仙〉、〈玄宗嘗幸東都〉、〈玄宗善八分書〉、〈肅宗在東宮〉、〈代宗之誕三日〉、〈肅宗爲太子時〉、〈興慶宮〉、〈玄宗西幸〉、〈上始入斜谷〉、〈天寶中，興慶池小龍嘗出游宮垣南溝水中〉、〈玄宗於諸昆季〉、〈安祿山之叛也〉、〈天寶中，安祿山每來朝〉、〈天寶中，上於內道場爲兆庶祈福〉。
　　　　同註6，第一冊，頁464～471。

悉令撤之。獨盛一鉢水,以刀攪旋之,胡言數百咒水。須臾,有如龍狀,其大類指,赤色,首啖水上,俄復沒於鉢水中。無畏復以刀攪水咒者三。頃之,白氣自鉢中興,如爐烟,徑上數尺,稍引去,出講堂外。無畏謂力士曰:「宜去,雨至矣。」力士絕馳而去,還顧,見白氣疾旋,自講堂西,若一匹素者。既而昏霾大風,震雷以雨。力士才及天津之南,風雨亦隨馬而馳至矣。衢中大樹多拔。力士比復奏,衣盡沾濕。時孟溫禮爲河南尹,目睹其事。溫禮子皞,嘗言於臣亡祖先臣,與力士同。吏部員外郎李華撰《無畏碑》,亦云:奉詔致雨,滅火返風,昭昭然遍於耳目也。今洛京天津橋有荷澤寺者,即高力士去請咒水祈雨,回至此寺前,雨大降,明皇因於此地造寺而名荷上聲澤焉。寺今見存。〔註31〕

大抵,此則作品以高力士親眼目擊竺乾僧無畏降雨之事,爲證其說可信,復舉荷澤寺今仍見存。然其中涉及竺乾僧無畏降雨頗爲神奇,此恐有穿附會之嫌。筆者以爲《次柳氏舊聞》雖以人物爲主要描寫對象,然其中多涉及神怪之事,恐非眞爲實錄。

(二) 與明代其他著名叢書收錄版本比較

唐李德裕《次柳氏舊聞》,據《叢書子目類編》得知有一卷及八則等情形。〔註32〕而明代著名叢書中以《次柳氏舊聞》名稱,有《顧氏文房小說》、《歷代小史》、重輯《百川學海》、《五朝小說》、《重編說郛》等,五種版本;明代著名叢書中而以《明皇十七事》名稱,有《稗乘》、《五朝小說》、《重編說郛》、《廣四十家小說》等,四種版本。雖名稱有異,卻皆言一卷本;所收錄作品亦有不同。以下分別依照《次柳氏舊聞》與《明皇十七事》之名稱,將明代其他著名叢書各種版本與《陳眉公家藏祕笈續函》本,列表清楚呈現其中之差異處。

〔註31〕 同註6,第一冊,頁467。

〔註32〕 中國學典館復館籌備處:《叢書子目類編》(臺北:鼎文書局,1977年1月),頁336〜337。

1. 以《次柳氏舊聞》名稱之明代著名叢書版本

叢書名〔註33〕＼收錄卷數與作品數目、收錄篇目次序＼內容文字差異處	《次柳氏舊聞》《陳眉公家藏祕笈續函》本	《次柳氏舊聞》《顧氏文房小說》本〔註34〕	《次柳氏舊聞》《歷代小史》本〔註35〕	《次柳氏舊聞》重輯《百川學海》本〔註36〕	《次柳氏舊聞》《五朝小說》本〔註37〕	《次柳氏舊聞》《重編說郛》本〔註38〕
收錄卷數與作品數目	分一卷，收錄十五則作品。	分一卷，收錄十七則作品。	分一卷，收錄十一則作品。	分一卷，收錄十六則作品。	分一卷，收錄十六則作品。	分一卷，收錄十六則作品。
收錄篇目次序〔註39〕	1〈玄宗之在東宮〉 2〈玄宗初即位〉 3〈魏知古起諸吏〉 4〈源乾曜因奏事稱旨〉 5〈蕭嵩爲宰相〉 6〈玄宗好神仙〉 7〈玄宗嘗幸東都〉 8〈玄宗善八分書〉 9〈肅宗在宮〉（與〈代宗之載誕也〉、〈肅宗爲太子〉合刻一起）	1〈玄宗之在東宮〉 2〈玄宗初即位〉 3〈魏知古起諸吏〉 4〈源乾曜因奏事稱旨〉 5〈蕭嵩爲相〉 6〈玄宗好神仙〉 7〈玄宗嘗幸東都〉 8〈玄宗善八分書〉 9〈肅宗在東宮〉 10〈代宗之誕也〉	1〈玄宗之在東宮〉 2〈魏知古起諸吏〉 3〈源乾曜因奏事稱旨〉 4〈蕭嵩爲相〉 5〈玄宗好神仙〉 6〈玄宗嘗幸東都〉 7〈代宗之誕也〉	1〈玄宗之在東宮〉 2〈玄宗初即位〉 3〈魏知古起諸吏〉 4〈源乾曜因奏事稱旨〉 5〈蕭嵩爲宰相〉 6〈玄宗好神仙〉 7〈玄宗嘗幸東都〉 8〈玄宗善八分書〉 9〈肅宗在宮〉（與〈代宗之載誕也〉合刻一起）	1〈玄宗之在東宮〉 2〈玄宗初即位〉 3〈魏知古起諸吏〉 4〈源乾曜因奏事稱旨〉 5〈蕭嵩爲宰相〉 6〈玄宗好神仙〉 7〈玄宗嘗幸東都〉 8〈玄宗善八分書〉 9〈肅宗在宮〉（與〈代宗之載誕也〉合刻一起）	1〈玄宗之在東宮〉 2〈玄宗初即位〉 3〈魏知古起諸吏〉 4〈源乾曜因奏事稱旨〉 5〈蕭嵩爲宰相〉 6〈玄宗好神仙〉 7〈玄宗嘗幸東都〉 8〈玄宗善八分書〉 9〈肅宗在宮〉（與〈代宗之載誕也〉合刻一起）

〔註33〕「叢書名」部分，爲比較方便，《陳眉公家藏祕笈續函》本列爲第一，其他叢書則依照刊列時間排列。

〔註34〕〔明〕顧元慶編：《顧氏文房小說》（臺北：國家圖書館「善本書室」所藏「明嘉靖間長洲顧氏刊本」）。

〔註35〕〔明〕李栻編：《歷代小史》（臺北：國家圖書館「善本書室」所藏「明萬曆丙戌刊本」）。

〔註36〕〔宋〕左圭編・〔明〕明人重編：重輯《百川學海》「丙集」（臺北：國家圖書館「善本書室」所藏「明末葉坊刊本」）。

〔註37〕〔明〕馮夢龍編：《五朝小說》「唐人百家小說偏錄家」（臺北：國家圖書館「善本書室」所藏「明末刊本」）。

〔註38〕〔元〕陶宗儀輯・〔明〕陶珽重校：重編《說郛》卷第三十六（台北：國家圖書館「善本書室」所藏「清順治丁亥兩浙督學李際期刊本」）。值得一提，臺北國家圖書館「善本書室」另藏「藍格舊鈔本」元陶宗儀編《說郛》卷第四十四中，亦收錄《次柳氏舊聞》（一名《明皇十七事》），然僅收錄〈玄宗之在東宮〉、〈玄宗與諸昆季〉、〈安祿山之叛也〉等三則作品。

〔註39〕「收錄篇目次序」與「內容文字差異處」，因《次柳氏舊聞》收錄作品無篇名名稱，故首句必會錄出，作爲該則作品之名稱。

		11 〈肅宗爲太子〉		10 〈肅宗爲太子〉	10〈肅宗爲太子〉	10〈肅宗爲太子〉
	10 〈天寶中，安祿山每來朝〉			11 〈天寶中，安祿山每來朝〉	11〈天寶中，安祿山每來朝〉	11〈天寶中，安祿山每來朝〉
	11 〈興慶宮〉	12 〈興慶宮〉	8 〈興慶宮〉	12 〈興慶宮〉	12〈興慶宮〉	12〈興慶宮〉
	12 〈玄宗西幸〉	13 〈玄宗西幸〉		13 〈玄宗西幸〉	13〈玄宗西幸〉	13〈玄宗西幸〉
	13 〈上始入斜谷〉	14 〈上始入斜谷〉		14 〈上始入斜谷〉	14〈上始入斜谷〉	14〈上始入斜谷〉
	14〈天寶中，興慶池上小龍常出遊宮垣南溝水中〉	15〈天寶中，興慶池小龍嘗出游宮垣南溝水中〉	9〈天寶中，興慶池小龍嘗出游宮垣南溝水中〉	15〈天寶中，興慶池上小龍常出遊宮垣南溝水中〉	15〈天寶中，興慶池上小龍常出遊宮垣南溝水中〉	15〈天寶中，興慶池上小龍常出遊宮垣南溝水中〉
	15〈天寶中，上於內道場爲兆庶祈福〉			16〈天寶中，上於內道場爲兆庶祈福〉	16〈天寶中，上於內道場爲兆庶祈福〉	16〈天寶中，上於內道場爲兆庶祈福〉
		16〈玄宗於諸昆季〉	10〈玄宗於諸昆季〉			
		17〈安祿山之叛也〉	11〈安祿山之叛也〉			
內容文字差異處〔註40〕	1 〈玄宗之在東宮〉	1〈玄宗之在東宮〉－差異甚多	1〈玄宗之在東宮〉－差異甚多	1〈玄宗之在東宮〉－僅幾字之差異	1〈玄宗之在東宮〉－無差異	1〈玄宗之在東宮〉－無差異
	2〈玄宗初即位〉	2〈玄宗初即位〉－差異甚多	2〈玄宗初即位〉－此則作品無收錄	2〈玄宗初即位〉－僅幾字之差異	2〈玄宗初即位〉－僅幾字之差異	2〈玄宗初即位〉－僅幾字之差異
	3 〈魏知古起諸吏〉	3 〈魏知古起諸吏〉－差異甚多	3 〈魏知古起諸吏〉－差異甚多	3 〈魏知古起諸吏〉－無差異	3 〈魏知古起諸吏〉－無差異	3 〈魏知古起諸吏〉－無差異
	4 〈源乾曜因奏事稱旨〉	4〈源乾曜因奏事稱旨〉－僅五字之差異	4〈源乾曜因奏事稱旨〉－僅五字之差異	4〈源乾曜因奏事稱旨〉－無差異	4〈源乾曜因奏事稱旨〉－無差異	4〈源乾曜因奏事稱旨〉－無差異
	5〈蕭嵩爲宰相〉	5〈蕭嵩爲宰相〉－差異甚多	5〈蕭嵩爲宰相〉－差異甚多	5〈蕭嵩爲宰相〉－僅幾字之差異	5〈蕭嵩爲宰相〉－僅幾字之差異	5〈蕭嵩爲宰相〉－僅幾字之差異
	6〈玄宗好神仙〉	6〈玄宗好神仙〉－差異甚多	6〈玄宗好神仙〉－差異甚多	6〈玄宗好神仙〉－僅三字之差異	6〈玄宗好神仙〉－僅三字之差異	6〈玄宗好神仙〉－僅三字之差異
	7 〈玄宗嘗幸東都〉	7 〈玄宗嘗幸東都〉－差異甚多	7 〈玄宗嘗幸東都〉－差異甚多	7 〈玄宗嘗幸東都〉－文字有幾字之差異外，另刪去一段文句。	7 〈玄宗嘗幸東都〉－文字有幾字之差異外，另節去一段文句。	7 〈玄宗嘗幸東都〉－文字有幾字之差異外，另節去一段文句。

〔註40〕「內容文字差異處」，因各版本差異頗多，其異字、異文、闕字、闕文、脫文、衍文等情形，故僅列各版本與《陳眉公家藏祕笈續函》差異之篇名，作品差異文句不一一列在此表中，待表格後陳述其差異時，再詳舉其作品爲例。其次，內容文字差異比較，僅對《陳眉公家藏祕笈續函》收錄之十五則，進行分析比較。

8〈玄宗善八分書〉	8〈玄宗善八分書〉－差異甚多	8〈玄宗善八分書〉－此則作品無收錄	8〈玄宗善八分書〉－無差異	8〈玄宗善八分書〉－無差異	8〈玄宗善八分書〉－無差異
9〈肅宗在宮〉（與〈代宗之載誕也〉、〈肅宗爲太子〉合刻一起）	9〈肅宗在宮〉－差異甚多〈代宗之載誕也〉－差異甚多〈肅宗爲太子〉－僅幾字之差異	9〈肅宗在宮〉（與〈代宗之載誕也〉、〈肅宗爲太子〉合刻一起）－此則作品無收錄	9〈肅宗在宮〉（與〈代宗之載誕也〉合刻一起）－刪去一段文句〈肅宗爲太子〉－無差異	9〈肅宗在宮〉（與〈代宗之載誕也〉合刻一起）－刪去一段文句〈肅宗爲太子〉－無差異	9〈肅宗在宮〉（與〈代宗之載誕也〉合刻一起）－刪去一段文句〈肅宗爲太子〉－無差異
10〈天寶中，安祿山每來朝〉	10〈天寶中，安祿山每來朝〉－此則作品無收錄	10〈天寶中，安祿山每來朝〉－此則作品無收錄	10〈天寶中，安祿山每來朝〉－無差異	10〈天寶中，安祿山每來朝〉－無差異	10〈天寶中，安祿山每來朝〉－無差異
11〈興慶宮〉	11〈興慶宮〉－差異甚多	11〈興慶宮〉－差異甚多	11〈興慶宮〉－僅幾字之差異	11〈興慶宮〉－僅幾字之差異	11〈興慶宮〉－僅幾字之差異
12〈玄宗西幸〉	12〈玄宗西幸〉－文字有十字之差異	12〈玄宗西幸〉－此則作品無收錄	12〈玄宗西幸〉－無差異	12〈玄宗西幸〉－無差異	12〈玄宗西幸〉－無差異
13〈上始入斜谷〉	13〈上始入斜谷〉－差異甚多	13〈上始入斜谷〉－此則作品無收錄	13〈上始入斜谷〉－無差異	13〈上始入斜谷〉－無差異	13〈上始入斜谷〉－無差異
14〈天寶中，興慶池上小龍常出遊宮垣南溝水中〉	14〈天寶中，興慶池上小龍常出遊宮垣南溝水中〉－差異甚多	14〈天寶中，興慶池上小龍常出遊宮垣南溝水中〉－差異甚多	14〈天寶中，興慶池上小龍常出遊宮垣南溝水中〉－無差異	14〈天寶中，興慶池上小龍常出遊宮垣南溝水中〉－無差異	14〈天寶中，興慶池上小龍常出遊宮垣南溝水中〉－無差異
15〈天寶中，上於內道場爲兆庶祈福〉	15〈天寶中，上於內道場爲兆庶祈福〉－此則作品無收錄	15〈天寶中，上於內道場爲兆庶祈福〉－此則作品無收錄	15〈天寶中，上於內道場爲兆庶祈福〉－無差異	15〈天寶中，上於內道場爲兆庶祈福〉－無差異	15〈天寶中，上於內道場爲兆庶祈福〉－無差異

　　由上表明顯可知《次柳氏舊聞》各版本其間之差異性，筆者針對其差異處再作說明之。

　　第一，收錄篇目總數與編排次序之問題。此問題顯見有四種情況：一爲，《陳眉公家藏祕笈續函》本，共收十五則作品，實際十七則作品，〈肅宗在宮〉作品下與〈代宗之載誕也〉、〈肅宗爲太子〉合刻一起。二爲，《顧氏文房小說》本，共收十七則作品，多《陳眉公家藏祕笈續函》本中〈玄宗於諸昆季〉與〈安祿山之叛也〉二則作品，少《陳眉公家藏祕笈續函》本中〈天寶中，安祿山每來朝〉與〈天寶中，上於內道場爲兆庶祈福〉二則作品。三爲，重輯《百川學海》本、《五朝小說》本與《重編說郛》本，共收十六則作品，實際十七則作品，〈肅宗在宮〉作品下與〈代宗之載誕也〉合刻一起。四爲，《歷代小史》本，僅收錄十一則作品，乃是明代叢書中最無法反映《次柳氏舊聞》實況之版本。究竟《陳

眉公家藏祕笈續函》本是否眞能反映出該部小說原貌？下節再述。

　　第二，收錄作品內容文字之差異。《陳眉公家藏祕笈續函》本與其餘五版本之差異情形，可細分三種情況：一爲，《陳眉公家藏祕笈續函》本收錄十五則作品與《顧氏文房小說》本相互讎校結果，差異甚多；其中，以異字、異文等情形最常見。二爲，《陳眉公家藏祕笈續函》本收錄十五則作品與重輯《百川學海》本、《重編說郛》本與《五朝小說》本相互讎校結果，差異甚少；比較明顯差異，於重輯《百川學海》本、《五朝小說》本與《重編說郛》本有刪文之情形。三爲，《歷代小史》本，相互讎校結果，差異甚多；其中，以異字、異文等情形最常見。究竟哪一版本之內容文字比較無誤？下節將進一步作探究。

2. 以《明皇十七事》名稱之明代著名叢書版本

叢書名〔註41〕收錄卷數與作品數目、收錄篇目次序、內容文字差異處	《明皇十七事》《陳眉公家藏祕笈續函》本	《明皇十七事》《稗乘》本〔註42〕	《明皇十七事》《五朝小說》本〔註43〕	《明皇十七事》《重編說郛》本〔註44〕	《明皇十七事》《廣四十家小說》本〔註45〕
收錄卷數與作品數目	分一卷，收錄十五則作品。	分一卷，收錄十七則作品。	分一卷，收錄十七則作品。	分一卷，收錄十七則作品。	分一卷，收錄十九則作品。
收錄篇目次序〔註46〕	1〈玄宗之在東宮〉 2〈玄宗初即位〉 3〈魏知古起諸吏〉 4〈源乾曜因奏事稱旨〉 5〈蕭嵩爲宰相〉 6〈玄宗好神仙〉	1〈玄宗之在東宮〉 2〈玄宗初即位〉 3〈魏知古起諸吏〉 4〈源乾曜因奏事稱旨〉 5〈蕭嵩爲相〉 6〈玄宗好神仙〉	1〈玄宗之在東宮〉 2〈玄宗初即位〉 3〈魏知古起諸吏〉 4〈源乾曜因奏事稱旨〉 5〈蕭嵩爲相〉 6〈玄宗好神仙〉	1〈玄宗之在東宮〉 2〈玄宗初即位〉 3〈魏知古起諸吏〉 4〈源乾曜因奏事稱旨〉 5〈蕭嵩爲相〉 6〈玄宗好神仙〉	1〈玄宗之在東宮〉 2〈玄宗初即位〉 3〈魏知古起諸吏〉 4〈源乾曜因奏事稱旨〉 5〈蕭嵩爲相〉 6〈玄宗好神仙〉

〔註41〕　「叢書名」部分，爲比較方便，《陳眉公家藏祕笈續函》本列爲第一，其他叢書則依照刊刻時間排列。

〔註42〕　〔明〕黃昌齡輯：《稗乘》「史略」（臺北：國家圖書館「善本書室」所藏「明萬曆戊午孫幼安刊本」）。

〔註43〕　〔明〕馮夢龍編：《五朝小說》「唐人百家小說偏錄家」（臺北：國家圖書館「善本書室」所藏「明末刊本」）。

〔註44〕　〔元〕陶宗儀輯‧〔明〕陶珽重校：《說郛》卷第五十二（台北：國家圖書館「善本書室」所藏「清順治丁亥兩浙督學李際期刊本」）。

〔註45〕　〔明〕顧元慶編：《廣四十家小說》（臺北：國家圖書館「善本書室」所藏「民國 12 年上海進步書局石印本」）。

〔註46〕　「收錄篇目次序」與「內容文字差異處」，因《明皇十七事》收錄作品無篇名名稱，故首句必會錄出，作爲該則作品之名稱。

7〈玄宗嘗幸東都〉	7〈玄宗嘗幸東都〉	7〈玄宗嘗幸東都〉	7〈玄宗嘗幸東都〉	7〈玄宗嘗幸東都〉
8〈玄宗善八分書〉	8〈玄宗善八分書〉	8〈玄宗善八分書〉	8〈玄宗善八分書〉	8〈玄宗善八分書〉
9〈肅宗在宮〉（與〈代宗之載誕也〉、〈肅宗爲太子〉合刻一起）	9〈肅宗在東宮〉	9〈肅宗在東宮〉	9〈肅宗在東宮〉	9〈肅宗在東宮〉
	10〈代宗之誕也〉	10〈代宗之誕也〉	10〈代宗之誕也〉	10〈代宗之誕也〉
	11〈肅宗爲太子〉	11〈肅宗爲太子〉	11〈肅宗爲太子〉	11〈肅宗爲太子〉
10〈天寶中，安祿山每來朝〉				12〈天寶中，安祿山每來朝〉
11〈興慶宮〉	12〈興慶宮〉	12〈興慶宮〉	12〈興慶宮〉	13〈興慶宮〉
12〈玄宗西幸〉	13〈玄宗西幸〉	13〈玄宗西幸〉	13〈玄宗西幸〉	14〈玄宗西幸〉
13〈上始入斜谷〉	14〈上始入斜谷〉	14〈上始入斜谷〉	14〈上始入斜谷〉	15〈上始入斜谷〉
14〈天寶中，興慶池上小龍常出遊宮垣南溝水中〉	15〈天寶中，興慶池小龍嘗出游宮垣南溝水中〉	15〈天寶中，興慶池小龍嘗出游宮垣南溝水中〉	15〈天寶中，興慶池小龍嘗出游宮垣南溝水中〉	16〈天寶中，興慶池上小龍嘗出遊宮垣南溝水中〉
	16〈玄宗於諸昆季〉	16〈玄宗於諸昆季〉	16〈玄宗於諸昆季〉	17〈玄宗於諸昆季〉
	17〈安祿山之叛也〉	17〈安祿山之叛也〉	17〈安祿山之叛也〉	18〈安祿山之叛也〉
15〈天寶中，上於內道場爲兆庶祈福〉				19〈天寶中，上於內道場爲兆庶祈福〉

內容文字差異處〔註47〕					
	1〈玄宗之在東宮〉	1〈玄宗之在東宮〉－差異甚多	1〈玄宗之在東宮〉－差異甚多	1〈玄宗之在東宮〉－差異甚多	1〈玄宗之在東宮〉－差異甚多
	2〈玄宗初即位〉	2〈玄宗初即位〉－差異甚多	2〈玄宗初即位〉－差異甚多	2〈玄宗初即位〉－差異甚多	2〈玄宗初即位〉－差異甚多
	3〈魏知古起諸吏〉	3〈魏知古起諸吏〉－差異甚多	3〈魏知古起諸吏〉－差異甚多	3〈魏知古起諸吏〉－差異甚多	3〈魏知古起諸吏〉－差異甚多
	4〈源乾曜因奏事稱旨〉	4〈源乾曜因奏事稱旨〉－僅幾字之差異	4〈源乾曜因奏事稱旨〉－僅幾字之差異	4〈源乾曜因奏事稱旨〉－僅幾字之差異	4〈源乾曜因奏事稱旨〉－僅幾字之差異
	5〈蕭嵩爲宰相〉	5〈蕭嵩爲宰相〉－差異甚多	5〈蕭嵩爲宰相〉－差異甚多	5〈蕭嵩爲宰相〉－差異甚多	5〈蕭嵩爲相〉－差異甚多
	6〈玄宗好神仙〉	6〈玄宗好神仙〉－差異甚多	6〈玄宗好神仙〉－差異甚多	6〈玄宗好神仙〉－差異甚多	6〈玄宗好神仙〉－差異甚多
	7〈玄宗嘗幸東都〉	7〈玄宗嘗幸東都〉－差異甚多	7〈玄宗嘗幸東都〉－差異甚多	7〈玄宗嘗幸東都〉－差異甚多	7〈玄宗嘗幸東都〉－差異甚多
	8〈玄宗善八分書〉	8〈玄宗善八分書〉－差異甚多	8〈玄宗善八分書〉－差異甚多	8〈玄宗善八分書〉－差異甚多	8〈玄宗善八分書〉－差異甚多

〔註47〕「內容文字差異處」，因以《陳眉公家藏祕笈續函》爲主題，即再與題名《明皇十七事》各版本作比校。然內容文字中，異字、異文、闕字、闕文、脫文、衍文等情形頗多，故僅列各版本與《陳眉公家藏祕笈續函》差異之篇名，作品差異文句不一一列在此表中，待表格後陳述其差異時，再詳舉其作品爲例。其次，內容文字差異比較，僅對《陳眉公家藏祕笈續函》收錄之十五則，進行分析比較。

9 〈肅宗在宮〉（與〈代宗之載誕也〉、〈肅宗為太子〉合刻一起）	9 〈肅宗在宮〉－差異甚多 〈代宗之載誕也〉－差異甚多 〈肅宗為太子〉－僅幾字之差異	9 〈肅宗在宮〉－差異甚多 〈代宗之載誕也〉－差異甚多 〈肅宗為太子〉－僅幾字之差異	9 〈肅宗在宮〉－差異甚多 〈代宗之載誕也〉－差異甚多 〈肅宗為太子〉－僅幾字之差異	9 〈肅宗在東宮〉－差異甚多 〈代宗之誕也〉－差異甚多 〈肅宗為太子〉－僅幾字之差異
10 〈天寶中，安祿山每來朝〉	10 〈天寶中，安祿山每來朝〉－此則作品無收錄	〈天寶中，安祿山每來朝〉－此則作品無收錄	10 〈天寶中，安祿山每來朝〉－此則作品無收錄	10 〈天寶中，安祿山每來朝〉－僅幾字之差異
11 〈興慶宮〉	11 〈興慶宮〉－差異甚多	〈興慶宮〉－差異甚多	11 〈興慶宮〉－差異甚多	11 〈興慶宮〉－差異甚多
12 〈玄宗西幸〉	12 〈玄宗西幸〉－文字有十字之差異	〈玄宗西幸〉－文字有十字之差異	12 〈玄宗西幸〉－文字有十字之差異	12 〈玄宗西幸〉－文字有十字之差異
13 〈上始入斜谷〉	13 〈上始入斜谷〉－差異甚多	13 〈上始入斜谷〉－差異甚多	13 〈上始入斜谷〉－差異甚多	15 〈上始入斜谷〉－差異甚多
14 〈天寶中，興慶池上小龍常出遊宮垣南溝水中〉	14 〈天寶中，興慶池上小龍常出遊宮垣南溝水中〉－差異甚多	14 〈天寶中，興慶池上小龍常出遊宮垣南溝水中〉－差異甚多	14 〈天寶中，興慶池上小龍常出遊宮垣南溝水中〉－差異甚多	14 〈天寶中，興慶池小龍嘗出游宮垣南溝水中〉－差異甚多
15 〈天寶中，上於內道場為兆庶祈福〉	15 〈天寶中，上於內道場為兆庶祈福〉－此則作品無收錄	〈天寶中，上於內道場為兆庶祈福〉－此則作品無收錄	15 〈天寶中，上於內道場為兆庶祈福〉－此則作品無收錄	15 〈天寶中，上於內道場為兆庶祈福〉－無差異

　　由上表明顯可知《明皇十七事》各版本其間之差異性，筆者針對其差異處再略作說明之。

　　第一，收錄篇目總數與編排次序之問題。此問題顯見有三種情況：一為，《陳眉公家藏祕笈續函》本，共收十五則作品，實際十七則作品，〈肅宗在宮〉作品下與〈代宗之載誕也〉、〈肅宗為太子〉合刻一起。二為，《廣四十家小說》本，共收十九則作品，多《陳眉公家藏祕笈續函》本中〈玄宗於諸昆季〉與〈安祿山之叛也〉二則作品，乃是明代叢書中最能反映《明皇十七事》內容原貌之版本，以下將進一步作說明。三為，《稗乘》本、《五朝小說》本與《重編說郛》本，共收十六則作品，實際十七則作品，〈肅宗在宮〉作品下與〈代宗之載誕也〉合刻一起。

　　第二，收錄作品內容文字之差異。《陳眉公家藏祕笈續函》本與其餘四版本之差異情形，可細分二種情況：一為，《陳眉公家藏祕笈續函》本收錄十五則作品與《廣四十家小說》本相互讎校結果，差異甚多；其中，以異字、異文等情形最常見。二為，《陳眉公家藏祕笈續函》本收錄十五則作品與《稗乘》本、《五朝小說》本、《重編說郛》本相互讎校結果，差異甚多；其中，以異字、異文等情形最常見。

　　綜合上述，《次柳氏舊聞》或《明皇十七事》之《陳眉公家藏祕笈續函》本與各家版本，可釐清各版本間之關係性：

　　其一，以題名《次柳氏舊聞》之《顧氏文房小說》本為首之版本。收錄篇目總數十七則，且編排次序、內容文字相近之版本者，有題名《明皇十七事》之《稗乘》、《五朝小說》本與《重編說郛》本。至於，僅收錄之十一則作品之《歷代小史》本，其內容文字亦與題名《次柳氏舊聞》之《顧氏文房小說》本相近。此外，同是顧元慶所編另一部《廣四十家小說》本，除多出《顧氏文房小說》本之〈天寶中，安祿山每來朝〉、〈天寶中，上於內道場為兆庶祈福〉二者作品外，其內容文字二版本間差異甚少。

　　其二，以題名《次柳氏舊聞》之《重輯百川學海》本為首之版本。收錄篇目總數十六則，且編排次序、內容文字相近之版本者，有題名《次柳氏舊聞》之《五朝小說》本與《重編說郛》本。

　　其三，以題名《次柳氏舊聞》之《陳眉公家藏祕笈續函》本。從收錄篇目總數與編排次序方面而言，與題名《次柳氏舊聞》之《重輯百川學海》本較為相近，卻有一、二則出入。從收錄作品內容文字方面而言，與題名《次柳氏舊聞》之《重輯百川學海》本較為相近，然仍有若干差異。至於，另一部同是「寶顏堂」刊行「明萬曆間繡水沈氏尚白齋刊本」之《陳眉公家藏祕笈續函》〔註48〕本，其內容出現闕第八頁情形，故〈玄宗嘗幸東都〉後二行文字、〈玄宗善八分書〉全部內容、〈肅宗在宮〉前七行文字等，皆遺漏之。

　　大抵而言，此三大系統版本，從收錄篇目總數與收錄作品內容文字相互讎校後，顯然有優劣之別，間接顯示出校勘者用心及學養程度。以下舉例以鑒別之。先從「收錄篇目總數」論之，蓋明代叢書中有十一則、十五則、十六則、十七則與十九則等說法。清葉德輝〈重刊《次柳氏舊聞》序〉云：

　　　　唐李德裕《次柳氏舊聞》，……書中記明皇時十七事，故陶九成《說
　　　　郛》中《次柳氏舊聞》與《明皇十七事》分目重出兩本，字句殊有
　　　　異同。明人刻《五朝小說》即據《說郛》重編，亦分為二。以　《四
　　　　庫》《柳氏舊聞》校《說郛》合而不合，如書中〈肅宗在東宮〉下連

_____

〔註48〕〔明〕陳繼儒輯：《寶顏堂祕笈》，國家圖書館善本書室另藏一部「明萬曆間繡水沈氏尚白齋刊本」，記載收藏之書為一百九十三卷四十八冊。該版本僅存「陳眉公訂正祕笈」、「家藏祕笈續函」、「眉公雜著」等三集。該版本，所收《次柳氏舊聞》部分與本論文底本之差異，以下簡述之：1.校訂閱者，改為仲醇陳繼儒・孫永芬；2.內容文字差異處，出入不多，以一、二異字出入為最常見。

〈代宗之誕〉云云，各本皆作一條，別有〈天寶中，安祿山每來朝〉一條，〈天寶中，上於內道場爲兆庶祈福，親制素黃文〉一條，合之爲十八條。《明皇十七事》〈肅宗在東宮〉下連〈代宗之誕〉亦爲一條，又同有〈天寶中，安祿山每來朝〉一條，雖止十七條，而無〈內道場親制素黃文〉一條，仍與　　《四庫》本不合。余校此書，以明顧元慶《文房小說》爲主，參以《五朝小說》《明皇十七事》，於其異處條舉於後，即顯然訛誤，亦但校記以存其眞誠。〔註49〕

　　據葉氏所言，該部小說十七事之說實爲可信。然作品如何分則，實屬關鍵，此可由上述表格中窺得一二。筆者依據明代各種版本考證，再旁證清葉德輝〈重刊《次柳氏舊聞》序〉之說，認爲《次柳氏舊聞》作品總數應是：〈玄宗之在東宮〉、〈玄宗初即位〉、〈魏知古起諸吏〉、〈源乾曜因奏事稱旨〉、〈蕭嵩爲相〉、〈玄宗好神仙〉、〈玄宗嘗幸東都〉、〈玄宗善八分書〉、〈肅宗在東宮〉、〈代宗之誕也〉、〈肅宗爲太子〉、〈興慶宮〉、〈玄宗西幸〉、〈上始入斜谷〉、〈天寶中，興慶池小龍嘗出游宮垣南溝水中〉、〈玄宗於諸昆季〉、〈安祿山之叛也〉、〈天寶中，安祿山每來朝〉、〈天寶中，上於內道場爲兆庶祈福〉等十九則。至於，周勛初《唐人筆記小說考索》「下編：作家作品考・《明皇十七事》考」〔註50〕中，「《明皇十七事》書寫格式和文字眞僞的考辨」單元認爲，〈肅宗在東宮〉與〈代宗之誕也〉必合爲一則，再另補〈天寶中，安祿山每來朝〉一則，故共十七則。筆者認爲，周氏前者所言將二則合爲一則，實無道理，觀此二則內容，前則作品主要描寫章敬皇后選中賜太子之事，而後則作品描述代宗天子出生之模樣，分爲二則似較爲合理。另外，周氏認爲補〈天寶中，安祿山每來朝〉一則，然誠如清葉德輝〈重刊《次柳氏舊聞》序〉云：「余校此書，以明顧元慶《文房小說》爲主，參以《五朝小說》《明皇十七事》，於其異處條舉於後，即顯然訛誤，亦但校記以存其眞誠。」其中「其異處條」即指〈天寶中，安祿山每來朝〉、〈天寶中，上於內道場爲兆庶祈福〉二則作

〔註49〕　〔唐〕李德裕等編：《唐開元小說》（臺北：廣文書局印行），頁7～8。
〔註50〕　《唐人筆記小說考索》：「《明皇十七事》書寫格式和文字眞僞的考辨……首先，這兩種本子中的玄宗詔掖庭令選女子賜太子和一殿有三天子兩條都合爲一條，這是可信的。……總結上言，可知《次柳氏舊聞》一名《明皇十七事》，與事實相符。清人所刻的《學海類編》，《明皇十七事》中有十九事，乃因考核不精而有誤入誤出的情況所致。今知若將前面的九、十兩條合爲一條，刪去最後一條，正合『十七事』之數」。
　　　　同註25，頁192～196。

品，應該存參；二則作品，從明代各版本存錄可知，題名《次柳氏舊聞》之
《陳眉公家藏祕笈續函》本、重輯《百川學海》本、《五朝小說》本、《重編
說郛》本，以及題名《明皇十七事》之《廣四十家小說》本等皆有存錄，實
有可能爲《次柳氏舊聞》之內容。故明顧元慶編輯《廣四十家小說》本中，
題名《明皇十七事》應是最接近該部小說全貌之明代叢書版本。

其次，從「內容文字差異」論之，以差異甚多之〈玄宗嘗幸東都〉作品
爲例，此則作品內容有三種情形。第一種內容情形：明顧元慶編輯《廣四十
家小說》本之〈玄宗嘗幸東都〉原文如下：

> 玄宗嘗幸東都，天大旱，且暑。時聖善寺有竺乾僧無畏，號三藏，
> 善召龍致雨之術。上遣力士疾召無畏。奏：「旱數當然耳。召龍興雲，
> 烈風迅雷，適足暴物，不可爲也。」上強之又曰：「苦暑人病矣，雖
> 暴風疾雷，亦足快意。」無畏不得已，乃奉詔。有司爲陳請雨具，而
> 幡幢像設甚備。無畏笑曰：「斯不足致雨。」悉令徹之。獨盛一鉢水，
> 以刀攪旋之，胡言數百呪水。須臾，有若龍狀，其大類指，赤色，首
> 啖水上，俄復沒於鉢水中。無畏復以刀攪水呪者三。頃之，白氣自鉢
> 中興，如爐烟，徑上數尺，稍引，出講堂外。無畏謂力士曰：「宜去，
> 雨至矣。」力士極馳而去，還顧，見白氣疾旋，自講堂出，若一疋素
> 練者。既而昏霾大風，震雷以雨。力士纔及天津之南，風雨亦隨馬而
> 至矣。衢中大樹多拔。力士比復奏，衣盡霑濕。時孟溫禮爲河南尹，
> 目睹其事。溫禮子皞，嘗言于臣亡祖先臣，與力士同。後吏部員外郎
> 李華撰《無畏碑》，亦云：奉詔致雨，滅火返風，昭昭然徧於耳目也。
> 今洛京天津橋有荷澤寺者，即高力士去請呪水祈雨，回至此寺前，雨
> 大降，明皇因於此地造寺而名荷澤焉。寺今見存。〔註51〕

其中，明代叢書中題名《次柳氏舊聞》之《顧氏文房小說》本、《歷代小
史》本，以及題名《明皇十七事》之《稗乘》本、《五朝小說》本、《重編說
郛》本與上文《廣四十家小說》本之文字出入不多。第二種內容情形：明陳
繼儒編輯《陳眉公家藏祕笈續函》本之〈玄宗嘗幸東都〉原文如下：

> 玄宗嘗幸東都，天大旱，且暑。時聖善寺有天竺乾僧無畏，號三藏，
> 善召龍致雨之術。上遣高力士疾召無畏請雨。奏曰：「今旱數當然耳。
> 召龍必興，烈風雷雨，適足暴物，不可爲也。」上強之曰：「人苦暑

〔註51〕同註45，頁3。

疾，雖暴風疾雷，亦足快意。」無畏不得已，乃奉詔。有司爲陳請
雨之具，幡像俱備。無畏笑曰：「斯不足以致雨。」而悉命去之。獨
盛一鉢水，以小刀攪旋之，胡言數百祝水。須臾，有如龍狀，其大
類指，赤色，首噉水上，俄復沒于鉢中。無畏復以刀攪水。頃之，
白氣自鉢中興，如爐烟，上數尺，稍稍，引出講堂外。無畏謂力士
曰：「亟去，雨至矣。」力士絕馳去，顧見白氣疾起，自講堂而西，
如一疋素練。既而昏霾大風，雷霆而雨。力士纔及天津之南，風雨
亦隨馬而至馳。至衢中大樹多拔。力士比復奏，衣盡霑濕。^{時孟溫禮爲河南尹，}
目睹其事。禮子皞，嘗言臣之祖先臣，與力士同。吏部員外郎李
華撰《無畏碑》，亦云：前後奉詔，滅火反風，昭然偏諸耳目。〔註52〕

第三種內容情形：明人重輯《百川學海》本之〈玄宗嘗幸東都〉原文如
下：

玄宗嘗幸東都，天大旱，且暑。時聖善寺有天竺乾僧無畏，號三藏，
善召龍致雨之術。上遣高力士疾召無畏請雨。奏曰：「今旱數當然耳。
召龍必興，烈風雷雨，適足暴物，不可爲也。」上強使之曰：「人苦
暑疾，雖暴風疾雷，亦足快意。」無畏不得已，乃奉詔。有司爲陳
請雨之具，幡像俱備。無畏笑曰：「斯不足以致雨。」而悉命去之。
獨盛一鉢水，以小刀攪旋之，胡言數百祝水。須臾，有如龍狀，其
大類指，赤色，首噉水上，俄復沒于鉢中。無畏復以刀攪水。頃之，
白氣自鉢中興，如爐烟，上數尺，稍稍，引出講堂外。無畏謂力士
曰：「亟去，雨至矣。」力士疾馳去，顧見白氣疾起，自講堂而西，
如一疋素練。既而昏霾大風，雷霆而雨。力士纔及天津之南，風雨
亦隨馬而至馳。至衢中大樹多拔。力士比復奏，衣盡霑濕。〔註53〕

其中，明代叢書中題名《次柳氏舊聞》之《五朝小說》本、《重編說郛》
本與上文《重輯百川學海》本之文字出入不多。

進一步檢視前引三種情形，可得二項結論：

結論一，該部小說流傳內容，應有二種版本，一者爲上述所舉之題名《明
皇十七事》之《顧氏文房小說》本等情況；二者，題名《次柳氏舊聞》之爲
《陳眉公家藏祕笈續函》本、《百川學海》本等情況。究竟孰優孰劣，實難判

〔註52〕〔唐〕李德裕編：《次柳氏舊聞》（〔明〕陳繼儒輯：《寶顏堂祕笈》，「明萬曆
間繡水沈氏尚白齋刊本」），頁7〜8。

〔註53〕同註36，頁5〜6。

斷，誠如葉德輝〈重刊《次柳氏舊聞》序〉云：

> 唐李德裕《次柳氏舊聞》，……書中記明皇時十七事，故陶九成《說
> 郛》中《次柳氏舊聞》與《明皇十七事》分目重出兩本，字句殊有
> 異同。……以《說郛》原本久已失傳，今世所行爲康熙時陶珽重編
> 之本，不如《文房小說》、《五朝小說》刊行在先，字句縱有不同，
> 固猶存古本涯略也。然今行《說郛》中，此二書究於《五朝小說》
> 無所差異，其於各種亦必無所出入，是則疑以傳疑，信以傳信，各
> 明一義，可耳。〔註54〕

結論二，該部小說流傳內容，明代叢書中發現有刪減情形，從上文前二則
例子劃橫線處可知題名《次柳氏舊聞》之《重輯百川學海》本、《五朝小說》本、
《重編說郛》本刪減情形最嚴重，此刪減之內容應是該部小說之小注。至於，《陳
眉公家藏祕笈續函》本亦是如此。無論刪減多少，皆屬破壞文獻之缺失。

二、宋鄭文寶《南唐近事》考述

（一）作者與內容介紹

1. 作者生平簡述

鄭文寶字仲賢，爲大將軍鄭彥華之子。因其父獲恩寵，授奉禮郎一職。
入宋後，又曾官校書郎、廣文館生員、修武主簿、大理評事、知梓州錄事參
軍、光祿寺丞等職。鄭文寶於廣文館生員時，深受李昉賞識。擅長纂書，精
於琴藝，亦能寫詩。著有文集、《談苑》、《江表志》等書。《宋史》有傳。

據《宋史·列傳》第三十六「鄭文寶」傳云：

> 鄭文寶字仲賢，右千牛衛大將軍彥華之子。彥華初事李煜，文寶以蔭
> 授奉禮郎，掌煜子清源公仲寓書籍，遷校書郎。入宋，煜以環衛奉朝
> 請，文寶欲一見，慮衛者難之，乃被簑荷笠以漁者見，陳聖主寬宥之
> 意，宜謹節奉上，勿爲他慮。煜忠之。後補廣文館生，深爲李昉所知。
> 大平興國八年，登進士第，除修武主簿。遷大理評事、知梓州錄事
> 參軍事。州將表薦，轉光祿寺丞。留一歲，代歸。獻所著文，召試
> 翰林，改著作佐郎，通判潁州。丁外艱，起知州事。……
> 景德元年冬，契丹犯邊，又徙河東。文寶安輯所部，募鄉兵，張邊

〔註54〕同註49，頁7～8。

備，又領蕃漢兵赴河北，手詔褒諭。未幾，復莅京西。契丹請和，
文寶陳經久之策，上嘉之。三年，召還，未至遇疾，表求藩郡散秩。
詔聽不除其籍，續奉養疾，以其子鄆州推官於陵爲大理寺丞、知襄
城縣，以便其養。大中祥符初，改兵部員外郎。軍駕祀汾陰還，文
寶至鄭州請見。上以其久疾，除忠武軍行軍司馬。文寶不就，以前
官歸襄城別墅。六年，卒，年六十一。

文寶好談方略，以功名爲己任。久在西邊，參預兵計，心有餘而識
不足；又不護細行，所延薦屬吏至多，而未嘗擇也。晚年病廢，從
子爲邑，多撓縣政。能爲詩，善篆書，工鼓琴。有集二十卷，又撰
《談苑》二十卷，《江表志》三卷。〔註55〕

　　據《宋史》本傳之記載，得知鄭文寶喜談軍政策略，熱衷功名，長年駐
守邊疆，一生擔任不少官職。又據《宋史・藝文志》第一百五十七「藝文三」
史部霸史類記載，見有《南唐近事》一書。《宋志》云：

鄭文寶《南唐近事集》一卷。

又《江表志》二卷。〔註56〕

元馬端臨《文獻通考・經籍考》卷二十七「僞史」記載：

《南唐近事》二卷

晁氏曰：皇朝鄭文寶編。記李氏三主四十年間雜事。

陳氏曰：起天福己酉，終開寶乙亥。然泛記雜事，實小說傳記之流
耳。〔註57〕

據清《四庫全書總目》子部五十「小說家類一」云：

《南唐近事》一卷。江蘇巡撫進本。

宋鄭文寶撰。文寶有《江表志》，已著錄。是書前有自序，題太平興
二年丁丑，蓋猶未仕宋時所作。《宋史・藝文志》作《南唐近事集》，
名目小異，未詳何據，然《宋史》多舛謬，「集」字蓋誤衍也。其體
頗近小說，疑南唐亡後，文寶有志於國史，搜采舊聞，排纂敍次，
以朝廷大政入《江表志》，至大中祥符三年乃成。其餘叢談瑣事，別

〔註55〕《宋史・列傳》第三十六。同註12，頁6311～6316。
〔註56〕《宋史・藝文志》志第一百五十七。同註12，頁4262。
〔註57〕〔元〕馬端臨編撰：《文獻通考・經籍考》（台北：新文豐出版公司，1986年
9月），上冊，頁643。

爲緝綴，先成此編。一爲史體，一爲小說體也。〔註58〕

另據私家藏書記載《南唐近事》情形，宋晁公武《郡齋讀書志》卷二下「僞史類」記載：

《南唐近事》二卷

右皇朝鄭文寶編，記李氏二主四十年間雜事之可紀者。〔註59〕

宋陳振孫《直齋書錄解題》卷五「僞史類」記載：

《南唐近事》二卷

工部郎江南鄭文寶撰。〈序〉云：「三世四十年，起天福己酉，終開寶乙亥。」案宋太祖在位十七年，首庚申，盡丙子乙亥，乃開寶八年。原本作己亥，誤，今改正。然泛記雜事，實小說傳記之類耳。〔註60〕

清周中孚《鄭堂讀書記》卷六十四「子部十二之二‧小說家類二‧雜事中宋」記載「《南唐近事》一卷，《續祕笈》本」條下云：

宋鄭文寶撰。文寶仕履，見載記類。《四庫全書》著錄、《讀書志》僞史類、《書錄解題》僞史類、《通考》僞史類，俱作二卷，蓋皆別據一本也。《宋志》霸史，作《南唐近事集》一卷，蓋誤衍「集」字也。仲賢爲南唐舊臣，故于其國之事，見聞最悉。既撰《江表志》，備記朝廷大政，而以其文爲此書。先成于太平興國二年，前有自序，其書凡六十則。起晉天福己酉，終宋開寶乙亥，皆從記李氏三王四十年間雜事，實小說傳記之類，不及《江表志》之得史體。然二書實相須而備，故馬、陸二家撰《南唐書》，皆采用其說獨多焉。《說郛》、《唐宋叢書》，均收入之。〔註61〕

復據傅增湘《藏園訂補郘亭知見傳本書目》卷十一上‧子部十二‧小說家類‧「《南唐近事》」條下云：

《南唐近事》一卷 宋鄭文寶撰。○《說郛》本。○《唐宋》本。○《續百川》本。○《續祕笈》本。○有刊本三卷。

補 ○明萬曆刊本。題徐㷆校，涵芬樓藏。○明刊《續百川學海》本，九行二十字，白口，左右雙闌。余藏。○明萬曆刊寶顏堂《續祕笈》本，八行十八字，白口，四周單闌‧書

〔註58〕 同註13，第四冊，頁2746～2747。

〔註59〕 〔宋〕晁公武撰：《郡齋讀書志》卷二下（王雲五主編：《國學基本叢書》四百種，臺北：臺灣商務印書館股份有限公司，1968年3月），第一冊，頁145。

〔註60〕 《直齋書錄解題》卷五。同註14，上冊，頁129～130。

〔註61〕 《鄭堂讀書記》卷六十四「子部十二之二‧小說家類二‧雜事中宋」。同註17，第十四冊，頁303～304。

名前加「陳眉公訂正」五字。余據明刊本校。○明吳寬叢書堂鈔
《說郛》本。余藏。○清順治三年宛委山堂刊《說郛》本。余藏。

(補)《南唐近事》三卷 宋鄭文寶撰。○明刊本，十行十八字，似叢刻者。余藏。余據
朱文鈞明鈔《說集》本校，訂正八十餘字，補「張子游好挽
刻」一條。○明鍾人傑《唐宋叢書》本，九行二十字，白口，左右雙闌。○清康
熙中程氏萬卷樓刊《滎陽雜俎》八種本。○清寫本。鈐有四明盧氏抱經樓藏印。

(補)《南唐近事》二卷 宋鄭文寶撰。○明鈔《說集》六十種本，藍格，十一行二十
四字，白口，四周單闌。在第二冊中，比世行本多一條。
朱文鈞
藏　　。〔註62〕

　　從以上史書記載與私家藏書記錄《南唐近事》情形，可知存有三項問題：
其一，書名問題。《宋史‧藝文志》記載：「《南唐近事集》」，《直齋書錄解題》、
《鄭堂讀書記》已證實「集」是誤衍所致；其二，卷數問題。《宋史‧藝文志》
記載：「《南唐近事集》一卷」，至清《藏園訂補邵亭知見傳本書目》另有二卷、
三卷本收錄於叢書中，甚至另有不收錄叢書中記載他書若干則遺漏之作；其
三，收錄作品總數問題。是否誠如《鄭堂讀書記》記載：「先成于太平興國二
年，前有自序，其書凡六十則。」下一小節將進一步釐清《南唐近事》原貌，
共分幾卷、收錄作品總數等問題。

2. 《南唐近事》內容介紹

　　宋鄭文寶《南唐近事》，《陳眉公家藏祕笈續函》所刻為一卷本，前有鄭
文寶〈小序〉言：

> 南唐烈祖、元宗、後主三世，共四十年。起天福丁酉之春，終開寶
> 乙亥之冬。君臣用舍，朝廷典章，兵火之餘，史籍蕩盡，惜夫前事，
> 十不存一。余匪鴻儒，頗常嗜學，耳目所及，志於纖細，聊資抵掌
> 之談，敢望獲麟之譽。好事君子，無或陋焉。太平興二年，歲次丁
> 丑，夏五月一日。江表鄭文寶序。〔註63〕

據《四庫全書總目》子部五十「小說家類一」提要云：

> 《南唐近事》一卷。江蘇巡撫進本。
>
> 宋鄭文寶撰。文寶有《江表志》，已著錄。是書前有自序，題太平興
> 二年丁丑，蓋猶未仕宋時所作。……其體頗近小說，疑南唐亡後，

〔註62〕 同註18，第二冊，頁18～19。

〔註63〕 鄭文寶《南唐近事》收錄作品無篇名名稱，故以下內容主題介紹採用本論文
　　　　底本《陳眉公家藏祕笈續函》本首句為篇名，作為該則作品之名稱。
　　　　〔宋〕鄭文寶撰：《南唐近事》（〔明〕陳繼儒編：《寶顏堂祕笈》，臺北：國家
　　　　圖書館「善本書室」所藏「明萬曆間繡水沈氏尚白齋刊本」），頁1。

文寶有志於國史，搜采舊聞，排纂敘次，以朝廷大政入《江表志》，至大中祥符三年乃成。其餘叢談瑣事，別爲緝綴，先成此編。一爲史體，一爲小說體也。……。

案偏霸事跡，例入載記。惟此書雖標南唐之名，而非其國記，故入之小說家。蓋以書之體例爲斷，不以書名爲斷，猶開元《天寶遺事》。

〔註64〕

從以上二段引文，可以明確得知鄭文寶撰書動機，因史籍有所亡佚，遂將親眼見聞之掌故，記錄於該部書中。誠如《四庫全書》「提要」之言，「以朝廷大政入《江表志》，至大中祥符三年乃成。其餘叢談瑣事，別爲緝綴，先成此編。」

明代叢書中，除《陳眉公家藏祕笈續函》本收錄《南唐近事》外，另有《續百川學海》本、《唐宋叢書》本、《說郛續》本等，皆是一卷本。究竟《陳眉公家藏祕笈續函》中所收之《南唐近事》是否完本？下面單元中，將進一步作探討。茲先以《陳眉公家藏祕笈續函》之一卷本、六十則作品觀之，大抵可歸納出三項主題：

（1）描寫無才、德之帝王、官吏、貴夫人，擅權之舉、貪圖享樂、心懷惡意等雜聞軼事，如〈何敬洙善彈射〉、〈張易爲太弟賓客〉、〈王魯爲當塗宰〉、〈元宗嗣位之初〉、〈陳繼善自江寧尹拜少傅致仕〉、〈兵部尙書杜業〉、〈陳覺微時〉、〈李德來任大理少卿〉等則作品。

（2）記載有才、德之帝王、官人，專長特色、行止端正，如〈昇元初〉、〈鍾謨性聰敏多記聞〉、〈元宗少躋大位〉、〈位崇文以舊德殊勳〉、〈高越燕人也〉、〈常夢錫爲翰林學士〉、〈兵部尙書杜業〉等則作品。

（3）描述朝廷奇聞異事、徵驗之事等靈異軼聞，如〈朱鞏侍郎童蒙日〉、〈沈彬長者〉、〈何敬洙善彈射〉、〈鄧匡圖爲海州刺史〉、〈進士黃可字不孤〉、〈昇元格〉、〈諫議大夫張義方命道士陳友合還丹於牛頭山〉、〈烈祖輔吳〉、〈章齊一爲道士〉、〈馮延巳鎮臨川〉、〈程員舉進士〉等則作品。

以上三項分類，其中分類偶有橫越兩主題者，若〈何敬洙善彈射〉、〈兵部尙書杜業〉等則，實因內容如此，不得不然也。

〔註64〕同註13，第四冊，頁2746～2747。

（二）與明代其他著名叢書收錄版本比較

宋鄭文寶《南唐近事》，據《叢書子目類編》得知有一卷、三卷及佚文一卷等情形。〔註65〕然明代著名叢書中，如《續百川學海》、《唐宋叢書》本、《說郛續》與《陳眉公家藏祕笈續函》本，雖同是一卷本，收錄作品除文字有差異外，另有是否刊刻鄭文寶〈小序〉之出入。以下將此三種版本與《陳眉公家藏祕笈續函》本，先列表清楚呈現其中之差異處。

叢書名〔註66〕 收錄分卷方式、作品總數、內容文字差異處	《南唐近事》 《陳眉公家藏祕笈續函》本	《南唐近事》 《續百川學海》本〔註67〕	《南唐近事》 《唐宋叢書》本〔註68〕	《南唐近事》 《重編說郛》本〔註69〕
收錄分卷方式	共分一卷	共分一卷	共分一卷	共分一卷
作品總數	前有鄭文寶〈小序〉，後共收錄六十則作品。	前無鄭文寶〈小序〉，只收錄六十則作品。	前無鄭文寶〈小序〉，只收錄六十則作品。	前無鄭文寶〈小序〉，只收錄六十則作品。
內容文字差異處〔註70〕	異字 「賈崇自統軍拜使相，鎮江都，周師未及境，盡焚其井邑棄壘而渡。元宗引見於便殿，責其奔潰之由。且曰：『朝野謂卿爲賈尉遲，朕甚賴卿。一旦敵兵至，棄甲宵遁，何施面目至此耶。』」	異字 「賈崇自統軍拜使相，鎮江都，周師未及境，盡焚其井邑棄壘而渡。元宗引見於便殿，責其奔潰之由。且曰：『朝野謂卿爲賈尉遲，朕甚賴卿。一旦敵兵至，棄甲宵遁，何施面目至此耶。』」	異字 「賈崇自統軍拜使相，鎮江都，周師未及境，盡焚其井邑棄壘而渡。元宗引見於便殿，責其奔潰之由。且曰：『朝野謂卿爲賈尉遲，朕甚賴卿。一旦敵兵至，棄甲宵遁，何施面目至此耶。』」	異字 「賈崇自統軍拜使相，鎮江都，周師未及境，盡焚其井邑棄壘而渡。元宗引見於便殿，責其奔潰之由。且曰：『朝野謂卿爲賈尉遲，朕甚賴卿。一旦敵兵至，棄甲宵遁，何施面目至此耶。』」

〔註65〕同註32，頁360。
〔註66〕「叢書名」部分，爲比較方便，《陳眉公家藏祕笈續函》本列爲第一，其他叢書則依照刊刻時間排列。
〔註67〕〔明〕吳永編：《續百川學海》「丙集」（臺北：國家圖書館「善本書室」所藏「明末刊本」）。
〔註68〕〔明〕鍾人傑・張遂辰輯：《唐宋叢書》「別史」（台北：國家圖書館「善本書室」所藏「明末刊本」）。
〔註69〕〔元〕陶宗儀輯・〔明〕陶珽重校：《重編說郛》卷第三十九（臺北：國家圖書館「善本書室」所藏「清順治丁亥兩浙督學李際期刊本」）。
〔註70〕「內容文字差異處」，第一，異體字、字體部首形近如「礻」與「衤」或字體形近「已」「巳」，筆者認爲刊刻未注意，故皆不列入討論。第二，本表所謂異字、闕字、衍字等情形，上述「2.《南唐近事》「內容介紹」已言《陳眉公家藏祕笈續函》本收錄較爲完整，故校勘後此表中反映與《續百川學海》本、《唐宋叢書》本、《重編說郛》本等四種差異。第三，因《南唐近事》收錄作品無篇名名稱，故以本論文底本《陳眉公家藏祕笈續函》本首句爲篇名，作爲該則作品之名稱。第四，引用作品，僅截錄差異文句。

「元宗少躋大位，天性謙謹。每接臣下，恭慎威儀，動循禮法，雖布素僚友無以加也。**夏日**御小殿，欲道服見諸學士，必先遣中使數使宣諭，或訴以小苦，巾裹不及冠褐可乎。」	「元宗少躋大位，天性謙謹。每接臣下，恭慎威儀，動循禮法，雖布素僚友無以加也。**一日**御小殿，欲道服見諸學士，必先遣中使數使宣諭，或訴以小苦，巾裹不及冠褐可乎。」	「元宗少躋大位，天性謙謹。每接臣下，恭慎威儀，動循禮法，雖布素僚友無以加也。**一日**御小殿，欲道服見諸學士，必先遣中使數使宣諭，或訴以小苦，巾裹不及冠褐可乎。」	「元宗少躋大位，天性謙謹。每接臣下，恭慎威儀，動循禮法，雖布素僚友無以加也。**一日**御小殿，欲道服見諸學士，必先遣中使數使宣諭，或訴以小苦，巾裹不及冠褐可乎。」
「何敬洙善彈射，性勇決，微時爲鄂帥李簡家僮。李性嚴毅，果於殺戮，左右給使之人小有過借，鮮獲全宥。何嘗因薄暮與同輩戲於小廳下，有蒼頭取李公所愛硯擎于手中，謂諸**僮**曰:『誰敢破此？』」	「何敬洙善彈射，性勇決，微時爲鄂帥李簡家僮。李性嚴毅，果於殺戮，左右給使之人小有過借，鮮獲全宥。何嘗因薄暮與同輩戲於小廳下，有蒼頭取李公所愛硯擎于手中，謂諸**鐘**曰:『誰敢破此？』」	「何敬洙善彈射，性勇決，微時爲鄂帥李簡家僮。李性嚴毅，果於殺戮，左右給使之人小有過借，鮮獲全宥。何嘗因薄暮與同輩戲於小廳下，有蒼頭取李公所愛硯擎于手中，謂諸**鐘**曰:『誰敢破此？』」	「何敬洙善彈射，性勇決，微時爲鄂帥李簡家僮。李性嚴毅，果於殺戮，左右給使之人小有過借，鮮獲全宥。何嘗因薄暮與同輩戲於小廳下，有蒼頭取李公所愛硯擎于手中，謂諸**鐘**曰:『誰敢破此？』」
「馮價，即刑部尚書謐之子也。……徐曰:『誠如吾語，後當知之。』放榜數日，中書奏主司取**士**不當，遂追榜御試，馮果覆落。」	「馮價，即刑部尚書謐之子也。……徐曰:『誠如吾語，後當知之。』放榜數日，中書奏主司取**士**不當，遂追榜御試，馮果覆落。」	「馮價，即刑部尚書謐之子也。……徐曰:『誠如吾語，後當知之。』放榜數日，中書奏主司取**士**不當，遂追榜御試，馮果覆落。」	「馮價，即刑部尚書謐之子也。……徐曰:『誠如吾語，後當知之。』放榜數日，中書奏主司取**士**不當，遂追榜御試，馮果覆落。」
「昇元格，盜物直三緡者，處極法。廬陵村落間有豪民，暑雨初霽，曝衣篋于庭中。失新潔衾服**不少許**，計其資直不下數十千。居**遠**僻遠，人罕經行，唯一貧人鄰垣而已。……烈祖命員外郎蕭儼覆之，儼持法明辯，甚有理聲。受命之日，乃絕葷茹，**齋**戒理棹，冥禱神祇，晝夜兼行。」	「昇元格，盜物直三緡者，處極法。廬陵村落間有豪民，暑雨初霽，曝衣篋于庭中。失新潔衾服**衣**少許，計其資直不下數十千。居**廬**僻遠，人罕經行，唯一貧人鄰垣而已。……烈祖命員外郎蕭儼覆之，儼持法明辯，甚有理聲。受命之日，乃絕葷茹，**齊**戒理棹，冥禱神祇，晝夜兼行。」	「昇元格，盜物直三緡者，處極法。廬陵村落間有豪民，暑雨初霽，曝衣篋于庭中。失新潔衾服**衣**少許，計其資直不下數十千。居**廬**僻遠，人罕經行，唯一貧人鄰垣而已。……烈祖命員外郎蕭儼覆之，儼持法明辯，甚有理聲。受命之日，乃絕葷茹，**齊**戒理棹，冥禱神祇，晝夜兼行。」	「昇元格，盜物直三緡者，處極法。廬陵村落間有豪民，暑雨初霽，曝衣篋于庭中。失新潔衾服**衣**少許，計其資直不下數十千。居**廬**僻遠，人罕經行，唯一貧人鄰垣而已。……烈祖命員外郎蕭儼覆之，儼持法明辯，甚有理聲。受命之日，乃絕葷茹，**齊**戒理棹，冥禱神祇，晝夜兼行。」
「劉仁瞻鎮壽春，**周**師堅壘三載，蹙而不降。」	「劉仁瞻鎮壽春，**用**師堅壘三載，蹙而不降。」	「劉仁瞻鎮壽春，**用**師堅壘三載，蹙而不降。」	「劉仁瞻鎮壽春，**用**師堅壘三載，蹙而不降。」
「烈祖輔吳，將有禪讓之事，人**情**尚懷彼此。」	「烈祖輔吳，將有禪讓之事，**價**尚懷彼此。」	「烈祖輔吳，將有禪讓之事，**價**尚懷彼此。」	「烈祖輔吳，將有禪讓之事，**價**尚懷彼此。」

「周業爲左街使，信州刺史本之子也。與劉郎素有隙^{劉即長公主，時爲禁帥}。」	「周業爲左街使，信州刺史本之子也。與劉郎素有隙^{劉即長公主，時爲禁帥}。」	「周業爲左街使，信州刺史本之子也。與劉郎素有隙^{劉即長公主，時爲禁帥}。」	「周業爲左街使，信州刺史本之子也。與劉郎素有隙^{劉即長公主，時爲禁帥}。」
「女冠耿先生，……耿身不復孕，左右莫知所產，將**予**亦隨失矣。」	「女冠耿先生，……耿身不復孕，左右莫知所產，將**子**亦隨失矣。」	「女冠耿先生，……耿身不復孕，左右莫知所產，將**子**亦隨失矣。」	「女冠耿先生，……耿身不復孕，左右莫知所產，將**子**亦隨失矣。」
「烈祖鎮建業日，……宗袖中出筆，復爲左右取紙，得故茗紙貼，乞**手**札。」	「烈祖鎮建業日，……宗袖中出筆，復爲左右取紙，得故茗紙貼，乞**年**札。」	「烈祖鎮建業日，……宗袖中出筆，復爲左右取紙，得故茗紙貼，乞**年**札。」	「烈祖鎮建業日，……宗袖中出筆，復爲左右取紙，得故茗紙貼，乞**年**札。」
「兵部尚書杜業，任樞密。有權變，足幾會，兵賦民**籍**，指之掌中。」	「兵部尚書杜業，任樞密。有權變，足幾會，兵賦民**藉**，指之掌中。」	「兵部尚書杜業，任樞密。有權變，足幾會，兵賦民**藉**，指之掌中。」	「兵部尚書杜業，任樞密。有權變，足幾會，兵賦民**藉**，指之掌中。」
「陳覺微時，爲宋齊丘之客。……李曰：『此令公寵倖之人，見之若面令公，何敢倨慢。三婢既不自安，求還**宋**第。』宋笑而許之。」	「陳覺微時，爲宋齊丘之客。……李曰：『此令公寵倖之人，見之若面令公，何敢倨慢。三婢既不自安，求還**李**第。』宋笑而許之。」	「陳覺微時，爲宋齊丘之客。……李曰：『此令公寵倖之人，見之若面令公，何敢倨慢。三婢既不自安，求還**李**第。』宋笑而許之。」	「陳覺微時，爲宋齊丘之客。……李曰：『此令公寵倖之人，見之若面令公，何敢倨慢。三婢既不自安，求還**李**第。』宋笑而許之。」
「馮延巳鎮臨川，聞朝已有除替。一夕夢通舌生毛，翌日有僧解之曰：『毛生**舌**間，不可剃也。相公其未替乎！』旬日之間，果已寢命。」	「馮延巳鎮臨川，聞朝已有除替。一夕夢通舌生毛，翌日有僧解之曰：『毛生**古**間，不可剃也。相公其未替乎！』旬日之間，果已寢命。」	「馮延巳鎮臨川，聞朝已有除替。一夕夢通舌生毛，翌日有僧解之曰：『毛生**古**間，不可剃也。相公其未替乎！』旬日之間，果已寢命。」	「馮延巳鎮臨川，聞朝已有除替。一夕夢通舌生毛，翌日有僧解之曰：『毛生**古**間，不可剃也。相公其未替乎！』旬日之間，果已寢命。」
「程員舉進士，其年考功員外郎張**佖**權知貢舉，果放楊遂等三人。」	「程員舉進士，其年考功員外郎張**祕**權知貢舉，果放楊遂等三人。」	「程員舉進士，其年考功員外郎張**佖**權知貢舉，果放楊遂等三人。」	「程員舉進士，其年考功員外郎張**祕**權知貢舉，果放楊遂等三人。」
「韓熙載放曠不稽，所得俸錢，即爲諸姬分去。乃著衲衣負匡，令門生舒雅**報**手板，于諸姬院乞食，以爲笑樂。」	「韓熙載放曠不稽，所得俸錢，即爲諸姬分去。乃著衲衣負匡，令門生舒雅**執**手板，于諸姬院乞食，以爲笑樂。」	「韓熙載放曠不稽，所得俸錢，即爲諸姬分去。乃著衲衣負匡，令門生舒雅**執**手板，于諸姬院乞食，以爲笑樂。」	「韓熙載放曠不稽，所得俸錢，即爲諸姬分去。乃著衲衣負匡，令門生舒雅**執**手板，于諸姬院乞食，以爲笑樂。」
闕字 「章齊一爲道士，滑稽無度。善於嘲毀，俚里樂籍多稱其詞。__曰：……」	闕字 「章齊一爲道士，滑稽無度。善於嘲毀，俚里樂籍多稱其詞。**長**曰：……」	闕字 「章齊一爲道士，滑稽無度。善於嘲毀，俚里樂籍多稱其詞。**長**曰：……」	闕字 「章齊一爲道士，滑稽無度。善於嘲毀，俚里樂籍多稱其詞。**長**曰：……」

「李建勳鎮臨川，……但乘醉大批其書一絕云：『偶罷阿衡來此郡，固無開可應官。憑君爲報群胥道，莫作循州刺史看。』」	「李建勳鎮臨川，……但乘醉大批其書一絕云：『偶罷阿衡來此郡，固無開**物**可應官。憑君爲報群胥道，莫作循州刺史看。』」	「李建勳鎮臨川，……但乘醉大批其書一絕云：『偶罷阿衡來此郡，固無開**物**可應官。憑君爲報群胥道，莫作循州刺史看。』」	「李建勳鎮臨川，……但乘醉大批其書一絕云：『偶罷阿衡來此郡，固無開**物**可應官。憑君爲報群胥道，莫作循州刺史看。』」
衍字「沈彬長者，有詩名。……彬第二子道者亦能爲詩，以色絲繫銅佛像長寸餘懸于襟上。衣道士服辟穀，隆多盛夏惟單褐布裙，跣足日馳數百里。」	衍字「沈彬長者，有詩名。……彬第二子道者亦能爲詩，以色絲繫銅佛像長寸餘懸于襟上。衣道士服辟穀，隆多盛夏惟單褐布裙，跣足**日**馳數百里。」	衍字「沈彬長者，有詩名。……彬第二子道者亦能爲詩，以色絲繫銅佛像長寸餘懸于襟上。衣道士服辟穀，隆多盛夏惟單褐布裙，跣足**日**馳數百里。」	衍字「沈彬長者，有詩名。……彬第二子道者亦能爲詩，以色絲繫銅佛像長寸餘懸于襟上。衣道士服辟穀，隆多盛夏惟單褐布裙，跣足**日**馳數百里。」

由上表明顯可窺知其間之差異性，筆者針對其差異處再作說明之。

第一，作品總數之問題。顯見有二種情況：一，《陳眉公家藏祕笈續函》本，前有鄭文寶〈小序〉一則，後有六十則作品。二，《續百川學海》本、《唐宋叢書》本、《重編說郛》本，無收錄鄭文寶〈小序〉一則，只收六十則作品。從前一小節，宋陳振孫《直齋書錄解題》、清周中孚《鄭堂讀書記》與傅增湘《藏園訂補邵亭知見傳本書目》等書目，皆有採用其序作介紹，知該部小說原貌應含有鄭文寶〈小序〉一則。以上四版本收錄作品總數，皆是六十則，亦符合《鄭堂讀書記》：「其書凡六十則」之說，然是否已經反映出該部小說原貌？待下節再述。至於，清傅增湘《藏園訂補邵亭知見傳本書目》卷十一上・子部十二・小說家類・「《南唐近事》」條下云：

《南唐近事》一卷　宋鄭文寶撰。○《說郛》本。○《唐宋》本。○《續百川》本。○《續祕笈》本。○有刊本三卷。

（補）○明萬曆刊本。題徐𤊹校，涵芬樓藏。○明刊《續百川學海》本，九行二十字，白口，左右雙闌。余藏。○明萬曆刊寶顏堂《續祕笈》本，八行十八字，白口，四周單闌・書名前加「陳眉公訂正」五字。余據明刊本校。○明吳寬叢書堂鈔《說郛》本。余藏。○清順治三年宛委山堂刊《說郛》本。余藏。

（補）《南唐近事》三卷　宋鄭文寶撰。○明刊本，十行十八字，似叢刻者。余藏。余據朱文鈞藏明鈔《說集》本校，訂正八十餘字，補「張子游好挽刻」一條。○明鍾人傑《唐宋叢書》本，九行二十字，白口，左右雙闌。○清康熙中程氏萬卷樓刊《榮陽雜俎》八種本。○清寫本。鈐有四明盧氏抱經樓藏印。

（補）《南唐近事》二卷　宋鄭文寶撰。○明鈔《說集》六十種本，藍格，十一行二十四字，白口，四周單闌・在第二冊中，比世行本多一條。朱文鈞藏。〔註71〕

　　從傅氏書目記載，顯見明代刊刻、收藏該部小說之盛況，且今日能見該部小說最早之版本，應是明代刊刻本。其次，傅氏載錄《南唐近事》一卷本云：「明萬曆刊本。題徐　燉校，涵芬樓藏。」筆者考察北京商務印書館影印《文津閣四庫全書》子部十二「小說家類」中收錄《南唐近事》，〔註72〕判斷應是傅氏所提之版本，因前有徐　燉撰〈南唐近事序〉一則；此版本，北京商務印書館影印《文津閣四庫全書》目錄記載「二卷」，考查內容實際僅分一卷，收錄作品總數為五十八則，闕《陳眉公家藏祕笈續函》本〈木平和尚〉、〈李徵古宜春人也〉等二則作品。至於，文字部分與《陳眉公家藏祕笈續函》本略有差異。再者，傅氏所提及明吳寬叢書堂鈔《說郛》一卷本、朱文鈞藏明鈔《說集》二卷本、明刊本三卷本等，今日已無法查得原貌，故書目中言朱文鈞藏明鈔《說集》本多一則「張子游好揲刻」，惜無法得知內容眞象。

　　第二，文字差異部分，主要有三種情況：異字、闕字與衍字。「異字」差異部分，共計十五則；「闕字」差異部分，共計二則；「衍字」差異部分，共計一則。《南唐近事》一卷，內容共有六十則作品，雖十八則作品出現差異，卻可窺見《續百川學海》本、《唐宋叢書》本、《重編說郛》本校勘較爲草率，從「異字」差異十五則中，因字形相近而未仔細讎校致誤可證。如〈昇元格〉：

　　　　昇元格，盜物直三緡者，處極法。盧陵村落間有豪民，暑雨初霽，曝衣籃于庭中。失新潔衾服<u>不</u>少許，計其資直不下數十千。居<u>遠</u>僻遠，人罕經行，唯一貧人鄰垣而已。……烈祖命員外郎蕭儼覆之，儼持法明辯，甚有理聲。受命之日，乃絕葷茹，<u>齋</u>戒理棹，冥禱神祇，晝夜兼行。〔註73〕

　　上文爲本論文之底本，而《續百川學海》本、《唐宋叢書》本、《重編說郛》本該則作品原文如下：

　　　　昇元格，盜物直三緡者，處極法。盧陵村落間有豪民，暑雨初霽，曝衣籃于庭中。失新潔衾服<u>衣</u>少許，計其資直不下數十千。居<u>盧</u>僻遠，人罕經行，唯一貧人鄰垣而已。……烈祖命員外郎蕭儼覆之，儼持法明辯，甚有理聲。受命之日，乃絕葷茹，<u>齋</u>戒理棹，冥禱神祇，晝夜兼行。

〔註72〕〔宋〕鄭文寶撰：（北京商務印書館影印《文津閣四庫全書》，北京：商務印書館影印），第六二七頁至第六三一頁。

〔註73〕同註63，頁12～13。

從二則橫處比較發現，《續百川學海》本、《唐宋叢書》本、《重編說郛》本將「少」字，刻印成「衣」字；將「齋」字，刻印成「齊」字，實是刊刻疏略造成。《陳眉公家藏祕笈續函》本刊刻文字與作品上下文意判斷，該版本較妥當。另可從北京商務印書館影印《文津閣四庫全書》子部十二「小說家類」中收錄《南唐近事》〔註74〕與另一部同是「寶顏堂」刊行「明萬曆間繡水沈氏尚白齋刊本」之《陳眉公家藏祕笈續函》〔註75〕本《南唐近事》等版本，得到證實。

總之，四版本雖皆爲明代版本，然有無收錄鄭文寶〈小序〉與內容文字出現差異。究竟《陳眉公家藏祕笈續函》本，是否爲今日流傳《南唐近事》較爲精善之本？下節將進一步分析論述。

三、明陸深《谿山餘話》考述

（一）作者與內容介紹

1. 作者生平簡述

陸深初名榮，字子淵，號儼山，明華亭（今上海松江）人。弘治十八年進士，授編修。曾任國子司業、祭酒，太常卿兼侍讀學士、詹事府詹事等職。卒贈禮部侍郎，諡文裕。深早年負文名，兼工書法；一生讀書、藏書、刻書，賞鑑博雅，有藏書樓曰「綠雨」。著述甚多，有《儼山集》一百卷、《儼山外集》四十卷、《儼山續集》十卷等。《明史・列傳》「文苑」有立傳，能知其人事蹟。《明史・列傳》第一百七十四「文苑（二）」記載：

> 陸深，字子淵，上海人。弘治十八年進士，二甲第一。選庶吉士，授編修。劉瑾嫉翰林官亢己，悉改外，深得南京主事。瑾誅，復職，歷國子司業、祭酒，充經筵講官。奏講官撰進講章，閣臣不宜改竄。忤輔臣，謫延平同知。晉山西提學副使，改浙江。累官四川左布政使。松、茂諸番亂，深主調兵食，有功，賜金幣。嘉靖十六年，召爲太常卿兼侍讀學士。世宗南巡，深掌行在翰林院印，御筆刪「侍

〔註74〕同註72，第627頁至第631頁。

〔註75〕〔明〕陳繼儒輯：《寶顏堂祕笈》，國家圖書館善本書室另藏一部「明萬曆間繡水沈氏尚白齋刊本」，記載收藏之書爲一百九十三卷四十八冊。該版本僅存「陳眉公訂正祕笈」、「家藏祕笈續函」、「眉公雜著」等三集。該版本，所收《南唐近事》部分與本論文底本之差異，以下簡述之：1.校訂閱者，改爲黃承玄・沈學先；2.內容文字差異處，出入不多，以一、二異字出入爲最常見。

讀」二字，進詹事府詹事，致侍。卒，諡文裕。

深少與徐禎卿相切磨，為文章有名。工書，仿李邕、趙孟頫。賞鑒
博雅，為詞臣冠。然頗倨傲，人以此少之。〔註76〕

復據何三畏《雲間志略》卷之十「人物」〈陸文裕儼山公傳〉記載：

陸深，字子淵，號儼山，上海人也。公素性剛介，不能容人過，自
諸生而已然矣。……卒之日　上賜祭葬，贈禮部右侍郎，諡文裕，
郡邑皆崇祀鄉賢。〔註77〕

陸深性剛介，復可從焦竑《玉堂叢語》中所記載事例得知一二，卷之五
「方正」云：

陸文裕公為山西提學時，晉王有一樂工，甚愛幸之。其子學讀書，前
任副使考送入學，文裕到任，即行文黜之。晉王再四與言，文裕云：
「寧可學校少一人，不可以一人污學校。」堅意不從，乃已。〔註78〕

陸深一生著作繁夥，包括詩文與書法等，可謂才氣縱橫。此外，喜藏書，
在明代藏書家中名列前茅，從〈江東藏書目錄小序〉可以窺見；編有《江東
藏書目錄》，惜今日無傳本。據查繼佐《罪惟錄列傳》卷之十八「文史諸臣列
傳」謂：

陸深，字子淵，南直上海人，以鄉試第一，成弘治十七年進士，授
翰林院編修。……深集先儒□語為《典常》、《論述》二編，表進之，
有云：「臣僻居海上，家有藏書，可資考索。衣食所餘，足備筆札。
倘蒙賜骸骨，少假歲時，當部分首尾，兼總條貫，勒成一家之言，
庸為萬幾之助。」……深磊落瑰奇，嬉笑成文，品隲古文，商確事
義，辨識書畫古器，談鋒傾一座。書法學趙吳興。性好汲引，雖單
門後學，得畢餘論。

論曰：深文斷制，亦號敢言，雅非詞令家。經筵一議，稍見誠懇，
而惜不見可。性矯出，與李空同、徐迪功等上下其議論。過同舍，
見桌几，輒縱筆塗寫，左右無人，當路見忌。遺文凡一百卷，又著
《詩徵》、《書輯》、《道南》三書，《河汾燕閒錄》、《史通會要》、《蜀

〔註76〕《明史・列傳》第一百七十四「文苑（二）」。同註59，第九冊，頁5859。

〔註77〕〔明〕何三畏著：《雲間志略》（周駿富輯：《明代傳記叢刊》，臺北：明文書
局，1991年元月），第一百四十六冊，頁146-010至146-013。

〔註78〕〔明〕焦竑撰：《玉堂叢語》（臺北：木鐸出版社，1982年2月），頁160～161。

都雜抄》、《平胡錄》諸種。〔註79〕

復據何三畏《雲間志略》卷之十「人物」〈陸文裕儼山公傳〉記載：

> 陸深，字子淵，號儼山，上海人也。……所著有《陸文裕公集》一
> 百卷、《外集》、《續集》五十集。其疏議覈而明，其頌記婉而諷，其
> 辨解博而富，其詩歌雅而莊。有周之典則，秦之雄暢，西京之豐蔚
> 精審，大曆之高古沉深。天才學力俱到，文章經濟兼長，眞大家宗
> 匠也。〔註80〕

以上幾則資料，能見陸深文學素養高超，著述豐富且雅正。

至於收書、藏書之樂，可從〈江東藏書目錄小序〉證之：

> 余家學時，喜收書，然靦靦屑屑，不能舉群有也。壯游兩都，多見
> 載籍，然限於力，不能舉群聚也。間有殘本不售者，往往廉取之。
> 故余之書，多斷闕。闕少者或手自補綴，多者幸他日之偶完而未可
> 知也。正德戊辰夏六月，寓安福里。宿痾新起，命僮出曝，既乃次
> 第於寓樓。數年之積，與一時長老朋舊所遺，歷歷在目，顧而樂焉。
> 余四方人也，又慮放失，是故錄而存之，各繫所得。儻后益焉，將
> 以類續入。是月六日，史官江東陸深識。〔註81〕

其餘有關陸深之事蹟，明王兆雲《皇明詞林人物考》卷之五、明何喬遠
《名山藏列傳》「臣林記嘉靖臣四」、明張萱《西園聞見錄》卷十「剛方前」、明
焦竑《國朝獻徵錄》卷之十八、明過庭訓《明分省人物考》卷之二十五「南
直隸松江府一」、朱竹坨《靜志居詩話》卷九〔註82〕、清王鴻緒等人撰《明史
稿列傳》「列傳第六十三」等，亦有記載，大略相同，可以互參。

2. 《谿山餘話》內容介紹

明陸深《谿山餘話》，收錄於作者自編《儼山外集》內，爲一卷本，共收

〔註79〕〔清〕查繼佐撰：《罪惟錄列傳》（周駿富輯：《明代傳記叢刊》，臺北：明文
書局，1991年1月），第八十六冊，頁086-414。

〔註80〕同註79，第一百四十六冊，頁146-010至146-013。

〔註81〕〔明〕陸深編：《古奇器錄》（《叢書集成新編》，新文豐出版公司印行），第五
十冊，頁279。

〔註82〕《靜志居詩話》：「陸深，字子淵，上海人，宏治乙丑進士，改庶吉士，授翰
林院編修。……改太常卿兼侍讀學士，陞詹事府。詹事卒贈禮部右侍郎，諡
文裕。有《儼山集》。」
〔清〕朱竹坨著・姚柳依編：《靜志居詩話》（周駿富輯：《明代傳記叢刊》，
臺北：明文書局，1991年1月），第八冊，頁008-789。

錄十九則作品。《陳眉公家藏祕笈續函》、《廣百川學海》、《五朝小說》本與《說郛續》本刊刻該部小說，亦是一卷本，僅收錄十七則作品。據《四庫全書總目》子部五十三‧小說家類存目一「《谿山餘話》一卷編修勵守謙家藏本」條下云：

> 明陸深撰。所記一時名臣如劉健、章懋、劉大夏遺事頗詳，又多談閹事，蓋其官閹日所著也。〔註83〕

從此提要可知，陸深此部小說內容之特色：「所記一時名臣如劉健、章懋、劉大夏遺事頗詳，又多談閹事。」今觀其內容中十九則作品，誠多記載朝廷帝王、臣相、文人等軼聞舊事。茲先以陸深自編《儼山外集》本，〔註84〕一卷十九則作品作內容簡述。以下分述此二項主題：

（1）記載帝王問政舊事，如〈我　朝君臣隔絕〉、〈嘗記宋時〉、〈亡國之君多善文辭〉、〈晉共太子曰〉等則作品。

（2）談論達官文人軼聞雜事，如〈周諝延之〉、〈嘉靖已丑予謫延平〉、〈予為庶吉士時〉、〈戶部尚書杏岡李公瓚〉、〈吳文恪公訥〉等則作品。

大抵而言，《谿山餘話》內容多集中於作者閩地當官時所聞之朝廷制度與名臣雅士雜事，其中不乏可供人物傳記、文人藝林考證之資。

（二）與明代其他著名叢書收錄版本比較

明陸深《谿山餘話》，據《叢書子目類編》得知皆是一卷本。〔註85〕陸氏收錄於自編《儼山外集》本為一卷本外，明代著名叢書中，《陳眉公家藏祕笈續函》本、《廣百川學海》本、《五朝小說》本、《說郛續》本，亦是一卷本。且該部小說坊間刊刻皆收錄於叢書中，即今日所見，亦無單行本流傳。而書目記載多附錄於某部叢書或類書底下，據清黃虞稷《千頃堂書目》卷十五「類書類」記載：

> 陳繼儒《寶顏堂祕笈》二十卷，又《續祕笈》五十卷，又《廣祕笈》五十卷，又《普祕笈》四十六卷，又《彙祕笈》四十一卷。
>
> 《續集》……《谿山餘話》一卷　陸深。〔註86〕

〔註83〕同註13，第四冊，頁2820。

〔註84〕陸深《谿山餘話》收錄作品無篇名名稱，故以下內容主題介紹採用《儼山外集》本首句為篇名，作為該則作品之名稱。

〔明〕陸深編：《儼山外集》（台北：國家圖書館「善本書室」所藏「明嘉靖二十四年雲間陸氏家刊」）。

〔註85〕同註32，頁995。

〔註86〕〔清〕黃虞稷撰‧瞿鳳起‧潘景鄭整理：《千頃堂書目》（上海：上海古籍出

　　此單元先探討明代叢書各版本之差異，下一單元再分析其他版本之情形。茲先列表將《陳眉公家藏祕笈續函》本與《儼山外集》本、《廣百川學海》本、《五朝小說》本、《說郛續》本等四者相互比較，以清楚呈現其中之差異。

叢書名〔註87〕 收錄卷數與作品數目、內容文字差異處〔註88〕	《谿山餘話》《陳眉公家藏祕笈續函》本	《谿山餘話》《儼山外集》本〔註89〕	《谿山餘話》《廣百川學海》本〔註90〕	《谿山餘話》《五朝小說》本〔註91〕	《谿山餘話》《說郛續》本〔註92〕
收錄卷數與作品篇目	共一卷，共收錄十六則作品。 收錄作品篇目如下： 1〈周謂延之〉 2〈嘉靖已丑予謫延平〉 3〈予為庶吉士時〉 4〈我　朝君臣隔絕〉 5〈戶部尚書杏岡李公瓚〉 6〈嘗記宋時〉 7〈亡國之君多善文辭〉 8〈羅仲素云〉 9〈今東南之田〉	共一卷，共收錄十九則作品。 收錄作品篇目如下： 1〈周謂延之〉 2〈嘉靖已丑予謫延平〉 3〈予為庶吉士時〉 4〈我　朝君臣隔絕〉 5〈戶部尚書杏岡李公瓚〉 6〈嘗記宋時〉 7〈宋詩自道學諸公〉 8〈亡國之君多善文辭〉 9〈羅仲素云〉 10〈今東南之田〉 11〈宋林艾軒先生〉	一卷共一卷，共收錄十六則作品。 收錄作品篇目如下： 1〈周謂延之〉 2〈嘉靖已丑予謫延平〉 3〈予為庶吉士時〉 4〈我　朝君臣隔絕〉 5〈戶部尚書杏岡李公瓚〉 6〈嘗記宋時〉 7〈亡國之君多善文辭〉 8〈羅仲素云〉 9〈今東南之田〉	共一卷，共收錄十六則作品。 收錄作品篇目如下： 1〈周謂延之〉 2〈嘉靖已丑予謫延平〉 3〈予為庶吉士時〉 4〈我　朝君臣隔絕〉 5〈戶部尚書杏岡李公瓚〉 6〈嘗記宋時〉 7〈亡國之君多善文辭〉 8〈羅仲素云〉 9〈今東南之田〉	共一卷，共收錄十六則作品。 收錄作品篇目如下： 1〈周謂延之〉 2〈嘉靖已丑予謫延平〉 3〈予為庶吉士時〉 4〈我　朝君臣隔絕〉 5〈戶部尚書杏岡李公瓚〉 6〈嘗記宋時〉 7〈亡國之君多善文辭〉 8〈羅仲素云〉 9〈今東南之田〉

版社出版，2001年7月），頁417～418。

〔註87〕「叢書名」部分，為比較方便，《陳眉公家藏祕笈續函》本列為第一，其他叢書則依照刊刻時間排列。

〔註88〕「收錄卷數與作品篇目」與「內容文字差異處」，因《谿山餘話》收錄作品無篇名名稱，故首句必會錄出，作為該則作品之名稱。

〔註89〕同註84。

〔註90〕〔明〕馮可賓編：《廣百川學海》「丙集」（台北：國家圖書館「善本書室」所藏「明末刊本」）。

〔註91〕〔明〕馮夢龍編：《五朝小說》「皇明百家小說」（臺北：國家圖書館「善本書室」所藏「明末刊本」）。

〔註92〕〔元〕陶宗儀輯・〔明〕陶珽重校：《說郛續》卷第十八（台北：國家圖書館「善本書室」所藏「清順治丁亥兩浙督學李際期刊本」）。

	10〈鄧肅字志宏〉	12〈鄧肅字志宏〉	10〈鄧肅字志宏〉	10〈鄧肅字志宏〉〉	10〈鄧肅字志宏〉
	11〈天下水各不同〉	13〈天下水各不同〉	11〈天下水各不同〉	11〈天下水各不同〉	11〈天下水各不同〉
	12〈晉共太子曰〉	14〈晉共太子曰〉	12〈晉共太子曰〉	12〈晉共太子曰〉	12〈晉共太子曰〉
	13〈吳文恪公訥〉	15〈吳文恪公訥〉	13〈吳文恪公訥〉	13〈吳文恪公訥〉	13〈吳文恪公訥〉
	14〈歌辭代各不同〉	16〈歌辭代各不同〉	14〈歌辭代各不同〉	14〈歌辭代各不同〉	14〈歌辭代各不同〉
		17〈宋柳耆卿〉			
	15〈予嘗謂張子房之出處〉	18〈予嘗謂張子房之出處〉	15〈予嘗謂張子房之出處〉	15〈予嘗謂張子房之出處〉	15〈予嘗謂張子房之出處〉
	16〈已丑十一月九日〉	19〈已丑十一月九日〉	16〈已丑十一月九日〉	16〈已丑十一月九日〉	16〈已丑十一月九日〉
內容文字差異處〔註93〕	異字（包括異文）：「戶部尚書杏岡李公瓚，嘗爲兵部主事，言東山劉公大夏，當孝宗之朝，最爲得君。公亦以天下爲任，議汰冗食，凡軍職皆以軍功爲準，通查裁革，既得 旨**行**之。⋯⋯時駙馬都尉樊凱，管紅盔將軍特過兵部，爲言此輩不宜裁**章**，東山槩拒之。」	異字（包括異文）：「戶部尚書杏岡李公瓚，嘗爲兵部主事，言東山劉公大夏，當孝宗之朝，最爲得君。公亦以天下爲任，議汰冗食，凡軍職皆以軍功爲準，通查裁革，既得 旨**行**之。⋯⋯時駙馬都尉樊凱，管紅盔將軍特過兵部，爲言此輩不宜裁**革**，東山槩拒之。」	異字（包括異文）：「戶部尚書杏岡李公瓚，嘗爲兵部主事，言東山劉公大夏，當孝宗之朝，最爲得君。公亦以天下爲任，議汰冗食，凡軍職皆以軍功爲準，通查裁革，既得 旨**議**之⋯⋯時駙馬都尉樊凱，管紅盔將軍特過兵部，爲言此輩不宜裁**革**，東山槩拒之。」	異字（包括異文）：「戶部尚書杏岡李公瓚，嘗爲兵部主事，言東山劉公大夏，當孝宗之朝，最爲得君。公亦以天下爲任，議汰冗食，凡軍職皆以軍功爲準，通查裁革，既得 旨**議**之⋯⋯時駙馬都尉樊凱，管紅盔將軍特過兵部，爲言此輩不宜裁**革**，東山槩拒之。」	異字（包括異文）：「戶部尚書杏岡李公瓚，嘗爲兵部主事，言東山劉公大夏，當孝宗之朝，最爲得君。公亦以天下爲任，議汰冗食，凡軍職皆以軍功爲準，通查裁革，既得 旨**議**之⋯⋯時駙馬都尉樊凱，管紅盔將軍特過兵部，爲言此輩不宜裁**革**，東山槩拒之。」
	「嘗記宋時，⋯⋯太公嘗謂侍臣曰：『篙工柁師有少販鬻，但無**故**公不必究問。』眞帝王之度哉。」	「嘗記宋時，⋯⋯太公嘗謂侍臣曰：『篙工柁師有少販鬻，但無**妨**公不必究問。』眞帝王之度哉。」	「嘗記宋時，⋯⋯太公嘗謂侍臣曰：『篙工柁師有少販鬻，但無**妨**公不必究問。』眞帝王之度哉。」	「嘗記宋時，⋯⋯太公嘗謂侍臣曰：『篙工柁師有少販鬻，但無**妨**公不必究問。』眞帝王之度哉。」	「嘗記宋時，⋯⋯太公嘗謂侍臣曰：『篙工柁師有少販鬻，但無**妨**公不必究問。』眞帝王之度哉。」
	「晉共太子曰，君安驪姬，是我傷公之**志**也。」	「晉共太子曰，君安驪姬，是我傷公之**志**也。」	「晉共太子曰，君安驪姬，是我傷公之**心**也。」	「晉共太子曰，君安驪姬，是我傷公之**心**也。」	「晉共太子曰，君安驪姬，是我傷公之**心**也。」

〔註93〕 「內容文字差異處」，有五項說明：第一，僅相互讎校《陳眉公家藏祕笈續函》本收錄之十六則作品；第二，凡異體字如「于」與「於」或形近「已」「已」刊刻未注意之字等，皆不列入討論；第三，該部小說收錄十九則作品無標題名稱，故以《儼山外集》本首句爲該則作品名稱；第四，本表所謂異字、闕字、闕文、衍字等情形，上述「2.《谿山餘話》」「內容介紹」已言《儼山外集》本收錄較爲完整，故校勘後此表中反映與《陳眉公家藏祕笈續函》本、《廣百川學海》本、《五朝小說》本、《說郛續》本等四種差異；第五，引用作品，僅截錄差異文句。

闕字（包括闕文）：	闕字（包括闕文）：	闕字（包括闕文）：	闕字（包括闕文）：	闕字（包括闕文）：
「予爲庶吉士時，……乃知前輩練事，久自有長識後，生未易<u>以一言</u>斷也。」	「予爲庶吉士時，……乃知前輩練事，久自有長識後，生未易<u>以一言</u>斷也。」	「予爲庶吉士時，……乃知前輩練事，久自有長識後，生未易＿＿斷也。」	「予爲庶吉士時，……乃知前輩練事，久自有長識後，生未易＿＿斷也。」	「予爲庶吉士時，……乃知前輩練事，久自有長識後，生未易＿＿斷也。」
「戶部尙書杏岡李公瓚，……諺云：『倖門如暑穴』，此言可以諭<u>大</u>。」	「戶部尙書杏岡李公瓚，……諺云：『倖門如暑穴』，此言可以諭＿＿。」	「戶部尙書杏岡李公瓚，……諺云：『倖門如暑穴』，此言可以諭＿＿。」	「戶部尙書杏岡李公瓚，……諺云：『倖門如暑穴』，此言可以諭＿＿。」	「戶部尙書杏岡李公瓚，……諺云：『倖門如暑穴』，此言可以諭＿＿。」
衍文：「我　朝君臣隔絕寔，以　憲廟口吃之故，至孝宗末年有意召見大臣與議。」	衍文：「我　朝君臣隔絕寔，以　憲廟口吃之故，至孝宗末年有意召見大臣與議。」	衍文：「我　朝**每歎**君臣隔絕寔，以　憲廟口吃之故，至孝宗末年有意召見大臣與議。」	衍文：「我　朝**每歎**君臣隔絕寔，以　憲廟口吃之故，至孝宗末年有意召見大臣與議。」	衍文：「我　朝**每歎**君臣隔絕寔，以　憲廟口吃之故，至孝宗末年有意召見大臣與議。」

由上表可窺知其差異性。筆者針對其差異處再分項說明之。

第一，收錄篇目數量之問題。可見二種情況：一，陸深家刻《儼山外集》本，共收錄十九則作品；二，《陳眉公家藏祕笈續函》本、《廣百川學海》本、《五朝小說》本與《說郛續》本，收錄十六錄則作品。據清周中孚《鄭堂讀書記》卷六十五「子部十二之三・小說家類三・雜事下元至　國朝」記載「《谿山餘話》一卷，《儼山外集》本」條下云：

> 明陸深撰。　《四庫全書》存目，是書蓋其謫官延平時所作，凡十九則。多述當時閩中名流軼事，閒及典籍瑣說。所記頗具端末，足與史傳相參證。《續祕笈》及陶珽補《說郛》均收入之，惟陶本少三則耳。〔註94〕

從周氏所言，《儼山外集》本之《谿山餘話》爲一卷，所存內容應是十九條，且明確指出《說郛續》缺少三則，此說與筆者考證明代叢書結果相同。但未能詳加指出《陳眉公家藏祕笈續函》本與其他明代叢書本，亦是缺少三則作品。大抵而論，陸深《儼山外集》中收錄自撰之《谿山餘話》，自然會完整無誤照刻作品原貌，而明代諸叢書，如《陳眉公家藏祕笈續函》本、《廣百川學海》本、《五朝小說》本與《說郛續》本，皆僅存錄十六則，缺少〈宋詩自道學諸公〉、〈宋林艾軒先生〉、〈宋柳耆卿〉等三則。今經筆者考查後，應是刪減宋代文人軼事。下一單元將進一步分析此三則作品特色。

〔註94〕《鄭堂讀書記》卷六十五「子部十二之三・小說家類三・雜事下元至　國朝」。同註17，第十四冊，頁379。

　　第二，收錄作品內容文字之差異。《陳眉公家藏祕笈續函》本十六則作品中，與《儼山外集》本、《廣百川學海》本、《五朝小說》本、《說郛續》本之差異情形，可分三種情況：一為「異字」（包括異文）部分，《陳眉公家藏祕笈續函》本與其餘各版本，共有三則相異；二為「闕字」（包括闕文）部分，《陳眉公家藏祕笈續函》本與其餘各版本，共有二則差異；三為「衍文」部分，《陳眉公家藏祕笈續函》本與其餘各版本，僅有一則差異；四為「衍字」部分，《陳眉公家藏祕笈續函》本與其餘各版本，僅有一則差異。統計結果，《陳眉公家藏祕笈續函》本收錄十六則，共計五則內容文字有出入。究竟《陳眉公家藏祕笈續函》本除無完整收錄《谿山餘話》作品之外，其內容文字是否同樣亦有缺失？下一單元將進一步剖析探究。

　　第三，刊刻版式之差異。《陳眉公家藏祕笈續函》本應是根據《儼山外集》本版式而刊刻，可從文中遇見君王、臣相時使用抬頭格式，以及內容中有注文採用小字並排字體等判斷得知。至於《廣百川學海》本、《五朝小說》本、《說郛續》本刊刻樣貌，則與《儼山外集》本出入甚多。

　　綜合上述，筆者將《陳眉公家藏祕笈續函》本與《儼山外集》本、《廣百川學海》本、《五朝小說》本、《說郛續》本，相互讎校後，發現各版本間，從刊刻作品總數與內容文字出入處，則能判別其優劣。間接顯露明代編輯叢書者校勘用心及鑑別版本學養程度。《陳眉公家藏祕笈續函》本之《谿山餘話》雖優於《廣百川學海》本、《五朝小說》本、《說郛續》本，然與陸深家刻《儼山外集》本比較，收錄作品總數仍有三則出入；至於，另一部同是「寶顏堂」刊行「明萬曆間繡水沈氏尚白齋刊本」之《陳眉公家藏祕笈續函》〔註95〕本《谿山餘話》所收錄作品，仍是十六則，亦是一部不完整之版本。從收錄數量完整與否言之，應是該部小說最嚴重問題。故《陳眉公家藏祕笈續函》本收十六則作品，內容文字與刊刻版式雖比其他明代叢書完整，然缺少三則作品，亦有可議之處。如〈宋柳耆卿〉，原文如下：

　　　宋柳耆卿、蘇長公，各以填詞名，而二家不同，當時士論，各有所主。

〔註95〕〔明〕陳繼儒輯：《寶顏堂祕笈》，國家圖書館善本書室另藏一部「明萬曆間繡水沈氏尚白齋刊本」，記載收藏之書為一百九十三卷四十八冊。該版本僅存「陳眉公訂正祕笈」、「家藏祕笈續函」、「眉公雜著」等三集。該版本，所收《谿山餘話》部分與本論文底本之差異，以下簡述之：1. 校訂閱者，改為雲間仲醇陳繼儒·檇李大生沈元愷；2. 內容文字差異處，出入不多，僅二則作品，以一、二字闕字出入；3. 收錄作品數量與編排次序，一模一樣。

> 東坡一日問一優人，曰：「我詞何如柳學士？」優曰：「學士那比得相
> 公。」坡驚曰：「如何？」優曰：「相公詞須用丈二將軍、銅琵琶、鐵
> 綽板，唱相公的『大江東去』；柳學士卻著十七、十八女郎，唱『楊
> 柳外，曉風殘月』。」坡為之撫掌大笑。優人之言，便具褒彈。〔註96〕

　　此則作品若從上下文解讀，乃記宋代著名文人蘇東坡問一位優人，自己詞作與柳耆卿孰優？優人舉蘇氏與柳氏二人作品之氣勢差異，雖不作評論，而高下字見，實能提供閱讀者欣賞詞作，亦能提供宋代詞人藝林趣聞資料。然今查考《陳眉公家藏祕笈續函》本、《廣百川學海》本、《五朝小說》本與《說郛續》本等四種版本，皆無此則作品，實在可惜。

四、明陸深《金臺紀聞》考述

（一）作者與內容介紹

1 作者生平簡述

　　陸深生平已見上一小節中「三、明陸深《谿山餘話》考述」之「1.作者生平簡述」部分，不再贅述。

2. 《金臺紀聞》內容介紹

　　明陸深《金臺紀聞》，於作者收錄自編《儼山外集》內，是二卷本。而《陳眉公家藏祕笈續函》本、《紀錄彙編》本、《廣百川學海》本與《說郛續》本刊刻該部小說，皆是一卷本。明焦竑《國史經籍志》卷一「制書類‧紀注時政」記載：

> 《金臺紀聞》一卷_{陸深}。〔註97〕

　　究竟該部小說，原貌如何？下面單元中，將作進一步探討。茲先以陸深自編《儼山外集》本〔註98〕作內容簡述。據《金臺紀聞》「小序」言：

> 孔子曰：「多聞擇其善者而從之，多見而識之。」夫聞見難矣，多又
> 難也。多而能擇，又難也。能擇而能從識之，又難也。此非聖人之

〔註96〕同註84，頁8。

〔註97〕〔明〕焦竑撰：《國史經籍志》（《續修四庫全書》編纂委員會編：《續修四庫全書》，上海：上海古籍出版社），第九百一十六冊，頁286。

〔註98〕陸深《金臺紀聞》收錄作品無篇名名稱，故以下內容主題介紹採用《儼山外集》本首句為篇名，作為該則作品之名稱。

　　〔明〕陸深編：《儼山外集》（台北：國家圖書館「善本書室」所藏「明嘉靖二十四年雲間陸氏家刊」）。

神，不足以與此。

予忝登朝爲史官，記載職也。偶有所得，輒漫書之。蓋自乙丑之夏，
訖于戊辰九月，錄爲二卷，題曰《金臺紀聞》。藏之，庶以便自考焉
爾。江東陸深書于靜勝軒。〔註99〕

復據《四庫全書總目》子部五十三・小說家類存目一「《金臺紀聞》二卷
內府藏本」條下云：

明陸深撰。皆深官翰林時，雜記正德乙酉至戊子四年中朝廷故事，
及友朋論説。〔註100〕

從以上二則引文可知，陸深撰寫該部小說是居官時之作品，內容範圍：「偶
有所得，輒漫書之，……，庶以便自考焉爾」、「雜記正德乙酉至戊子四年中
朝廷故事，及友朋論説。」今觀其二十九則作品，誠多記載當時朝廷或前朝
達官文人雜事，兼記載事物緣起，皆可提供考證之資。以下分述此二項主題：

（1）談論達官文人雜事，如卷上〈弘治癸亥蘭谿章先生德懋〉、〈李少卿
子陽旻自南京來〉、〈平江伯陳睿好飲涼酒〉、〈正德二年八月十四日〉；卷下〈公
穀文法悉著何字〉、〈友人王瑄〉、〈金華戴元禮〉、〈袁凱〉、〈國初高啓〉、〈周
元素〉等則作品。

（2）記載事物、制度緣起，如卷上〈北人驗時〉、〈天妃宮〉、〈蚯蚓糞能
治蜂螫〉、〈偷桃事有兩〉；卷下〈後唐明宗長興三年〉、〈古書多重手抄〉等則
作品。

大抵而言，《金臺紀聞》內容多集中於達官文人雜事與事物緣起，其中不
乏可供考證之資，誠如陸深〈小序〉所言「庶以便自考焉爾」。

（二）與明代其他著名叢書收錄版本比較

明陸深《金臺紀聞》，據《叢書子目類編》得知有二卷本、一卷本與摘抄
一卷本。〔註101〕陸氏收錄於自編《儼山外集》爲二卷本外，明代著名叢書中，
如《陳眉公家藏祕笈續函》本、《廣百川學海》本、《說郛續》本收錄皆是一
卷本，然收錄作品總數仍有差異。至於，《紀錄彙編》已明言收錄該部小說爲
摘抄性質，究竟摘抄多少作品？而該部小說坊間刊刻皆收錄於叢書中，即今
日所見，亦無單行本流傳。且書目記載多附錄於某部叢書或類書底下，據清

〔註99〕同上註，頁1。
〔註100〕同註13，第四冊，頁2820。
〔註101〕同註32，頁994。

－97－

黃虞稷《千頃堂書目》卷十五「類書類」記載：

> 陳繼儒《寶顏堂祕笈》二十卷，又《續祕笈》五十卷，又《廣祕笈》
> 五十卷，又《普祕笈》四十六卷，又《彙祕笈》四十一卷。
> 《續集》……《金臺紀聞》一卷　陸深。〔註102〕

此單元先探討明代叢書各版本之差異，下一單元再分析其他版本之情形。茲先列表將《陳眉公家藏祕笈續函》本與《儼山外集》本、《紀錄彙編》本、《廣百川學海》本、《說郛續》本等四者相互比較，以清楚呈現其中之差異。

叢書名〔註103〕 收錄卷數與作品數目、內容文字差異處〔註104〕	《金臺紀聞》 《陳眉公家藏祕笈續函》本	《金臺紀聞》 《儼山外集》本〔註105〕	《金臺紀聞》 《紀錄彙編》本〔註106〕	《金臺紀聞》 《廣百川學海》本〔註107〕	《金臺紀聞》 《說郛續》本〔註108〕
收錄卷數與作品數目	分一卷，共收錄二十六則作品。	分二卷，共收錄二十九則作品。	摘抄一卷，共收錄二十則作品。	分一卷，共收錄二十六則作品。	分一卷，共收錄二十六則作品。
	一卷　其中缺少《儼山外集》本之作品如下： 「卷上」部分－〈平江伯陳睿〉〈正德二年六月二十九日〉《史記》司馬相如〉	《儼山外集》本作品分佈如下： 卷上　「卷上」部分－十四則作品。 卷下　「卷下」部分－十五則作品。	一卷　其中缺少《儼山外集》本之作品如下： 「卷上」部分－〈世所傳張僊〉〈李少卿子陽旻自南京來〉〈天妃宮〉〈腽口上〉〈偷桃事有兩〉「卷下」部分－〈公穀文法悉著何字〉〈楊文貞公云〉〈嘗聞西域人〉〈古書多重手抄〉	一卷　其中缺少《儼山外集》本之作品如下： 「卷上」部分－〈平江伯陳睿〉〈正德二年六月二十九日〉《史記》司馬相如〉	一卷　其中缺少《儼山外集》本之作品如下： 「卷上」部分－〈平江伯陳睿〉〈正德二年六月二十九日〉《史記》司馬相如〉

〔註102〕同註86，頁417～418。

〔註103〕「叢書名」部分，為比較方便，《陳眉公家藏祕笈續函》本列為第一，其他叢書則依照刊刻時間排列。

〔註104〕「收錄卷數與作品數目」與「內容文字差異處」，因《金臺紀聞》收錄作品無篇名名稱，故首句必會錄出，作為該則作品之名稱。

〔註105〕同註98。

〔註106〕〔明〕沈節甫輯：《紀錄彙編》（台北：國家圖書館「善本書室」所藏「明萬曆丁巳江西巡按陳于庭刊本」）。

〔註107〕〔明〕馮可賓編：《廣百川學海》「乙集」（台北：國家圖書館「善本書室」所藏「明末刊本」）。

〔註108〕〔元〕陶宗儀輯·〔明〕陶珽重校：《說郛續》卷第十二（台北：國家圖書館「善本書室」所藏「清順治丁亥兩浙督學李際期刊本」）。

內容文字差異處〔註109〕	異字：	異字：	異字：	異字：	異字：
	〈序〉：「偶有所得輒漫書之，蓋自乙丑之夏訖于戊辰九月，錄為<u>一</u>卷題曰《金臺<u>紀聞</u>》藏之，庶以便自考焉。」	〈序〉：「偶有所得輒漫書之，蓋自乙丑之夏訖于戊辰九月，錄為<u>二</u>卷題曰《金臺紀聞》藏之，庶以便自考焉。」	〈序〉：「偶有所得輒漫書之，蓋自乙丑之夏訖于戊辰九月，錄為<u>二</u>卷題曰《金臺紀聞》藏之，庶以便自考焉。」	〈序〉：「偶有所得輒漫書之，蓋自乙丑之夏訖于戊辰九月，錄為<u>一</u>卷題曰《金臺紀聞》藏之，庶以便自考焉。」	〈序〉：「偶有所得輒漫書之，蓋自乙丑之夏訖于戊辰九月，錄為<u>二</u>卷題曰《金臺紀聞》藏之，庶以便自考焉。」
	卷上「弘治癸亥蘭谿章先生德懋，……孟子曰：『說大人則藐之，凡見一有爵位者，須自量<u>我</u>胷中所有苦，不在其人之下，何為畏之哉。』」	**卷上**「弘治癸亥蘭谿章先生德懋，……孟子曰：『說大人則藐之，凡見一有爵位者，須自量<u>吾</u>胷中所有苦，不在其人之下，何為畏之哉。』」	**卷上**「弘治癸亥蘭谿章先生德懋，……孟子曰：『說大人則藐之，凡見一有爵位者，須自量<u>吾</u>胷中所有苦，不在其人之下，何為畏之哉。』」	**卷上**「弘治癸亥蘭谿章先生德懋，……孟子曰：『說大人則藐之，凡見一有爵位者，須自量<u>我</u>胷中所有苦，不在其人之下，何為畏之哉。』」	**卷上**「弘治癸亥蘭谿章先生德懋，……孟子曰：『說大人則藐之，凡見一有爵位者，須自量<u>我</u>胷中所有苦，不在其人之下，何為畏之哉。』」
	「世所傳張僊像者，……夫人跪答之，曰：『此<u>我</u>蜀中，張僊神也。……』」	「世所傳張僊像者，……夫人跪答之，曰：『此<u>吾</u>蜀中，張僊神也。……』」	無摘抄〈世所傳張僊像者〉此則作品。	「世所傳張僊像者，……夫人跪答之，曰：『此<u>我</u>蜀中，張僊神也。……』」	「世所傳張僊像者，……夫人跪答之，曰：『此<u>我</u>蜀中，張僊神也。……』」
	「北人驗時，以天明三星入地，為河凍之候。正<u>月</u>丙寅冬，至在十一月廿八日都下寒。」	「北人驗時，以天明三星入地，為河凍之候。正<u>德</u>丙寅冬，至在十一月廿八日都下寒。」	「北人驗時，以天明三星入地，為河凍之候。正<u>德</u>丙寅冬，至在十一月廿八日都下寒。」	「北人驗時，以天明三星入地，為河凍之候。正<u>月</u>丙寅冬，至在十一月廿八日都下寒。」	「北人驗時，以天明三星入地，為河凍之候。正<u>月</u>丙寅冬，至在十一月廿八日都下寒。」
	「天妃宮，江淮間濱海多有之，其神為女子三人，俗傳神姓。……製字者，謂一大為天，二小為<u>示</u>，故天稱皇地。稱后海，次於地者宜稱妃耳。」	「天妃宮，江淮間濱海多有之，其神為女子三人，俗傳神姓。……製字者，謂一大為天，二小為<u>示</u>，故天稱皇地。稱后海，次於地者宜稱妃耳。」	無摘抄〈天妃宮〉此則作品。	「天妃宮，江淮間濱海多有之，其神為女子三人，俗傳神姓。……製字者，謂一大為天，二小為<u>地</u>，故天稱皇地。稱后海，次於地者宜稱妃耳。」	「天妃宮，江淮間濱海多有之，其神為女子三人，俗傳神姓。……製字者，謂一大為天，二小為<u>地</u>，故天稱皇地。稱后海，次於地者宜稱妃耳。」
	卷下「友人王瑄，……故以是為二老困	**卷下**「友人王瑄，……故以是為二老困	**卷下**「友人王瑄，……故以是為二老困定	**卷下**「友人王瑄，……故以是為二老困	**卷下**「友人王瑄，……故以是為二老困

〔註109〕「內容文字差異處」，有五項說明：第一，僅相互讎校《陳眉公家藏祕笈續函》本收錄之二十六則作品；第二，凡異體字如「于」與「於」或形近「已」「巳」刊刻未注意之字等，皆不列入討論；第三，該部小說收錄二十九則作品無標題名稱，故以《儼山外集》本首句為該則作品名稱；第四，本表所謂異字、闕字、闕文、衍字等情形，上述「2.《金臺紀聞》」「內容介紹」已言《儼山外集》本收錄較為完整，故校勘後此表中反映與《陳眉公家藏祕笈續函》本、《紀錄彙編》本、《廣百川學海》本、《說郛續》本等四種差異；第五，引用作品，僅截錄差異文句。

定山，怒不能忍幾，至厲聲色迫。明日餘恨猶未已，白沙**賜**當其談時，若不聞其聲，及其既去。」	定山，怒不能忍幾，至厲聲色迫。明日餘恨猶未已，白沙**則**當其談時，若不聞其聲，及其既去。」	山，怒不能忍幾，至厲聲色迫。明日餘恨猶未已，白沙**則**當其談時，若不聞其聲，及其既去。」	定山，怒不能忍幾，至厲聲色迫。明日餘恨猶未已，白沙**則**當其談時，若不聞其聲，及其既去。」	定山，怒不能忍幾，至厲聲色迫。明日餘恨猶未已，白沙**則**當其談時，若不聞其聲，及其既去。」
闕字：卷上「天妃宮，……元用海運，故其祀爲重司馬溫公，則謂水陰類也。其神當爲女子此理___。」	**闕字：**卷上「天妃宮，……元用海運，故其祀爲重司馬溫公，則謂水陰類也。其神當爲女子此理**或然**。」	**闕字：**卷上 無摘抄〈天妃宮〉此則作品。	**闕字：**卷上「天妃宮，……元用海運，故其祀爲重司馬溫公，則謂水陰類也。其神當爲女子此理___。」	**闕字：**卷上「天妃宮，……元用海運，故其祀爲重司馬溫公，則謂水陰類也。其神當爲女子此理___。」

由上表可窺知其差異性。筆者針對其差異處再分項說明之。

第一，收錄篇目數量之問題。可見三種情況：一，陸深家刻《儼山外集》本，共收錄二十九則作品；二，《陳眉公家藏祕笈續函》本、《廣百川學海》本與《說郛續》本相同，共收二十六則作品；三，《紀錄彙編》本，共摘錄二十則作品。據清周中孚《鄭堂讀書記》卷六十五「子部十二之三·小說家類三·雜事下元至　國朝」記載「《金臺紀聞》二卷，《儼山外集》本」條下云：

> 明陸深撰。《四庫全書》存目，焦氏《經籍志》制書類作一卷，據其未分卷之本也。前有自序，稱予忝登朝史官，偶有所得，輒漫書之。蓋自乙丑之夏，訖於戊辰九月，錄爲二卷，題曰《金臺紀聞》云云，乃其正德間在翰林時所作。舉凡當代故事，以及雜說，皆爲詳記，亦《玉堂漫筆》之流亞也。《續祕笈》，僅節錄一卷而已。〔註110〕

從周氏所言，《儼山外集》本之《金臺紀聞》爲二卷，且明確指出《四庫全書》本、《國朝經籍志》本乃根據未分卷本作記錄。另外，指出《陳眉公家藏祕笈續函》本「僅節錄一卷而已」。今經筆者考察後，與周氏所言相同，並得知《廣百川學海》本、《說郛續》本，皆是將《儼山外集》本二卷更改成一卷，且節錄上卷三則作品。究竟《儼山外集》本收錄《金臺紀聞》原貌與《陳眉公家藏祕笈續函》本、《紀錄彙編》本、《廣百川學海》本與《說郛續》本，差異程度爲何？下一單元將進一步分析探究。

第二，收錄作品內容文字之差異。《陳眉公家藏祕笈續函》本二十六則作品中，與《儼山外集》本、《紀錄彙編》本、《廣百川學海》本、《說郛續》本

〔註110〕《鄭堂讀書記》卷六十五「子部十二之三·小說家類三·雜事下元至　國朝」。同註17，第十四冊，頁377。

之差異情形，可細分二種情況：一為「異字」部分，《陳眉公家藏祕笈續函》本與其餘各版本，共有五則相異；二為「闕字」部分，《陳眉公家藏祕笈續函》本與其餘各版本，僅有一則差異。統計結果，《陳眉公家藏祕笈續函》本收錄二十六則，共計五則內容文字有出入。究竟《陳眉公家藏祕笈續函》本除無完整收錄《金臺紀聞》作品之外，其內容文字是否同樣亦有缺失？下一單元，將進一步剖析探究。

　　綜合上述，筆者將《陳眉公家藏祕笈續函》本與《儼山外集》本、《紀錄彙編》本、《廣百川學海》本、《說郛續》本，相互讎校後，發現各版本間，亦有優劣之別。間接顯露明代編輯叢書者校勘用心及鑑別版本學養程度。《陳眉公家藏祕笈續函》本之《金臺紀聞》雖優於《紀錄彙編》本、《廣百川學海》本、《說郛續》本，然與陸深家刻《儼山外集》本比較，收錄作品實有出入；至於，另一部同是「寶顏堂」刊行「明萬曆間繡水沈氏尚白齋刊本」之《陳眉公家藏祕笈續函》〔註111〕本《金臺紀聞》所收錄作品，仍是二十六則，亦是一部不完整之版本。從收錄作數量完整與否言之，應是該部小說最嚴重問題。故《陳眉公家藏祕笈續函》本收二十六則作品，其他明代叢書亦是如此，然缺少〈平江伯陳睿〉、〈正德二年六月二十九日〉、〈《史記》司馬相如〉三則作品，亦有可議。如〈平江伯陳睿〉，原文如下：

　　平江伯辰睿，好飲涼酒。京師童謠曰：「平江不飲熱酒，怕火腮。」弘治庚申，北虜犯邊，其大酋號火篩，長偉赤煩，驍勇善戰，兵勢頗張。　孝廟遣平江禦之，臨軒掛印，平江畏怯失措，跌而失印。

　　孝廟不樂，後竟以逗留，削爵家居，未幾卒。〔註112〕

　　此則作品，作者生動將陳睿好飲涼酒、怕火腮之特質娓娓道出，尤其描述即將赴前線應戰時，因知北虜大酋號火篩且赤煩，而手足無措。將該則作品人物詮釋頗具趣味，可供談論人物軼事所取資。今查《陳眉公家藏祕笈續函》本、《廣百川學海》本、《說郛續》本，皆無此則作品，實在可惜。

〔註111〕〔明〕陳繼儒輯：《寶顏堂祕笈》，國家圖書館善本書室另藏一部「明萬曆間繡水沈氏尚白齋刊本」，記載收藏之書為一百九十三卷四十八冊。該版本僅存「陳眉公訂正祕笈」、「家藏祕笈續函」、「眉公雜著」等三集。該版本，所收《金臺紀聞》部分與本論文底本之差異，以下簡述之：1.校訂閱者，改為雲間仲醇陳繼儒‧檇李長穀王體元；2.內容文字差異處，出入不多，僅二則作品，以一、二字異字出入為最常見；3.收錄作品數量與編排次序，一模一樣。

〔註112〕同註98，頁4。

第二節 《陳眉公家藏祕笈續函》志人小說文獻學問題綜合論考

此單元論述考證，以「文獻學」層面爲主。欲得知《陳眉公家藏祕笈續函》收錄四部志人小說版本之優劣價值，除上單元「（二）與明代其他著名叢書收錄版本比較」外，此單元將進一步考查該部小說與清代流傳之版本或今日校勘之善本，分析其中差異之後，方能允當論斷《陳眉公家藏祕笈續函》刊刻版本爲精善或粗劣。

一、內容卷數（收錄作品總數）問題

（一）保留原書卷數（收錄作品總數）

《陳眉公家藏祕笈續函》四部志人小說收錄作品，與「（二）與明代其他著名叢書收錄版本比較」比較後，「保留原書卷數」者有《南唐近事》等一部作品，茲分別論述如下：

《陳眉公家藏祕笈續函》所刻爲一卷本，據前文「（二）與明代其他著名叢書收錄版本比較」，知卷數、收錄作品總數皆相同，僅差異有無鄭文寶〈小序〉一則。從《宋史·藝文志》一卷本，至清傅增湘《藏園訂補邵亭知見傳本書目》除有一卷本外，另有二卷本、三卷本等情形。究竟宋鄭文寶《南唐近事》原書卷數、作品總數眞象爲何？筆者再以清《文淵閣四庫全書》二卷本，與《陳眉公家藏祕笈續函》所刻一卷本再作比較，茲先列表如下：

版本名稱 分卷情況、收錄作品數量情形、作品編排方式	《南唐近事》 《陳眉公家藏祕笈續函》本		《南唐近事》 《文淵閣四庫全書》本〔註113〕	
分卷情況	共分一卷		共分二卷	
收錄作品數量情形	一卷	六十則作品	卷一	〈烈祖輔吳之初〉至〈鄧匡圖爲海州次史〉，十七則作品。
			卷二	〈進士黃可字不可〉至〈韓熙載放曠不稽〉等，四十三則作品。
作品編排方式	前有鄭文寶〈小序〉一則，後六十則作品無篇名名稱，僅一則一則呈現。		首先，《四庫全書》《南唐近事》提要一則。其次，有鄭文寶〈小序〉一則。後分卷一，十七則作品；卷二，四十三則作品。	

〔註113〕〔清〕紀昀等編纂：《文淵閣四庫全書》「子部十二·小說家類一·雜事之屬」（台北：臺灣商務印書館發行），第一〇三五冊。

內容文字差異情形〔註114〕	異字：〈烈祖輔吳之初〉、〈金陵城北有湖〉、〈朱鞏侍郎童蒙日〉、〈賈崇自統軍拜使相〉、〈位崇文以舊德殊勳〉、〈何敬洙善彌射〉、〈馮儌即刑部尙書謐之子也〉、〈昇元格〉、〈劉仁瞻鎭壽春〉、〈高越燕人也〉、〈韓寅亮渥之子〉、〈張易爲太弟賓客〉、〈廬山九天使者廟有道士〉、〈宋齊丘微時〉、〈元宗幼學之年〉、〈元宗嗣位之初〉、〈周業爲左街使〉、〈章齊一爲道士〉、〈女冠耿先生〉、〈陳繼善自江寧尹拜少傅致仕富〉、〈烈祖鎭建業日〉、〈烈祖輔吳〉、〈嚴求微時爲陽邑吏〉、〈陳覺微時〉、〈張洎計偕之歲〉、〈鍾傳鎭江西日〉、〈程員舉進士〉、〈韓熙載放曠不稽〉等，二十八則作品。
	闕字：〈江都縣大廳相傳云〉、〈何敬洙善彌射〉、〈馮儌即刑部尙書謐之子也〉、〈昇元格〉、〈李建勳鎭臨川〉等，五則作品。
	衍字：〈江都縣大廳相傳云〉、〈元宗少躋大位〉、〈諫議大夫張義方命道士陳友合還丹於牛頭山〉、〈周業爲左街使〉、〈章齊一爲道士〉等，五則作品。

　　從上表清楚可知《陳眉公家藏祕笈續函》本與《文淵閣四庫全書》本差異之處，以下進一步作說明：

　　1. 卷數問題。《文淵閣四庫全書》本所言「二卷本」，其分法爲卷一收錄十七則作品，卷二收錄四十三則作品。此版本二卷分法是否同於宋晁公武《郡齋讀書志》、宋陳振孫《直齋書錄解題》、元馬端臨《文獻通考》所言之二卷本，諸書目無記載該部小說分卷情形，證據不足，筆者亦不敢武斷。至於，傅增湘《藏園訂補邵亭知見傳本書目》所言二卷本，亦與《文淵閣四庫全書》二卷本有所不同，因傅氏於書目中已言：「明鈔《說集》六十種本，藍格，十一行二十四字，白口，四周單闌。在第二冊中，比世行本多一條。朱文鈞藏。」此增多一條，依三卷本下記載得知爲「張子游好挽刻」。然考查《文淵閣四庫全書》未見此則作品之收錄，故筆者認爲，宋時已有一、二卷二種版本；一卷、二卷之別，應是古人分卷方式不同。今日流傳版本所見，則以一卷本居多。

　　2. 收錄作品總數。《陳眉公家藏祕笈續函》本與《文淵閣四庫全書》本，皆收錄六十則作品。然據清杜文瀾《古謠諺》卷二十四中記載一則「李後主時童謠」：

　　《南唐近事》逸文。據《全唐詩》十二函八。李後主時，童謠云云：「娘謂主再娶周后，豬狗死謂祚盡戊亥年。赤瘕目病，貓有目病，則不能捕鼠。」謂不見丙子之年也。

<hr>

〔註114〕「內容文字差異情形」部分，因二版本分卷方式不同，僅是反映《陳眉公家藏祕笈續函》「明萬曆間繡水沈氏尙白齋刊本」內容文字異於《文淵閣四庫全書》本之情形。

索得娘來忘卻家，後園桃李不生花。豬兒狗兒都死盡，養得貓兒患赤瘀。按《說郛》卷三十九列《南唐近事》，未載此條。今據《全唐詩》錄之。〔註115〕

此事，清王仁俊《經籍佚文》中亦有「《南唐近事》佚文」之記載：

> 李後主時，童謠云：「索得娘來忘卻家，後園桃李不生花。豬兒狗兒都死盡，養得貓兒患赤瘀。」娘謂李主再娶周后。豬狗死謂祚盡戌亥年。赤瘀目病，貓有目病，則不能捕鼠。謂不見丙子之年也。_{據《全唐詩》}十二函八。

> 俊按：杜氏《古謠諺》曰：「案《說郛》卷三十九列《南唐近事》，未載此條。今據《全唐詩》錄之。」〔註116〕

此一則作品，筆者認為可能真為《南唐近事》佚文，理由有二：其一，作者小序已言，談論以李後主時之事；其二，據前述各家版本內容中有引用詩詞歌謠作為詮釋情形判斷。但該則內容應未完整，此從其他作品寫作方式，詩詞歌謠引用僅作為該則旨意之輔助。值得一提，《叢書子目類編》與寧稼雨《中國文言小說總目提要》皆記載：清人王仁俊《經籍佚文》中輯有本書佚文一卷，實在有誤，考查王氏《經籍佚文》僅擇入上文提及「李後主時童謠」一則，而非一卷。

3. 內容文字差異。《陳眉公家藏祕笈續函》本與《文淵閣四庫全書》本，差異最多情形為「異字」，共計二十八則；唯多一、二字之別。考查得知差異之因素，筆者認為《文淵閣四庫全書》本為官修，用字較字斟句酌。至於，《陳眉公家藏祕笈續函》本是屬民間坊刻，用字偶見以諧音或習慣用語相代替。以下舉《陳眉公家藏祕笈續函》本之〈韓熙載放曠不稽〉說明：

> 韓熙載放曠不<u>稽</u>，所得俸錢，即為諸姬分去，乃著衲衣負匡，<u>令</u>門生舒雅<u>報</u>手<u>板</u>，于諸姬院乞食，以為笑樂。使中國作詩云：「我本江北人，去作江南客。舟到江北來，舉目無相識。不如歸去來，江南有人憶。」〔註117〕

《文淵閣四庫全書》本卷二〈韓熙載放曠不<u>羈</u>〉原文如下：

> 韓熙載放曠不<u>羈</u>，所得俸錢，即為諸姬分去，乃著衲衣負匡，<u>命</u>門生舒雅<u>執</u>手<u>版</u>，于諸姬院乞食，以為笑樂。使中國作詩云：「我本江

〔註115〕〔清〕杜文瀾輯：《古謠諺》（台北：新文豐出版公司，1985年9月），頁373。
〔註116〕〔清〕王仁俊輯：《經籍佚文》（《續修四庫全書》編纂委員會編：《續修四庫全書》，上海：上海古籍出版社），第一二一一冊，頁791。
〔註117〕同註63，頁27。

北人，去作江南客。舟到江北來，舉目無相識。不如歸去來，江南

有人憶。」〔註118〕

　　從以上二版本橫線處比較後，可知「稽」與「覉」；「令」與「命」；「板」與「版」，即能見官修與私刻之別。

　　大抵言之，《陳眉公家藏祕笈續函》本雖與《文淵閣四庫全書》本內容文字有所差異，且收錄作品亦可能有一、二則之遺漏。然筆者認爲，從明至清諸本中，《陳眉公家藏祕笈續函》本雖非完本，實與該部小說原貌相去不遠矣。

（二）刪減原書收錄作品總數

　　《陳眉公家藏祕笈續函》四部志人小說收錄作品，與上單元「（二）與明代其他著名叢書收錄版本比較」比較後，「刪減原書卷數」者有《谿山餘話》、《金臺紀聞》等二部作品：

1. 明陸深《谿山餘話》

　　《陳眉公家藏祕笈續函》所刻爲一卷本，據前文「（二）與明代其他著名叢書收錄版本比較」，知內容文字與收錄作品數量差距甚少。究竟明陸深《谿山餘話》原書卷數眞象爲何？筆者以民國叢書嚴一萍輯《百部叢書集成》本與新文豐《叢書集成新編》本，與《陳眉公家藏祕笈續函》本再作比較，茲先列表示之如下：

版本名稱 分卷情況、收錄作品數量、作品編排方式	《谿山餘話》 《陳眉公家藏祕笈續函》本	《谿山餘話》 《百部叢書集成》本 〔註119〕	《谿山餘話》 《叢書集成新編》本 〔註120〕
分卷情況	共一卷。	共一卷，後附《四庫全書總目》之《谿山餘話》「提要」一則。	共一卷。
收錄作品數量	收錄作品總數：十六則作品。 收錄作品篇目如下： 1〈周謂延之〉 2〈嘉靖已丑予謫延平〉 3〈予爲庶吉士時〉 4〈我　朝君臣隔絕〉 5〈戶部尚書杏岡李公瓚〉	收錄作品總數：十六則作品。 收錄作品篇目如下： 1〈周謂延之〉 2〈嘉靖已丑予謫延平〉 3〈予爲庶吉士時〉 4〈我　朝君臣隔絕〉 5〈戶部尚書杏岡李公瓚〉	收錄作品總數：十六則作品。 收錄作品篇目如下： 1〈周謂延之〉 2〈嘉靖已丑予謫延平〉 3〈予爲庶吉士時〉 4〈我　朝君臣隔絕〉 5〈戶部尚書杏岡李公瓚〉

〔註118〕同註113，第一○三五冊，頁1035〜940。

〔註119〕〔明〕陸深：《谿山餘話》（嚴一萍輯：《百部叢書集成》，台北：藝文印書館）。

〔註120〕〔明〕陸深：《谿山餘話》（《叢書集成新編》，台北：新文豐出版公司印行）。

	6〈嘗記宋時〉	6〈嘗記宋時〉	6〈嘗記宋時〉
	7〈亡國之君多善文辭〉	7〈亡國之君多善文辭〉	7〈亡國之君多善文辭〉
	8〈羅仲素云〉	8〈羅仲素云〉	8〈羅仲素云〉
	9〈今東南之田〉	9〈今東南之田〉	9〈今東南之田〉
	10〈鄧肅字志宏〉	10〈鄧肅字志宏〉	10〈鄧肅字志宏〉
	11〈天下水各不同〉	11〈天下水各不同〉	11〈天下水各不同〉
	12〈晉共太子曰〉	12〈晉共太子曰〉	12〈晉共太子曰〉
	13〈吳文恪公訥〉	13〈吳文恪公訥〉	13〈吳文恪公訥〉
	14〈歌辭代各不同〉	14〈歌辭代各不同〉	14〈歌辭代各不同〉
	15〈予嘗謂張子房之出處〉	15〈予嘗謂張子房之出處〉	15〈予嘗謂張子房之出處〉
	16〈已丑十一月九日〉	16〈已丑十一月九日〉	16〈已丑十一月九日〉
內容文字差異情形〔註121〕	無		

從上表清楚可知，二套根據《寶顏堂祕笈》為底本之臺北藝文印書館《百部叢書集成》本與新文豐《叢書集成新編》本，收錄作品卷數與分卷方式皆相同。值得一提，臺北藝文印書館《百部叢書集成》本嚴一萍先生，其在「總目‧《谿山餘話》說明」條下言：

　　　所選《百部叢書》，僅有此本。〔註122〕

嚴氏編輯百部叢書，因不知有明陸深《儼山外集》本，故僅能擇《寶顏堂祕笈》不完整之版本《谿山餘話》影印收錄其中。且未說明採用版本之缺失，實容易誤導研究者。至於，臺北新文豐《叢書集成新編》本從校者與內容文字判斷得知，係以「明萬曆間繡水沈氏尚白齋刊本」共分六集之《陳眉公家藏祕笈續函》本〔註123〕與「明萬曆間繡水沈氏尚白齋刊本」共分三集之《陳眉公家藏祕笈續函》本〔註124〕二版本相互參照影印而成，然該版本收錄之《谿山餘話》亦是不完整。故二套以《寶顏堂祕笈》為底本之臺北藝文印

〔註121〕「內容文字差異情形」部分，此欄位差異處因嚴一萍輯《百部叢書集成》與新文豐出版《叢書集成新編》因已言《谿山餘話》小說之底本乃根據《寶顏堂祕笈》版本影印，故此欄位「內容文字差異情況」重複讎校比對後無出入。

〔註122〕嚴一萍輯：《百部叢書集成》（台北：藝文印書館），「總目」，頁3。

〔註123〕〔明〕陳繼儒輯：《寶顏堂祕笈》，「明萬曆間繡水沈氏尚白齋刊本」現藏於台北國家圖書館。該版本共分六集，分別為「陳眉公訂正祕笈」、「陳眉公家藏祕笈續」、「陳眉公家藏彙祕笈」、「陳眉公家藏廣祕笈」、「陳眉公普祕笈」與「眉公雜著」。亦是本論文採用之底本，統計共收書四百十卷二百四十冊。

〔註124〕〔明〕陳繼儒輯：《寶顏堂祕笈》，國家圖書館善本書室另藏一部「明萬曆間繡水沈氏尚白齋刊本」，記載收藏之書為一百九十三卷四十八冊。該版本僅存「陳眉公訂正祕笈」、「家藏祕笈續函」、「眉公雜著」等三集。

書館《百部叢書集成》本與臺北新文豐《叢書集成新編》本，皆缺少〈宋詩
自道學諸公〉、〈宋林艾軒先生〉、〈宋柳耆卿〉等三則作品，實無法正確無誤
反映《谿山餘話》之原貌。

2. 明陸深《金臺紀聞》

《陳眉公家藏祕笈續函》所刻為一卷本，據前文「（二）與明代其他著名
叢書收錄版本比較」，知內容文字與收錄作品數量差距甚少。究竟明陸深《金
臺紀聞》原書卷數真象為何？筆者以民國叢書嚴一萍輯《百部叢書集成》本
與新文豐《叢書集成新編》本，與《陳眉公家藏祕笈續函》本再作比較，茲
先列表示之如下：

版本名稱 分卷情況、收錄作品數量、作品編排方式	《金臺紀聞》 《陳眉公家藏祕笈續函》本	《金臺紀聞》 《百部叢書集成》本 〔註125〕	《金臺紀聞》 《叢書集成新編》本 〔註126〕
分卷情況	共一卷。	共一卷，後附《四庫全書總目》之《金臺紀聞》「提要」一則。	共一卷。
收錄作品數量	收錄作品總數：二十六則作品。 收錄作品篇目如下： 1〈弘治癸亥蘭谿章先生德懋〉 2〈世所傳張僊像者〉 3〈李少卿子陽旻自南京來〉 4〈北人驗時〉 5〈天妃宮〉 6〈東白先生張吏侍廷祥云〉 7〈牆口上〉 8〈郿縣河灘上〉 9〈蚯蚓糞能治蜂螫〉 10〈偷桃事有兩〉 11〈正德二年八月十四日〉 12〈公縠文法悉著何字〉 13〈友人王瑄〉 14〈孝廟人才之盛〉 15〈金華戴元禮〉 16〈楊文貞公云〉 17〈嘗聞西域人〉 18〈袁凱〉	收錄作品總數：二十六則作品。 收錄作品篇目如下： 1〈弘治癸亥蘭谿章先生德懋〉 2〈世所傳張僊像者〉 3〈李少卿子陽旻自南京來〉 4〈北人驗時〉 5〈天妃宮〉 6〈東白先生張吏侍廷祥云〉 7〈牆口上〉 8〈郿縣河灘上〉 9〈蚯蚓糞能治蜂螫〉 10〈偷桃事有兩〉 11〈正德二年八月十四日〉 12〈公縠文法悉著何字〉 13〈友人王瑄〉 14〈孝廟人才之盛〉 15〈金華戴元禮〉 16〈楊文貞公云〉 17〈嘗聞西域人〉 18〈袁凱〉	收錄作品總數：二十六則作品。 收錄作品篇目如下： 1〈弘治癸亥蘭谿章先生德懋〉 2〈世所傳張僊像者〉 3〈李少卿子陽旻自南京來〉 4〈北人驗時〉 5〈天妃宮〉 6〈東白先生張吏侍廷祥云〉 7〈牆口上〉 8〈郿縣河灘上〉 9〈蚯蚓糞能治蜂螫〉 10〈偷桃事有兩〉 11〈正德二年八月十四日〉 12〈公縠文法悉著何字〉 13〈友人王瑄〉 14〈孝廟人才之盛〉 15〈金華戴元禮〉 16〈楊文貞公云〉 17〈嘗聞西域人〉 18〈袁凱〉

〔註125〕〔明〕陸深撰：《金臺紀聞》（嚴一萍輯：《百部叢書集成》，台北：藝文印書館）。
〔註126〕〔明〕陸深撰：《金臺紀聞》（《叢書集成新編》，台北：新文豐出版公司印行）。

19〈國初高啓〉 20〈周元素〉 21〈後唐明宗長興三年〉 22〈古書多重手抄〉 23〈勝國時〉 24〈廷宴餘物懷歸〉 25〈魯司業鐸振之〉 26〈本朝興地〉	19〈國初高啓〉 20〈周元素〉 21〈後唐明宗長興三年〉 22〈古書多重手抄〉 23〈勝國時〉 24〈廷宴餘物懷歸〉 25〈魯司業鐸振之〉 26〈本朝興地〉	19〈國初高啓〉 20〈周元素〉 21〈後唐明宗長興三年〉 22〈古書多重手抄〉 23〈勝國時〉 24〈廷宴餘物懷歸〉 25〈魯司業鐸振之〉 26〈本朝興地〉
內容文字差異 情形〔註127〕	無	

　　從上表清楚可知，二套根據《寶顏堂祕笈》爲底本之臺北藝文印書館《百部叢書集成》本與新文豐《叢書集成新編》本，收錄作品卷數與分卷方式皆相同。值得一提，臺北藝文印書館《百部叢書集成》本嚴一萍先生，實已得知採用《寶顏堂祕笈》本爲不完整之版本，其在「總目・《金臺紀聞》說明」條下言：

> 所選《百部叢書》中，《紀錄彙編》並有此書，《寶顏》本多三則，
> 故據以影之。〔註128〕

　　嚴氏所言：「《紀錄彙編》並有此書，《寶顏》本多三則」，出現二項錯誤：其一，考查《紀錄彙編》本摘鈔二十則作品，其中有三則作品，乃是《寶顏堂祕笈》本所無收錄。其二，《寶顏堂祕笈》本收錄二十六則作品，實較《紀錄彙編》本多出六則作品。大抵，臺北藝文印書館《百部叢書集成》本無論採用《陳眉公家藏祕笈續函》本或《紀錄彙編》摘鈔本，皆爲不完整之版本。《紀錄彙編》摘鈔中收錄《金臺紀聞》雖可補足《陳眉公家藏祕笈續函》本不存之三則作品，但未能全面刊刻該部小說全貌，對研究者仍不便利。大抵，嚴氏編輯百部叢書中，因不知有明陸深《儼山外集》本，故僅能擇《寶顏堂祕笈》不完整之版本《金臺紀聞》影印收錄其中。且未明確指出採用版本之缺失，實容易誤導研究者。至於，臺北新文豐《叢書集成新編》本從校者與內容文字判斷得知，係以「明萬曆間繡水沈氏尚白齋刊本」共分六集之《陳眉公家藏祕笈續函》本〔註129〕與「明萬曆間繡水沈氏尚白齋刊本」共分三集

〔註127〕「內容文字差異情形」部分，此欄位差異處因嚴一萍輯《百部叢書集成》與
　　　　新文豐出版《叢書集成新編》因已言《金臺紀聞》小說之底本乃根據《寶顏
　　　　堂祕笈》版本影印，故此欄位「內容文字差異情況」重複讎校比對後無出入。
〔註128〕嚴一萍輯：《百部叢書集成》（台北：藝文印書館），「總目」，頁4。
〔註129〕〔明〕陳繼儒輯：《寶顏堂祕笈》，「明萬曆間繡水沈氏尚白齋刊本」現藏於台
　　　　北國家圖書館。該版本共分六集，分別爲「陳眉公訂正祕笈」、「陳眉公家藏

之《陳眉公家藏祕笈續函》本〔註130〕二版本相互參照影印而成，然該版本收錄之《金臺紀聞》亦是不完整。故二套以《寶顏堂祕笈》爲底本之臺北藝文印書館《百部叢書集成》本與臺北新文豐《叢書集成新編》本，皆缺少〈平江伯陳睿〉、〈正德二年六月二十九日〉、〈《史記》司馬相如〉等三則作品，實無法正確無誤反映《金臺紀聞》之原貌。

（三）未查原書收錄作品總數

《陳眉公家藏祕笈續函》四部志人小說收錄作品，據上單元「（二）與明代其他著名叢書收錄版本比較」比較後，「未查原書卷數（收錄總數）」者有《次柳氏舊聞》等一部作品，茲論述如下：

唐李德裕《次柳氏舊聞》，《陳眉公家藏祕笈續函》所刻爲一卷本，據前單元「（二）與明代其他著名叢書收錄版本比較」，可清楚得知，收錄作品數量有所出入。然考諸清曹溶編《學海類編》本之《明皇十七事》，顯見與《陳眉公家藏祕笈續函》本之《次柳氏舊聞》，內容作品分法與作品數量，均略有差異；清代版本中，《叢書子目類編》著錄《唐人說薈》本亦有收錄《次柳氏舊聞》，惜臺灣收錄之《唐人說薈》本並不完整，故不見此版本之《次柳氏舊聞》。以下列表僅以《學海類編》本與《陳眉公家藏祕笈續函》本比較之：

版本名稱 分卷情況、收錄作品篇名次序、作品收錄內容差異	《次柳氏舊聞》 《陳眉公家藏祕笈續函》本		《明皇十七事》 《學海類編》本〔註131〕
分卷情況	共一卷	共十五則作品（實際爲十七則作品）。	共一卷　共十九則作品。
收錄作品篇名次序 〔註132〕		1 〈玄宗之在東宮〉 2 〈玄宗初即位〉 3 〈魏知古起諸吏〉 4 〈源乾曜因奏事稱旨〉	1 〈玄宗之在東宮〉 2 〈玄宗初即位〉 3 〈魏知古起諸吏〉 4 〈源乾曜因奏事稱旨〉

祕笈續」、「陳眉公家藏彙祕笈」、「陳眉公家藏廣祕笈」、「陳眉公普祕笈」與「眉公雜著」。亦是本論文採用之底本，統計共收書四百十卷二百四十冊。

〔註130〕〔明〕陳繼儒輯：《寶顏堂祕笈》，國家圖書館善本書室另藏一部「明萬曆間繡水沈氏尚白齋刊本」，記載收藏之書爲一百九十三卷四十八冊。該版本僅存「陳眉公訂正祕笈」、「家藏祕笈續函」、「眉公雜著」等三集。

〔註131〕〔唐〕李德裕編：《明皇十七事》（〔清〕曹溶輯：《學海類編》「集餘七保攝」，臺北國家圖書館「善本書室」藏，清道光辛卯六安晁氏活字印本）。

〔註132〕「收錄作品篇名次序」：因《次柳氏舊聞》（一名《明皇十七事》）收錄作品無篇名名稱，故首句必會錄出，作爲該則作品之名稱。

	5〈蕭嵩爲宰相〉	5〈蕭嵩爲相〉
	6〈玄宗好神仙〉	6〈玄宗好神仙〉
	7〈玄宗嘗幸東都〉	7〈玄宗嘗幸東都〉
	8〈玄宗善八分書〉	8〈玄宗善八分書〉
	9〈肅宗在宮〉（與〈代宗之載誕也〉、〈肅宗爲太子〉合刻一起）	9〈肅宗在東宮〉
		10〈代宗之誕也〉
		11〈肅宗爲太子〉
	10〈天寶中，安祿山每來朝〉	12〈天寶中，安祿山每來朝〉
	11〈興慶宮〉	13〈興慶宮〉
	12〈玄宗西幸〉	14〈玄宗西幸〉
	13〈上始入斜谷〉	15〈上始入斜谷〉
	14〈天寶中，興慶池上小龍常出遊宮垣南溝水中〉	16〈天寶中，興慶池小龍嘗出游宮垣南溝水中〉
		17〈玄宗於諸昆季〉
		18〈安祿山之叛也〉
	15〈天寶中，上於內道場爲兆庶祈福〉	19〈天寶中，上於內道場爲兆庶祈福〉
作品收錄內容差異〔註133〕	刪文：〈玄宗嘗幸東都〉等，一則作品。	

據上表清楚可知，二者版本之差異。分述其差異處：

第一，從「收錄作品總數」而言，《學海類編》本共收錄十九則，而《陳眉公家藏祕笈續函》本闕〈玄宗於諸昆季〉、〈安祿山之叛也〉二則作品。筆者，進一步考查清葉德輝重刻《唐開元小說》之《次柳氏舊聞》後「《次柳氏舊聞》考異」記錄：

> 十行〈玄宗於諸昆季〉_{此下二條《五朝小說》，無之。}〔註134〕

十行〈玄宗於諸昆季〉此下二條《五朝小說》，無之。〔註134〕

復據上節「（二）與明代其他著名叢書收錄版本比較」中，題名《次柳氏舊聞》之《顧氏文房小說》本、《歷代小史》本；題名《明皇十七事》之《廣四十家小說》本、《稗乘》本、《五朝小說》本與《重編說郛》本，皆有此二則作品，可知《陳眉公家藏祕笈續函》本之《次柳氏舊聞》並非全貌。

第二，從「作品收錄內容差異」而言，上節「（二）與明代其他著名叢書收錄版本比較」中已言，及該部小說流傳內容可能有二種情形，故此處僅從

〔註133〕「作品收錄內容差異」：此欄位差異處僅是反映《陳眉公家藏祕笈續函》「明萬曆間繡水沈氏尚白齋刊本」內容文字異於《學海類編》本之情形，探究其刪文情形。

〔註134〕同註49，頁51。

「刪文」部分作檢視。《陳眉公家藏祕笈續函》本刪文出現於〈玄宗嘗幸東都〉，原文如下：

> 玄宗嘗幸東都，天大旱，且暑。時聖善寺有天竺乾僧無畏，號三藏，善召龍致雨之術。上遣高力士疾召無畏請雨。奏曰：「今旱數當然耳。召龍必興，烈風雷雨，適足暴物，不可爲也。」上強之曰：「人苦暑疾，雖暴風疾雷，亦足快意。」無畏不得已，乃奉詔。有司爲陳請雨之具，幡像俱備。無畏笑曰：「斯不足以致雨。」而悉命去之。獨盛一鉢水，以小刀攪旋之，胡言數百祝水。須臾，有如龍狀，其大類指，赤色，首噉水上，俄復沒于鉢中。無畏復以刀攪水。頃之，白氣自鉢中興，如爐烟，上數尺，稍稍，引出講堂外。無畏謂力士曰：「亟去，雨至矣。」力士絕馳去，顧見白氣疾起，自講堂而西，如一足素練。既而昏霾大風，雷霆而雨。力士纔及天津之南，風雨亦隨馬而至馳。至衢中大樹多拔。力士比復奏，衣盡霑濕。^{時孟溫禮爲河南尹，目睹其事。禮子皞，嘗言臣之祖先臣，與力士同。吏部員外郎李華撰《無畏碑》，亦云：前後奉詔，滅火反風，昭然偏諸耳目。}〔註135〕

從清曹溶《學海類編》之《明皇十七事》中，〈玄宗嘗幸東都〉原文如下：

> 玄宗嘗幸東都，天大旱，且暑。時聖善寺有竺乾僧無畏，號三藏，善召龍致雲之術。上遣力士疾召無畏。奏云：「今旱所當然耳。召龍興雲，烈風迅雷，適足暴物，不可爲也。」上強之曰：「人苦暑病矣，雖暴風疾雷，亦足快意。」無畏不得已，乃奉詔。有司爲陳請雨具，而幡幢像設甚備。無畏笑曰：「斯不足致雨。」悉令撤之。獨盛一鉢水，以刀攪旋之，胡言數百呪水。須臾，有似龍狀，其大類指，赤色，首噉水上，俄復沒於鉢水中。無畏復以刀攪水呪者三。頃之，白氣自鉢中興，如爐烟，徑上數尺，稍引去，出講堂外。無畏謂力士曰：「宜去，雨至矣。」力士絕馳而去，還顧，見白氣疾旋，自講堂出，若一匹素者。既而昏霾大風，震雷以雨。力士纔及天津之南，風雨亦隨馬而馳至矣。衢中大樹多拔。力士比復奏，衣盡霑濕。<u>時孟溫禮爲河南尹，目睹其事。溫禮子皞，嘗言臣於亡祖先臣，與力士同。吏部員外郎李華撰《無畏碑》，亦云：奉詔致雨，滅火返風，昭昭然偏於耳目也。今洛京天津橋有荷澤寺者，即高力士去請呪水所雨，迴至此寺前，</u>

〔註135〕〔唐〕李德裕編：《次柳氏舊聞》〔〔明〕陳繼儒輯：《寶顏堂祕笈》，「明萬曆間繡水沈氏尚白齋刊本」），頁7～8。

雨大降，明皇因於此地造寺而名荷澤焉。寺今見存。〔註136〕

考查上文橫線處，據宋李昉《太平廣記》引此書作《柳氏史》，卷第三百九十六〈無畏三藏〉，原文如下：

> 玄宗嘗幸東都，大旱。聖善寺竺乾國三僧無畏，善召龍致雨術。上遣力士疾召請雨。奏云：「今旱數當然。召龍必興，烈風雷雨，適足暴物，不可爲也。」上彊之曰：「人苦暑病久矣，雖暴風疾雷，亦足快意。」不得已，乃奉詔。有司爲陳請雨之具，幡像像設甚備。笑曰：「斯不足以致雨。」悉命撤之。獨盛一鉢水，以小刀子攪旋之，胡言數百祝水。須臾，有龍，狀類其大指，赤色，首撤水上，俄復沒於鉢中。復以刀攪呪之三。頃之，白氣自鉢中興，如爐煙，徑上數尺，稍稍，引出講堂外。謂力士曰：「亟去，雨至矣。」力士絕馳去，還顧白氣，旋繞亘空，若一匹素。既而昏霾大風，震雷而雨。力士纔及天津之南，風雨亦隨馬而至。至衢大樹多拔。力士比復奏，衣盡沾濕。出《柳氏史》〔註137〕

從《太平廣記》此段引文，再核對陳繼儒《陳眉公家藏祕笈續函》本內容，看似完整無誤，其實不然。據清葉德輝重刻《唐開元小說》之《次柳氏舊聞》後「《次柳氏舊聞》考異」記錄：

> 五行〈亦隨馬而馳至矣衢中〉……〈沾濕〉^{《五朝小說》《明皇十七事》「沾」}均作「霑」，又《五朝小說》
> _{自此以下至}
> _{末全脫}。〔註138〕

葉氏指出：「〈沾濕〉《五朝小說》《明皇十七事》「沾」均作「霑」，又《五朝小說》自此以下至末全脫。」此處指出〈玄宗嘗幸東都〉作品有脫文情形，筆者認爲應非脫文，而是刪減所致。所持理由有二：一爲，題名《次柳氏舊聞》之《五朝小說》本、《重編說郛》本，同時於該部叢書中另有一部題名《明皇十七事》，然題名《明皇十七事》卻有葉氏指出脫文之內容。二爲，刪其注文部分，再考察題名《次柳氏舊聞》之《五朝小說》本、《重編說郛》本，另有〈肅宗在宮〉、〈代宗之載誕也〉等二則作品，亦是如此。此種情形，誠如周勛初《唐人筆記小說考索》「下編：作家作品考・《明皇十七事》考」言：

> 《明皇十七事》書寫格式和文字眞僞的考辨

〔註136〕同註131，頁5～6。
〔註137〕同註19，第八冊，頁3165。
〔註138〕同註49，頁42。

無畏請雨一條，末云「洛京天津橋有荷澤寺」，復述時於「荷」下加注曰：「上聲」。古人常有這種加注的體例，但古代刻書時因條件限制，有時刻成小字，有時則仍刻成大字，夾在正文中，這就難於區別了。然而若把各種本子對校，則仍不難發現，例如《顧氏文房小說》本的《資暇集》，與《唐語林》中相應的條文對校，可知不少文字實為小注。

唐人撰寫的筆記小說，為了表示傳承有自，言必有據，時常標明出處，用小注的方式提示。《杜陽雜編》、《北夢瑣言》等書中的好些條文，尚斑斑可考。《次柳氏舊聞》中的一些文字同樣如此。此書第一條，敘元獻皇后方娠，張說悉心侍奉事，末云：「〔柳〕芳本張說所引，說嘗自陳述，與力士詞協也。」《說郛》本即作雙行夾注。這應當是保持原貌的書寫格式。與此同類，如無畏請雨條中有句曰：「時孟溫禮為河南尹，目睹其事。溫禮子皞，嘗言於臣祖先、先臣，與力士同。」原來也應當是用小字書寫，作為注文提示出處的。〔註139〕

大抵而言，比對二版本內容，《陳眉公家藏祕笈續函》本短闕之文，比較《學海類編》本，即是注文部分。誠如周氏之言，唐人撰寫筆記小說，為表示傳承有自，言必有據，時常標明出處，用小注方式提示。雖然，刪減注文是歷來刻書者常見之舉，但從文獻角度出發，小注實有保持文獻原貌與提示出處、說解之果效。平心而論，該部小說刪減注文最為嚴重之明代叢書版本，為題名《次柳氏舊聞》之《重輯百川學海》本、《五朝小說》本、《重編說郛》本，而非《陳眉公家藏祕笈續函》本。然無法找尋原書刊刻，並加以考證，《陳眉公家藏祕笈續函》本實難稱作完善之版本。

二、版本流傳問題

　　《陳眉公家藏祕笈續函》四部志人小說作品，與明代其他著名叢書收錄版本比較，再找尋其他版本作為佐證，以進一步判斷該部叢書之版本價值。

（一）較完善之版本

　　《陳眉公家藏祕笈續函》四部志人小說收錄作品，屬於「較完善之版本」者，有《南唐近事》一部作品：

〔註139〕同註25，頁192～193。

傅增湘《藏園訂補郘亭知見傳本書目》卷十一上·子部十二·小說家類·「《南唐近事》」條下云：

《南唐近事》一卷　　宋鄭文寶撰。○《說郛》本。○《唐宋》本。○《續百川》本。○《續祕笈》本。○有刊本三卷。

(補) ○明萬曆刊本。題徐燉校，涵芬樓藏。○明刊《續百川學海》本，九行二十字，白口，左右雙闌。余藏。○明萬曆刊寶顏堂《續祕笈》本，八行十八字，白口，四周單闌。書名前加「陳眉公訂正」五字。余據明刊本校。○明吳寬叢書堂鈔《說郛》本。余藏。○清順治三年宛委山堂刊《說郛》本。余藏。

(補) 《南唐近事》三卷　　宋鄭文寶撰。○明刊本，十行十八字，似叢刻者。余藏。余據朱文鈞藏明鈔《說集》本校，訂正八十餘字，補「張子游好挽刻」一條。○明鍾人傑《唐宋叢書》本，九行二十字，白口，左右雙闌。○清康熙中程氏萬卷樓刊《滎陽雜俎》八種本。○清寫本。鈐有四明盧氏抱經樓藏印。〔註140〕

從傅氏書目記載中，顯見明代刊刻時除一卷本外，亦有朱文鈞藏明鈔《說集》二卷本與三卷本，且該版本多「張子游好挽刻」一則，惜無法見到該版本內容。其次，考查清代《文淵閣四庫全書》二卷本，其分卷方式雖與《陳眉公家藏祕笈續函》本不相同，然收錄作品仍是六十則。清王仁俊《經籍佚文》中輯錄「《南唐近事》佚文」一則：

李後主時，童謠云：「索得娘來忘卻家，後園桃李不生花。豬兒狗兒都死盡，養得貓兒患赤瘕。」娘謂李主再娶周后。豬狗死謂祚盡戌亥年。赤瘕目病，貓有目病，則不能捕鼠。謂不見丙子之年也。據《全唐詩》十二函八。

俊按，杜氏《古謠諺》曰：「案《說郛》卷三十九列《南唐近事》，未載此條。今據《全唐詩》錄之。」〔註141〕

此則作品可能真為《南唐近事》佚文，然從明代《續百川學海》本、《唐宋叢書》本、《重編說郛》本，至清代《文淵閣四庫全書》本為止，均未見收錄此則作品。

大抵言之，《南唐近事》今日流傳版本有三種情形：其一，《陳眉公家藏祕笈續函》本、《續百川學海》本、《唐宋叢書》本、《重編說郛》本，皆為一卷、六十則作品。其二，北京商務印書館影印《文津閣四庫全書》係明萬曆刊本、涵芬樓藏，一卷、五十八則作品。其三，《文淵閣四庫全書》本，二卷本、六十則作品。現存明代《續百川學海》本、《唐宋叢書》本、《重編說郛》本，雖皆為一卷本，然闕收鄭文寶〈小序〉與內容文字錯誤較多；清代《文

〔註140〕同註18，第二冊，頁18～19。
〔註141〕同註116，頁791。

淵閣四庫全書》本，內容文字據官方標準，與《陳眉公家藏祕笈續函》私家坊刻本雖有若干出入，筆者認為係官私有別不同，此現象不足為奇。故現存《陳眉公家藏祕笈續函》本收錄作品，可能與宋時原貌有一、二則出入，但應是今日較為完整之明代版本。

（二）刪減更動之版本

《陳眉公家藏祕笈續函》四部志人小說收錄作品，屬於「刪減更動之版本」者，有《谿山餘話》、《金臺紀聞》等二部作品：

1. 明陸深《谿山餘話》

明陸深《谿山餘話》，收錄在自編之《儼山外集》中，並自行刊刻。陸氏，前一節「作者介紹」，已言其人仕途功名顯赫、藏書豐富，更以文學著名於當世，亦受到時人歡迎，可從陳繼儒編纂《陳眉公家藏祕笈續函》本、馮可賓編《廣百川學海》、馮夢龍《五朝小說》與陶珽《說郛續》等明代叢書刊刻熱絡情形證之。明代叢書刊刻小說熱絡情形，誠如孫遜・秦川〈明代文言小說總集述略〉言：

> 《五朝小說》與明代叢書性質的文言小說總集　明代的文言小說總集還應包括部分專選小說的叢書在內，筆者把專選小說且以「說」或「小說」命名的叢書稱之為叢書性質的小說總集。這類總集為數不少，計有十餘種，如《五朝小說》、《五朝小說匯編》、《古今說海》、《續說郛》、……《稗海》等。叢書性質的文言小說總集與嚴格意義上的文言小說總集相較，它有一個最突出的特徵，就是以收集整套的書籍為主，像我們稱之為「文言小說總集」的書籍，其中就有相當部分能在叢書性質的小說總集中找到，因此它容量更大，搜採更加宏富。〔註142〕

此段引文，反映明代叢書扮演刊刻小說之重要地位。然明代叢書刻小說著眼於收錄「量」，而輕忽「質」之重要性，故最被後人所詬病，即可從刊刻《谿山餘話》證之。以《陳眉公家藏祕笈續函》本《谿山餘話》所缺〈宋詩自道學諸公〉、〈宋林艾軒先生〉、〈宋柳耆卿〉等三則作品為例，其中不乏可供後人考證宋代文人軼事之資，如〈宋詩自道學諸公〉一例：

〔註142〕辜美高・黃霖主編：《明代小說面面觀──明代小說國際學術研討會論文集》（上海：學林出版社，2002 年 9 月），頁 380。

宋詩自道學諸公，又一變。多主於義理，而興寄體裁則鄙之爲末事。
如明道詩極有佳者，合作處何下唐人。龜山詩筆自好，大篇如岳陽
書事，開闔轉換，妙得蹊徑，如「湖光上下天水融，中以日月分西
東」之句，尤爲奇委，具見筆力。小詩如「隔雨樓臺半有無」，興致
藹藹，描寫甚工。〔註143〕

此則內容，可提供宋詩轉變之資料，以及明道、龜山詩作之特質。大抵，
《谿山餘話》已由作者本身自行刊刻，實在足以傳世。而陳氏編纂《陳眉公
家藏祕笈續函》本，未採陸氏原刻，卻刪減若干作品，實是缺失。

2. 明陸深《金臺紀聞》

明陸深《金臺紀聞》，收錄自編之《儼山外集》中，並自行刊刻。陸氏前
一節「作者介紹」已言，其人仕途功名顯赫、藏書豐富，更以文學著名於當
世，亦受到時人歡迎，可從陳繼儒編纂《陳眉公家藏祕笈續函》本、沈節甫
《紀錄彙編》、馮可賓編《廣百川學海》與陶珽《說郛續》等明代叢書刊刻熱
絡情形證之。清梁維樞《玉劍尊聞》卷七「規箴」言：

陸深，登第謁劉健於安福里第。深字子淵，號儼山，上海人。……所著《儼山文
集》、《傳疑錄》、《書輯史》、《通會要》、《同異錄》、《金臺紀聞》、《中和堂隨筆》、《河汾燕閒
錄》、《停驂錄》、《玉堂漫抄》、《玉章漫筆》、《聖駕南巡日錄》、《大駕北還錄》、《淮封日記》、
《南遷日記》、《知命錄》、《願豐堂漫書》、《科場條貫》、《春風堂隨筆》、《溪山餘話》、《春雨
雜抄》、《平胡錄》、《蜀都雜抄》、《古器錄》、《詩微翰林記》，凡二十餘種，皆足以傳世。……
〔註144〕

此段引文，反映明陸深著作品，受明清二代收藏者、刊刻者之重視程度。
然明代叢書著眼於刊刻，而輕忽保留書籍內容之完整性，故最被後人所詬病，
再次可從刊刻《金臺紀聞》證之。以《陳眉公家藏祕笈續函》本《金臺紀聞》
所缺〈平江伯陳睿〉、〈正德二年六月二十九日〉、〈《史記》司馬相如〉等三則
作品爲例，其中不乏可供後人考證人物、制度、事物之資，如〈《史記》司馬
相如〉一例：

《史記》司馬相如傳贊云：「楊雄所謂曲終而奏雅云云」；雄後，遷
不應預引。余常疑此傳非遷之舊，不然此一贊必是班書竄入耳。遷
史甚多，無謂〈武帝本紀〉與〈封禪書〉不差一字，亦豈應然；且

〔註143〕同註84，頁5。
〔註144〕同註142，頁380。

非紀體。疑別自有〈武帝紀〉而不傳，或以其爲謗書故耶？〔註145〕

此則內容可提供考證《史記》中有關司馬相如傳贊之作者，以及《史記》中有或許班固書竄入資料。大抵，《金臺紀聞》已由作者本身自行刊刻，實在足以傳世。而陳氏編纂《陳眉公家藏祕笈續函》本，因未採陸氏原刻，故該部小說爲不完整之版本。

（三）殘缺不全之版本

《陳眉公家藏祕笈續函》四部志人小說收錄作品，屬於「殘缺不全之版本」者，有《次柳氏舊聞》一部作品。

從李德裕〈次柳氏舊聞序〉已言：「臣伏念所憶授凡有十七事」，然從上節「（二）與明代其他著名叢書收錄版本比較」考證結果，以及上一小節「一、內容卷數（收錄作品總數）問題」，舉清曹溶編《學海類編》加以佐證，該部小說內容應爲十九則作品。而《陳眉公家藏祕笈續函》本中之《次柳氏舊聞》，前已言及並非完帙之本。其收錄作品數量而言，至少闕錄二則。一則爲〈玄宗於諸昆季〉，原文如下：

> 玄宗於諸昆季，友愛彌篤，呼寧王爲大哥，每與諸王同食。因食之次，寧王錯喉噴上鬚，王驚慚不遑。上顧其悚悚，欲安之，黃幡綽曰：「不是錯喉。」上曰：「何也？」對曰：「是噴帝。」上大悅。〔註149〕

二則爲〈安祿山之叛也〉，原文如下：

> 安祿山之叛也，玄宗忽遽播遷於蜀，百官與諸司多不知之。有陷在賊中者，爲祿山所脅從，而黃幡同在其數，幡綽亦得出入左右。及收復，賊黨就擒。幡綽被拘至行在。上素憐其敏捷，釋之。有於上前曰：「黃幡綽在賊中，與大逆圓夢，皆順其情，而忘陛下積年之恩寵。祿山夢見殿中梱子倒，幡綽曰：『革故從新。』推之多此類也。」幡綽曰：「臣實不知陛下大駕蒙塵赴蜀，既陷賊中，寧不苟悅其心，以脫一時之命？今日得再見天顏，以與大逆圓夢，必知其不可也。」上曰：「何以知之？」對曰：「逆賊夢衣袖長，是出手不得也。又夢梱子倒者，是胡不得也。以此臣故先知也。」上大笑而止。〔註147〕

〔註145〕同註98，頁7～8。

〔註149〕同註6，第一冊，頁467。

〔註147〕同註6，第一冊，頁467。

　　綜述以上二則作品，實能反映該部小說以唐玄宗爲主角人物之事跡。且從唐李德裕編《唐開元小說》與臺北國家圖書館「善本書室」另藏最早「藍格舊鈔本」之元陶宗儀編《說郛》卷第四十四中，《次柳氏舊聞》殘存三則內容中有此〈玄宗與諸昆季〉、〈安祿山之叛也〉作品。大抵而言，《次柳氏舊聞》因篇幅短小，故直至今日仍僅見以「叢書」形式流傳。流傳版本內容，今日所見數種版本，以明顧元慶《廣四十家小說》本與清曹溶《學海類編》本，內容較爲完整。至於，《陳眉公家藏祕笈續函》本實屬殘缺不全之版本。

第三節　《陳眉公家藏祕笈續函》志人小說內容綜合論考

　　一般讀者閱讀小說作品時，多半不留意或不注重作者筆下功夫，只作爲消遣抒懷，殊不知文字運用爲作者思想、情感之呈現。故此單元論述考證，以「內容」層面爲主。《陳眉公家藏祕笈續函》四部志人小說內容綜合論考，或從「量」去觀察內容完整性，或從「質」去評論作品文學性。一方面檢驗陳繼儒校書精善與否，另一方面檢驗陳繼儒選書鑑別能力眼光爲何。

一、收錄作品內容文字比較

　　此單元，進一步將上一節「（二）與明代其他著名叢書收錄版本比較」之四部志人小說，針對其內容文字部分，再作一綜合論考。期能從校書精善與否之無偏無頗方式，評斷《陳眉公家藏祕笈續函》本收錄四部志人小說究竟於明代叢書地位爲何？且間接略窺明代著名叢書之間品質優劣情況。

（一）與明代叢書內容文字差異作比較

叢書名稱 / 志人小說書名	明代叢書	內 容 文 字 比 較 說 明
《次柳氏舊聞》一名《明皇十七事》	《陳眉公家藏祕笈續函》本	**內容作品數量差異情形：** 明代叢書中，「收錄篇目總數」論有十一則、十五則、十六則、十七則與十九則等說法，除去分則方式之不同，可知明顧元慶編《廣四十家小說》本之題名《明皇十七事》收錄十九則作品，較接近原貌內容。
	《顧氏文房小說》本	
	《歷代小史》本	
	重輯《百川學海》本	**內容文字差異情形：** 主要以刪其小注情況，影響該部小說最深。故以題名《次柳氏舊聞》之《五朝小說》本、《重編說郛》本，
	《五朝小說》本	

	《重編說郛》本	刪減其三則作品之注文最爲嚴重，實屬明代叢書最差之版本。《廣四十家小說》本，則保留該部小說內容之注文。
	《稗乘》本	
	《五朝小說》本	**與明代著名叢書收錄版本比較優劣情形：**
	《重編說郛》本	《廣四十家小說》本，比較精善。
	《廣四十家小說》本	
《南唐近事》	《陳眉公家藏祕笈續函》本	**內容作品數量差異情形：** 明代叢書中，分卷方式與收錄作品總數，皆是一卷、六十則作品，僅有《陳眉公家藏祕笈續函》本有收錄鄭文寶〈小序〉一則，較接近該部小說原貌內容。
	《續百川學海》本	**內容文字差異情形：** 異字、闕字與衍字等三種情形，共計十八則。其中，以「異字」十五則最能見出各版本間之優劣，再以涵芬樓刊刻《南唐近事》作比較，顯見《續百川學海》本、《唐宋叢書》本、《重編說郛》本勘刊較爲粗略草率。
	《唐宋叢書》本	
	《重編說郛》本	**與明代著名叢書收錄版本比較優劣情形：** 《陳眉公家藏祕笈續函》本，比較精善。
《谿山餘話》	《陳眉公家藏祕笈續函》本	**內容作品數量差異情形：** 明代叢書中，「收錄篇目總數」有十六則與十九則等說法，可從明陸深自刻《儼山外集》本得知，該部小說原貌內容爲一卷、十九則作品。
	《儼山外集》本	**內容文字差異情形：** 主要以有異字、闕字等二種情況，僅五則且只有幾字之差異，故影響該部小說不多。影響《谿山餘話》最爲嚴重之問題，則是少錄其中三則作品，而《陳眉公家藏祕笈續函》本、《廣百川學海》本、《五朝小說》本、《說郛續》本，皆屬此種情形。故實屬明代叢書最差之版本。
	《廣百川學海》本	
	《五朝小說》本	
	《說郛續》本	**與明代著名叢書收錄版本比較優劣情形：** 《儼山外集》本，比較精善。
《金臺紀聞》	《陳眉公家藏祕笈續函》本	**內容作品數量差異情形：** 明代叢書中，「收錄篇目總數」有二十則、二十六則、二十九則等說法，其中《紀錄彙編》本已言爲摘抄，故明確得知爲不全之版本。至於，該部小說原貌可從明陸深自刻《儼山外集》本得知，其內容應分二卷、二十九則作品。
	《儼山外集》本	**內容文字差異情形：** 主要以有異字（異文）、闕字（闕文）與衍文等情況，僅五則且只有幾字知差異，故影響該部小說不多。影響《金臺紀聞》最爲嚴重問題，則是少錄其中三則作品，而《陳眉公家藏祕笈續函》本、《廣百川學海》本、《五朝小說》本、《重編說郛》本，皆屬此種情形。故實屬明代叢書最差之版本。
	《紀錄彙編》本	
	《廣百川學海》本	
	《說郛續》本	**與明代著名叢書收錄版本比較優劣情形：** 《儼山外集》本，比較精善。

1. 《陳眉公家藏祕笈續函》本內容文字比較精善之志人小說

四部志人小說收錄作品，內容文字比較精善除表格所呈現外，復從收錄作品數量觀察其「內容比較完整」而作探討。

《陳眉公家藏祕笈續函》四部志人小說，屬於「內容比較完整」者，有《南唐近事》等一部作品。

宋鄭文寶《南唐近事》之《陳眉公家藏祕笈續函》本，現存六十則作品，雖非該部小說之完本，但仍比《續百川學海》本、《唐宋叢書》本、《重編說郛》本略勝一籌。從清代《四庫全書總目提要》與私家書目如《郡齋讀書志》、陳振孫《直齋書錄解題》、《鄭堂讀書記》、傅增湘《藏園訂補郘亭知見傳本書目》皆言該部小說有鄭文寶〈小序〉。雖僅短闕一〈小序〉，然短闕處關係至為重大。因從〈小序〉中，可知作者撰寫該部小說之動機、主題，並且能指引研究者探討準則，讀者閱讀方向。《續百川學海》本、《唐宋叢書》本、《重編說郛》本不錄可惜；其影響之遠，可以概見。

2. 明代其他叢書本內容文字比較精善之志人小說

四部志人小說收錄作品，據明代其他叢書本內容文字比較精善，即反映出《陳眉公家藏祕笈續函》本之缺點，故分別依照「異動文字，竄改之嫌」與「脫闕文句（作品），校勘（考證）不精」再作探討。

（1）異動文字，竄改之嫌

《陳眉公家藏祕笈續函》四部志人小說，屬於「異動文字，竄改之嫌」者，有《谿山餘話》、《金臺紀聞》等二部作品：

Ⅰ、明陸深《谿山餘話》

陸深《谿山餘話》，《陳眉公家藏祕笈續函》本與作者自刻《儼山外集》本相互考查後，從內容收錄十六則作品情形，少錄其中之三則作品，似有竄改該部小說之嫌。筆者認為《陳眉公家藏祕笈續函》本刪其三則作品，實無正當理由，考查三則中雖不是作者記載當時之名流軼事，卻亦有可觀之處。誠如清周中孚《鄭堂讀書記》卷六十五「子部十二之三・小說家類三・雜事下元至　國朝」記載「《谿山餘話》一卷，《儼山外集》本」條下云：「多述當時閩中名流軼事，閒及典籍瑣說，所記頗具端末，足與史傳相參證。」〔註148〕前已引述其理由，此部分不再贅言，僅補舉一例說明，如〈宋林艾軒先生〉一例：

〔註148〕《鄭堂讀書記》卷六十五「子部十二之三・小說家類三・雜事下元至　國朝」。同註17，第十四冊，頁379。

宋林艾軒先生，名光朝，字謙知，諡文節。與朱晦庵、張南軒、呂東萊、陸象山，皆在乾淳間以道學名，而艾軒年最長。平生不喜著述，喜讀書，以解會爲樂。嘗曰：「每一開卷，便覺眼明。」又曰：「終日在案頭翻故書，以此爲實歷日子。」又曰：「某老去無他念。惟讀書緣想過，如廿年前時，不候杻飯足，不管他兒女之累，但見空屋數椽，去城稍遠，便可讀書。」又有柬與友人論茸屋云：「百刻中得過半，對書卷，有時杻飯且放過，如何得心情及此事。空山聽雨是人生如意事，聽雨須是空山破寺中，可以燒生柴，煨雜芋。」觀此尚可想見其清嚴也。亦喜作詩，以自豪論詩，極有卓識。《文集》十卷，近刻在莆田。〔註149〕

此則作品，從上下文閱讀，能清楚明白宋林艾軒愛好讀書，愉快清嚴神態。並能提供所撰寫文集刊刻於何處之參考。

II、明陸深《金臺紀聞》

陸深《金臺紀聞》，《陳眉公家藏祕笈續函》本與作者自刻《儼山外集》本相互考查後，似有竄改痕跡，首先從序言可見，將該部小說原本二卷之說，改成一卷，以符合自行刊刻內容；此說，與下一章「第四章　《陳眉公家藏祕笈續函》中志怪傳奇小說之版本暨內容考述」中之「三、宋王簡《疑仙傳》考述」情況相似。其次，原貌二十九則作品少錄其中之三則作品，僅存二十六則作品。從此二部分分析可證，似有竄改該部小說之嫌。筆者認爲《陳眉公家藏祕笈續函》本刪其三則作品，前已引述〈平江伯陳睿〉、〈《史記》司馬相如〉二則，此處再節錄〈正德二年六月二十九日〉精彩之處：

正德二年六月二十九日，自翰林晚退，吏適來報云：「明早入　朝，俱須早赴。」……須臾中，官復出手持若　詔旨。於是，眾皆扣頭謝而退，即日科道官舉劾，而修書官自西涯以下，皆待罪。明日　有旨，內閣三公不問外，自禮侍劉公機、少卿費宏、學士劉春、侍讀徐穆、編修王瓚，皆罰俸書寫。則光祿卿周文通等，皆罰俸。中書沈世隆、吳瑤等二十餘人，悉放爲民，外議藉藉以爲是舉也，意不出於　主上，當有主之者。是時劉瑾正擅威福力行之，時蔣諭德冕，先期數日聞內艱，眾皆惜其不與進書之列。故事書成，奏　御必有　恩賚，或遷

官加俸。至是蔣公獨得免，塞翁之喻，豈不誠然。〔註150〕

此則作品，能清楚描寫出陸深作官時，朝廷中官員蔣冕內艱，而不與其他官吏進書，最後反而得免待罪罰俸。此段史實爲作者親眼目睹，可作爲明代官吏考證之資。然明代叢書《陳眉公家藏祕笈續函》本、《五朝小說》本、《重編說郛》本，皆不擇錄，實違反作者於自序中所言：「此予忝登 朝爲史官記載職也。偶有所得，輒漫書之，蓋自乙丑之夏訖于戊辰九月，錄爲二卷題曰《金臺紀聞》藏之，庶以便自考焉爾。」之宗旨。

（2）脫闕文句（作品），校勘（考證）不精

《陳眉公家藏祕笈續函》四部志人小說，屬於「脫闕文句（作品），校勘（考證）不精」者，有《次柳氏舊聞》一部作品：

唐李德裕《次柳氏舊聞》，因考證不精而脫闕〈玄宗於諸昆季〉、〈安祿山之叛也〉等二則作品，即未能加以旁查唐李德裕《唐開元小說》、明顧元慶編輯《廣四十家小說》本等完善之本，作爲刊刻之底本，實有失之考證。其次，《陳眉公家藏祕笈續函》本之《次柳氏舊聞》除未能旁查完善之本作底本刊刻外，導致屬於收錄作品之內容無法完整呈現原貌，亦無法正確判斷文中內容全與不全等問題，故出現〈玄宗嘗幸東都〉作品有刪改其注文之嫌疑。茲節錄例證如下，其注文刪之部分以下劃橫線標明：

時孟溫禮爲河南尹，目睹其事。溫禮子皞，嘗言於臣亡祖先臣，與力士同。<u>吏部員外郎李華撰《無畏碑》，亦云：奉詔致雨，滅火返風，昭昭然遍於耳目也。今洛京天津橋有荷澤寺者，即高力士去請咒水祈雨，回至此寺前，雨大降，明皇因於此地造寺而名荷上聲澤焉。寺今見存。</u>〔註151〕

此則作品之注文全文如上，察考明代著名叢書如題名《次柳氏舊聞》之《顧氏文房小說》本、《歷代小史》；題名《明皇十七事》之《廣四十家小說》本、《稗乘》本、《五朝小說》本、《重編說郛》本等版本皆有存錄，而《陳眉公家藏祕笈續函》本僅存此段注文前二十多字，實屬不完善之版本。總之，該部小說於明代刊行風氣頗甚，且陳繼儒既然好讀書、好刊刻圖書，留意此項問題應不困難，出現此種情形，實難脫校勘（考證）不精之缺失。

從內容文字得知，能讓這些小說訛誤之處更加顯著，亦能顯示出陳繼儒

〔註150〕同註98，頁4～5。
〔註151〕同註6，第一冊，頁467。

志人小說校讎粗劣之例證。

（二）與清代、民國以後其他版本內容文字差異作比較

版本名稱　　志人小說書名	其他版本	內 容 文 字 比 較 說 明
《次柳氏舊聞》一名《明皇十七事》	《陳眉公家藏祕笈續函》本	**作品收錄總數情形：** 《陳眉公家藏祕笈續函》本作品收錄總數十五則（實際為十七則作品），而明代叢書本有有十一則、十五則、十六則、十七則與十九則等說法，上文以考證明顧元慶編《廣四十家小說》本之題名《明皇十七事》收錄十九則作品，應屬最接近該部小說原貌。今再查考清曹溶《學海類編》本中題名《明皇十七事》之作品十九則之總數，實與明顧元慶編《廣四十家小說》本相符合，應是存留該部小說原貌。
	《學海類編》本	**內容文字差異情形：** 主要內容文字差異情況，影響該部小說最深為刪文情形。《陳眉公家藏祕笈續函》本收錄十五則作品中，有〈玄宗嘗幸東都〉一例刪其注文，約七十多字。刪減之文，呈現出《陳眉公家藏祕笈續函》本內容文字之不完整，而旁證清曹溶《學海類編》本卻相當完整，可將該部小說作品內容原貌完整呈現。 **《陳眉公家藏祕笈續函》本與其他版本刊刻之版本孰優孰劣情形：** 清曹溶編《學海類編》本，比較精善。
《南唐近事》	《陳眉公家藏祕笈續函》本	**內容作品數量差異情形：** 《陳眉公家藏祕笈續函》本分卷方式與《文淵閣四庫全書》本，前者為一卷本，後者為二卷本。但收錄作品總數，皆為六十則作品。
	《文淵閣四庫全書》本	**內容文字差異情形：** 異字、闕字與衍字等三種情形，差異最多情形為「異字」二十八則，唯多一、二字之別。查考得知差異之因素，筆者認為《文淵閣四庫全書》本為官刻，而《陳眉公家藏祕笈續函》本是屬民間坊刻，故刊刻文字時亦產生出入。此種出入情形，尚不至於扭曲內容旨意。故《陳眉公家藏祕笈續函》本刊刻較早，實有一定之地位。 **《陳眉公家藏祕笈續函》本與其他版本刊刻之版本孰優孰劣情形：** 《陳眉公家藏祕笈續函》本，比較精善。

《谿山餘話》	《陳眉公家藏祕笈續函》本	**作品收錄總數情形：** 臺北藝文印書館《百部叢書集成》本與新文豐《叢書集成新編》本，根據《陳眉公家藏祕笈續函》本作為底本。《陳眉公家藏祕笈續函》本與《儼山外集》本差異部分，顯然為《陳眉公家藏祕笈續函》本刊刪減所導致，然臺北藝文印書館《百部叢書集成》本與新文豐《叢書集成新編》本，未能詳加考證，而根據《陳眉公家藏祕笈續函》本一樣畫壺蘆，收錄一卷、十六則作品，非該部小說之原貌。
	臺北藝文印書館《百部叢書集成》本	
	臺北新文豐《叢書集成新編》本	**內容文字差異情形：** 無。 **《陳眉公家藏祕笈續函》本與其他版本刊刻之版本孰優孰劣情形：** 皆屬校勘不精之版本。
《金臺紀聞》	《陳眉公家藏祕笈續函》本	**作品收錄總數情形：** 臺北藝文印書館《百部叢書集成》本與新文豐《叢書集成新編》本，根據《陳眉公家藏祕笈續函》本作為底本。《陳眉公家藏祕笈續函》本與《儼山外集》本差異部分，顯然為《陳眉公家藏祕笈續函》本刊刪減所導致，然臺北藝文印書館《百部叢書集成》本與新文豐《叢書集成新編》本，未能詳加考證，而根據《陳眉公家藏祕笈續函》本一樣畫壺蘆，收錄一卷、二十六則作品，非該部小說之原貌。
	臺北藝文印書館《百部叢書集成》本	
	臺北新文豐《叢書集成新編》本	**內容文字差異情形：** 無。 **《陳眉公家藏祕笈續函》本與其他版本刊刻之版本孰優孰劣情形：** 皆屬校勘不精之版本。

1. 《陳眉公家藏祕笈續函》本內容文字比較精善之志人小說

四部志人小說收錄作品，內容文字比較精善除表格所呈現外，復從收錄作品數量觀察其「內容比較完整」而作探討。

《陳眉公家藏祕笈續函》四部志人小說，屬於「內容比較完整」者，有《南唐近事》一部作品。

從歷代公家目錄《宋史·藝文志》、《文獻通考·經籍考》，私家目錄《郡齋讀書志》、《直齋書錄解題》、《鄭堂讀書記》、《藏園訂補邵亭知見傳本書目》等諸書目，有言一卷本、二卷本，筆者認為收錄作品皆為六十則，實應是古人分卷方式不同之關係，故無嚴重性影響。至於，收錄作品總數，《陳眉公家藏祕笈續函》本與《文淵閣四庫全書》本，皆收錄六十則作品，皆無《藏園

訂補邵亭知見傳本書目》所言之「張子游好挽刻」一條，以及清杜文瀾《古謠諺》卷二十四中記載「李後主時童謠」一則。可知《陳眉公家藏祕笈續函》本與《文淵閣四庫全書》本刊刻之《南唐近事》皆非完本。話雖如此，唯從明至清止此二版本仍是今日所見較完整者。至於，《陳眉公家藏祕笈續函》本與《文淵閣四庫全書》本，雖「異字」情形多達二十八則，乃因前屬私刻、後屬官修，刊刻用字難免有所出入，應不致影響閱讀。以下舉《陳眉公家藏祕笈續函》本之〈張泊計偕之歲〉作說明：

> 張泊計偕之歲，為閏師燕王冀所薦，首謁韓熙載。韓一見待之如故，謂曰：「子好一中書舍人。」頃之韓主文，泊擢第，不十年，裏主綸閣之任。〔註152〕

《文淵閣四庫全書》本卷二〈張泊計偕之歲〉原文如下：

> 張泊計偕之歲，為潤帥燕王冀所薦，首謁韓熙載。韓一見待之如故。謂曰：「子好一中書舍人。」頃之韓主文，泊擢第，不十年，裏主綸閣之任。〔註153〕

從以上二版本橫線處比較後，可知「閏」與「潤」；「師」與「帥」，即能見官刻字斟句琢與私刻多用民間常用字眼。蓋不阻礙閱讀困擾，故《陳眉公家藏祕笈續函》本刻於明代，應與該部小說原貌相去不遠。

2. 清代、民國以後其他版本內容文字比較精善之志人小說

四部志人小說收錄作品，其他版本內容文字比較精善，即反映出《陳眉公家藏祕笈續函》本之缺點，故分別依照「異動文字，竄改之嫌」與「脫闕文句（作品），校勘（考證）不精」再作探討。

（1）異動文字，竄改之嫌

《陳眉公家藏祕笈續函》四部志人小說，屬於「異動文字，竄改之嫌」者，有《谿山餘話》、《金臺紀聞》等二部作品。

Ⅰ、陸深《谿山餘話》

陸深《谿山餘話》，除陸深自刻《儼山外集》可從若干目錄書中之記載得到間接印證，如《四庫全書總目》、《鄭堂讀書記》等，應存一卷、十九則。然以《陳眉公家藏祕笈續函》本為底本之臺北藝文印書館《百部叢書集成》本與新文豐《叢書集成新編》本，顯然未能詳加考證採用底本為刪減之本，

〔註152〕同註63，頁24。
〔註153〕同註113，第一〇三五冊，頁1035～939。

故無法完整呈現內容原貌。

Ⅱ、陸深《金臺紀聞》

陸深《金臺紀聞》，除陸深自刻《儼山外集》可從若干目錄書中之記載得到間接印證，如《四庫全書總目》、《鄭堂讀書記》等，應分二卷、二十九則。然以《陳眉公家藏祕笈續函》本為底本之臺北藝文印書館《百部叢書集成》本與新文豐《叢書集成新編》本，顯然未能詳加考證採用底本為刪減之本，故刊刻之本亦非善本。

（2）「脫闕文句（作品），校勘（考證）不精」

《陳眉公家藏祕笈續函》四部志人小說，屬於「脫闕文句（作品），校勘（考證）不精」者，有《次柳氏舊聞》等一部。

唐李德裕《次柳氏舊聞》，因考證不精而脫闕〈玄宗於諸昆季〉、〈安祿山之叛也〉等二則作品，從清葉德輝重刻《唐開元小說》中之《明皇十七事》可證之外，由其後附〈次柳氏舊聞考異〉更可證之該部小說應有十九則作品。而清曹溶《學海類編》本中題名《明皇十七事》作品總數，即是十九則。且據《學海類編》本作品刊刻總數、次序、分則方式及內容文字等方面推論，可知應是根據較完善明顧元慶編輯《廣四十家小說》本，作為刊刻之底本，實比《陳眉公家藏祕笈續函》本之《次柳氏舊聞》更能呈現該部小說原貌。其次，《陳眉公家藏祕笈續函》本之《次柳氏舊聞》雖非明代最差之版本，然未精準擇選較優質之明代叢書版本作判斷，導致內容文字出現考證不精之現象，就是上文屢次被提及之〈玄宗嘗幸東都〉作品注文部分。反觀《學海類編》本，即能完整將〈玄宗嘗幸東都〉注文七十多字完全刊刻出來：

> 時孟溫禮為河南尹，目睹其事。溫禮子皡，嘗言臣於亡祖先臣，與
> 力士同。吏部員外郎李華撰《無畏碑》，亦云：奉詔致雨，滅火返風，
> 昭昭然徧於耳目也。今洛京天津橋有荷澤寺者，即高力士去請呪水
> 所（按，所當作祈）雨，迴至此寺前，雨大降，明皇因於此地造寺
> 而名荷澤焉。寺今見存。〔註154〕

從此段注文能讓研究者瞭解，高力士求雨之事另有他人知曉外，亦能清楚明白此座寺廟建造之源由，檢視《陳眉公家藏祕笈續函》本僅存：「時孟溫禮為河南尹，目睹其事。溫禮子皡，嘗言臣於亡祖先臣，與力士同。」注文前

〔註154〕同註131，頁5～6。

二十多字，實對此求雨事之眞實性，大打折扣。筆者認爲，從明至清代止該部小說屢被叢書家收錄刊刻，其中存留完善者亦不少，今《陳眉公家藏祕笈續函》本無法以刊刻善本態度刊行《次柳氏舊聞》，否則自損聲望，不如不刻。

　　從內容文字得知，能讓此等小說訛誤之處更加顯著，亦能顯示出陳繼儒志人小說校讎粗劣之例證。

二、論收錄作品之文學性價值

　　上一節從「量」觀察，將四部志人小說收錄作品內容文字比較後，已將《陳眉公家藏祕笈續函》本收錄志人小說何部可作爲閱讀者、研究者取資，何部可能要另尋其他較佳版本，故已初步反映出四部志人小說之內容。此單元，進一步擬以每部志人小說內容特質作論考，是從「質」來反映《陳眉公家藏祕笈續函》陳繼儒選書鑑別能力高下爲何？

（一）較具文學性之志人類作品

　　從「文學性」層面，論其四部志人小說收錄作品之價值。以下分別，從作者筆下文采、選用題材實處與作品傳達意境等三方面，分析梳理該部作品是否具備文學性價值。比較「具備文學性」之志人類作品，有《次柳氏舊聞》、《南唐近事》、《谿山餘話》、《金臺紀聞》等，四部作品。值得一提，此四部作品中，其中有整體質量並非上乘之作，爲避免當中若干則可供閱讀之作被忽略，故在此一併列舉探討。

1. 作者筆下文采

　　「作者筆下文采」部分，從語言運用與敘事技巧等方面判斷該部小說是否具備文學性之特色。

（1）唐李德裕《次柳氏舊聞》

　　《次柳氏舊聞》中，描寫有關唐玄宗處或敘安史之亂等主題作品，敘述曲折有致，語言文雅而清麗，皆頗富文采，如〈上始入斜谷〉：

> 上始入斜谷，天尚早，烟霧甚晦。知頓使給事中韋倜，於野中得新熟酒一壺，跪獻於馬首者數四，上不爲之擧。倜懼，乃注以他器，引滿於前，上曰：「卿以我爲疑耶？始吾御宇之初，嘗飲，大醉損一人，吾悼之，因以爲戒，迄今四十餘年，未嘗甘酒味。」指力士及近侍者曰：「此皆知之，非紿卿也。」從臣聞之，無不感悦。上孜孜

儆戒也如是。富有天下，僅五十載，豈不由斯道乎？〔註155〕

此段，以簡潔有力文字描述出唐玄宗戒酒之事，文末更以「富有天下，僅五十載，豈不由斯道乎？」畫龍點睛一筆點出明皇如此嚴謹律己，方能創造唐代盛世五十餘年，使得該則作品益加生動傳神。其餘作品，如〈興慶宮〉反映唐玄宗遷幸臨行前游花萼樓時心中無限惆悵之情，末有少年工歌而善水調者，以淒楚語句呈現出淒涼之感；〈玄宗之在東宮〉鋪寫唐玄宗得張說所獻之藥，其在煮藥過程有神人覆煮啟示，以奇妙語句透露出奇異之境。

（2）宋鄭文寶《南唐近事》

《南唐近事》中，描寫南唐君王將相、仁人異士之軼聞雜事為主題，作者摹寫人物形象生動，且藉由巧妙敘事技巧讓內容充滿文學性，如〈廬山九天使者廟有道士〉：

> 廬山九天使者廟有道士，忘其姓名，體貌魁偉，飲啖酒肉，有兼人之量。晚節服餌丹砂，躁於冲舉。魏王之鎮潯陽也，郡齋有雙鶴，因風所飄，憩于道館，迴翔嘹唳，若自天降。道士且驚且喜，焚香端簡，前瞻雲霓，自謂當赴上天之召，命山童控而乘之。羽儀清弱，莫勝其載，毛傷背折，血酒庭除，仰按久之，是夕皆斃。翌日，馴養者詰知其狀，訴于公府，王不之罪。處士陳沆聞之，為絕句以諷云：「啖肉先生欲上昇，黃雲踏破紫雲崩。龍腰鶴背無多力，傳語麻姑借大鵬。」〔註156〕

此則作品，作者傳神描繪廬山九天道士，服食煉丹特質，並以吃肉飲酒，非有道僧人行徑人物形象，傳遞過度迷信，而不惜犧牲雙鶴性命，敘事技巧相當頗為高明。甚至，當馴養者告訴公府，王竟以漠視輕忽之，結尾更以陳沆絕句反映出對道士、官員諷刺。其餘以人物形象寄寓作者苦心孤詣，亦有〈嚴續相公歌姬〉、〈張易為太弟賓客〉、〈元宗嗣位之初〉、〈陶穀學士奉使〉等則作品。

（3）明陸深《金臺紀聞》

《金臺紀聞》中，描寫人物軼聞軼事之主題作品，作者筆下文采頗具興味，如下卷〈金華戴元禮〉：

> 金華戴元禮　國初名醫，嘗被　召至南京。見一醫家，迎求溢戶，酬應不閒。元禮意必深於術者，注目焉。按方發劑，皆無他異。退

〔註155〕同註6，第一冊，頁470。
〔註156〕同註63，頁16。

而怪之，日往觀焉。偶一人求藥者，既去，追而告之曰：「臨煎時，
下錫一塊。」麾之去。元禮始大異之，念無以錫入煎劑法，特叩之。
答曰：「是古方爾。」元禮求得其書，乃錫字耳。元禮急爲正之。嗚
呼！不辨餳錫而醫者，世胡可以弗謹哉！〔註157〕

此則作品，作者以所見聞，娓娓道出明初戴元禮名醫下至民間，赫然發
現大夫缺乏專業醫術，不辨餳錫，恐誤醫出人命；世胡可以弗謹哉！作者筆
下委婉有深意。按：戴元禮爲有學問之名醫，可從清曹寅《棟亭書目》「醫家」
下記載：

《證治類方》 明太醫院使戴元禮述十二卷，二冊。
《要訣類方》 戴元禮輯四卷，二冊。〔註158〕

大抵而言，戴元禮名人軼聞，屢屢被他人提及，如同時代馮夢龍輯《古
今笑史》「謬誤部」，甚至今日談論版刻故事之劉兆祐《認識古籍版刻與藏書
家》「一字之誤・差點命喪黃泉」，前者取之題材加以改寫，後者引用作爲佐
證之用。筆者認爲，《金臺紀聞》此事例常被徵引，實因作者能掌握人物特長，
且巧妙描繪名醫與庸醫之差別，深具警惕之果效。其餘深刻塑造人物形象之
作品，尚有卷上〈弘治癸亥蘭谿章先生德懋〉、〈李少卿子陽旻自南京來〉、〈平
江伯陳睿好飲涼酒〉、〈正德二年八月十四日〉；卷下〈公穀文法悉著何字〉、〈友
人王瑄〉、〈袁凱〉、〈國初高啓〉、〈周元素〉等則作品。

2. 選用題材實虛

(1) 唐李德裕《次柳氏舊聞》

清《四庫全書總目》子部五十「小說家類一」云：

《次柳氏舊聞》一卷_{江蘇巡撫採進本} 唐李德裕撰。……中如元獻皇后服藥、
張果飲堇汁、無畏三藏祈雨、吳后夢金甲神、興慶池小龍、內道場
素黃文事，皆涉神怪。其姚崇、魏知古相傾軋及乳媼以他兒易代宗
事，亦似非實錄。存以備異聞可也。〔註159〕

從「提要」之論，可知該部小說作品以描寫人物爲主，然其中若干則作
品涉及鬼神怪異與瑣談異聞，故僅可備異聞資料。其中，內容情節有詩歌作

〔註157〕同註 98，頁 2。
〔註158〕〔清〕曹寅編：《棟亭書目》（林夕主編：《中國著名藏書家書目匯刊》，北京：
商務印書館，2005 年 10 月），第十五冊，頁 420。
〔註159〕同註 13，第四冊，頁 2736～2737。

品與談論異士之奇舉，亦虛亦實，除可作爲研究唐代文學者所取資外，進一步可從選用題材「實」與「虛」成分多寡，作爲判斷該部小說是否具備文學性。鑑賞分析後，如〈玄宗好神仙〉、〈玄宗嘗幸東都〉、〈興慶宮〉等，故事曲折有致，且虛實相間，實可供後人閱讀。以下舉〈玄宗好神仙〉爲例，其原文如下：

> 玄宗好神仙，往往詔郡國徵奇異士。有張果者，則天時聞其名，不能致。上巫召之，乃與使偕至，其所爲變怪不側。又有邢和璞者，善算心術，視人投算，而能究知善惡天壽。上使算果，懵然莫知其甲子。又有師夜光者，善視鬼。後召果與坐，密令夜光視之。夜光進曰：「果今安在？臣願得見之。」而果坐於上前久矣，夜光終莫能見。上謂力士曰：「吾聞奇士至人，外物不足以敗其中，試飲以堇汁，無苦者，乃真奇士也。」會天寒甚，使以汁進果，果遂飲盡三卮，醺然如醉者，顧曰：「非佳酒也。」乃寢。頃之，取鏡，視其齒，已盡燋且黧矣。命左右取鐵如意以擊齒，盡墮而藏之於帶。乃於懷中出神藥，色微紅，傅於墮齒穴中，復寢。久之，視鏡，齒皆生矣，而燦然潔白。上方信其不誣也。〔註160〕

從此則記載，可知張果奇士之異術，以堇汁剌探此奇士是否真有超出凡人之處，實屬奇異事也。此則故事，雖非《次柳氏舊聞》最精彩之題材，但與唐代佛道盛行息息相關，故奇人異士軼聞題材常被後世文學作品引用，誠如上述〈玄宗好神仙〉一則被明代《初刻拍案驚奇》卷七中《唐明皇好道集奇人　武惠妃崇禪鬥異法》採用。〔註161〕另外，《次柳氏舊聞》中最被津津樂道之題材爲唐玄宗遇安史之亂心境呈現，如〈興慶宮〉：

> 興慶宮，上潛龍之地，聖曆初五王宅也。上性友愛，及即位，立樓於宮之西南垣，署曰「花萼相輝」。朝退，巫與諸王游，或置酒爲樂。時天下無事，號太平者垂五十年。及羯胡犯闕，乘傳遽以告，上欲邊幸，復登樓置酒，四顧淒愴，乃命進玉環。玉環者，睿宗所御琵琶也。異時，上張樂宮殿中，每嘗置之別榻，以黃帕覆之，不以雜

〔註160〕同註6，頁466～467。
〔註161〕此說法參考，黃大宏《唐代小說重寫研究》「表六　明代擬話本（三言二拍）正話採用唐代小說卷目及出處衣覽表」。
黃大宏著：《唐代小說重寫研究》（重慶：重慶出版社出版發行，2005年4月），頁352。

他樂器，而未嘗持用。至，俾樂工賀懷智取調之，又命禪定寺僧段師彈之。時美人善歌從者三人，使其中一人歌《水調》。畢奏，上將去，復留眷眷，因使視樓下有工歌而善《水調》者乎？一少年心悟上意，自言頗工歌，亦善《水調》。使之登樓且歌，歌曰：「山川滿目淚沾衣，富貴榮華能幾時。不見只今汾水上，唯有年年秋雁飛。」上聞之，潸然出涕，顧侍者曰：「誰為此詞？」或對曰：「宰相李嶠。」上曰：「李嶠真才子也。」不待曲終而去。〔註162〕

　　上文少年歌曰：「山川滿目淚沾衣，富貴榮華能幾時。不見只今汾水上，唯有年年秋雁飛。」此李嶠〈汾陰行〉詩也，見《全唐詩》卷五十七。《全唐詩》詩後有小字注出《明皇傳記》云云，與此大意相同而多有刪略，故德裕此書能提供研究唐代文學者之資料。此外，《次柳氏舊聞》中明皇故事之題材，最能反映當時文人愛恨矛盾情結，誠如周勛初《唐人筆記小說考索》「上編：通論·唐代筆記小說的崛興與傳播」言：

> 唐代文士常是帶著深情記述、評論、感嘆玄宗一朝的軼事，於是興起了一股融史學與文學於一爐的筆記小說的洪流。唐初史學特盛，其後興起的筆記小說也都具有野史的色彩，文士感喟時事，至此又多方嘗試，將敘述客觀事實的史學與包含個人感情的文學協調起來，形成一種新的體裁。……丁如明輯《開元天寶遺事十種》，中如《次柳氏舊聞》、《明皇雜錄》等，都是有關明皇一朝的著名小說。《新唐書·鄭處誨傳》曰：「先是李德裕《次柳氏舊聞》，處誨謂未詳，更撰《明皇雜錄》，為時盛傳。」因為這一歷史轉折關頭的幾位主要人物生平經歷太豐富多彩了，所以文士紛紛創作，從而興起了一個筆記小說的高潮。〔註163〕

　　大抵，《次柳氏舊聞》題材經由高力士口述禁中事於柳芳，幾位主要人物雖屬實，唯口述之事虛實相交。此現象能反映唐志人小說對太平盛世懷舊心態特徵外，亦能提供後世研究唐玄宗軼聞資料，且對後世以唐明皇為題材之小說戲曲產生一定影響。

　　（2）宋鄭文寶《南唐近事》

　　清周中孚《鄭堂讀書記》卷六十四「子部十二之二·小說家類二·雜事

〔註162〕同註6，頁469。
〔註163〕同註25，頁25～28。

中　宋」記載「《南唐近事》一卷，《續祕笈》本」條下云：

> 宋鄭文寶撰。……先成于太平興國二年，前有自序，其書凡六十則。起晉天福己酉，終宋開寶乙亥，皆從記李氏三王四十年間雜事，實小說傳記之類。不及《江表志》之得史體，然二書實相須而備，故馬、陸二家撰《南唐書》，皆采用其說獨多焉。〔註164〕

從周氏之言，可知該部小說作品可以供史家參考。以下舉〈元宗嗣位之初〉為例。其原文如下：

> 元宗嗣位之初，春秋鼎盛，留心內寵，宴私擊鞠，略無虛日。常乘醉命樂工楊花飛奏〈水調詞〉進酒，花飛唯歌「南朝天子好風流」一句，如是者數四。上既悟，覆杯大懌，厚賜金帛，以旌敢言。上曰：「使孫陳二主得此一句，固不當有衘璧之辱也。」翌日能罷諸懽宴，留心庶事，圖閩吊楚，幾致治平。〔註165〕

又以〈陶穀學士奉使〉為例。其原文如下：

> 陶穀學士奉使，恃上國勢，下視江左，辭色毅然不可犯。韓熙載命妓秦弱蘭詐為驛卒女，每日弊衣持帚掃地。陶悅之，與狎，因贈一詞名〈風光好〉云：「好因緣，惡因緣，只得郵亭一夜眠。別神仙，琵琶撥盡相思調。知音少，待得鸞膠續斷絃，是何年。」明日，後主設宴，陶辭色如前。乃命弱蘭歌此詞勸酒，陶大沮，即日北歸。〔註166〕

此二則記載，前者以花飛奏〈水調詞〉：「南朝天子好風流」，藉由樂工楊花飛之勸誡元宗勿流連享樂，元宗既悟而致治平；後者以秦弱蘭歌《風光好》詞諷陶穀，陶氏因而色慚大沮。此二則作品所載皆有「實」之成分。元宗李景及後主李煜生平事跡，考查《舊五代史·僭偽列傳》卷一百三十四〔註167〕、《新五代史·世家第二》卷六十二〔註168〕、《宋史·列傳》第二百三十七〔註169〕等

〔註164〕《鄭堂讀書記》卷六十四「子部十二之二·小說家類二·雜事中　宋」。同註17，第十四冊，頁303～304。
〔註165〕同註63，頁16。
〔註166〕同註63，頁27～28。
〔註167〕《舊五代史·僭偽列傳第一》中，有李景記載。
　　〔宋〕薛居正等奉勒撰：《舊五代史·僭偽列傳第一》卷一百三十四（許嘉璐主編：《二十四史全譯》，上海：漢語大詞典出版社，2004年1月），第二冊，頁1273～1274。
〔註168〕《新五代史·世家第二》卷六十二「李景」記載：「景，初名景通，弁長子也。

史書均有記載。《南唐近事》此部志人小說，不少人物事跡可供後人探究，如〈孫晟爲尚書郎〉、〈劉仁贍鎮壽春〉、〈陳誨嗜鴿〉、〈女冠耿先生〉、〈木平和尚〉、〈韓熙載放曠不稽〉等則作品，考查馬令、陸游《南唐書》〔註 170〕卷十二「列傳・陳誨」、卷十三「儒者傳・韓熙載」、卷十四「儒者傳・史虛白」、卷十五「隱者傳・沈彬」、卷十六「義死傳・劉仁贍　孫晟」、卷二十一「黨與傳・馮延巳」、卷二十四「方術傳・木平和尚　女冠耿先生」皆有上述人物記載資料。誠如《四庫全書總目》子部五十「小說家類一」提要云：

> 《南唐近事》一卷。江蘇巡撫進本。
>
> 宋鄭文寶撰。……然文寶世仕江南，得諸聞見，雖浮詞不免，而實錄終存。故馬令、陸游《南唐書》採用此書幾十之五六，則宋人固不廢其說矣。〔註 171〕

（3）明陸深《谿山餘話》

明陸深《谿山餘話》，主要取材源自作者身處閩中當官時，所見所聞之帝王典章制度、名官文人軼聞雜事，多牛信實可徵，誠如清周中孚《鄭堂讀書

既立，又改名璟。徐溫死，弁專政，以兵部尚書、參知政事。……景以馮延巳、常夢錫爲翰林學士，馮延魯爲中書舍人，陳覺爲樞密使，魏岑、查文徽爲副使。夢錫直宣政殿，專掌密命，而延巳等皆以邪佞用事，吳人謂之『五鬼』。夢錫屢言五人者不可用，景不納。……六月，景卒，年六十四。從嘉嗣立，以喪歸金陵，遣使入朝，願復景帝號，太祖皇帝許之，乃諡曰明道崇德文宣孝皇帝，廟號元宗，陵曰順陵。」

〔宋〕甌陽脩等奉勅撰：《新五代史・世家第二》卷六十二（許嘉璐主編：《二十四史全譯》，上海：漢語大詞典出版社，2004 年 1 月），頁 610～618。

《新五代史・世家第二》卷六十二「李煜」記載：「煜字重光，初名從嘉，景第六子也。煜爲人仁孝，善屬文，工書畫，而豐額駢齒，一目重瞳子。……五年，李煜下令降低規格。下詔書改稱教，改中書、門下省爲左、右內史府，尚書省爲司會府，御史臺爲司憲府，翰林爲文館，樞密院爲光政院，諸王爲國公，以尊崇朝廷。李煜性格非常奢侈，喜好聲色，又喜好聲色，又喜好佛教，高談闊論，不問政事。」

〔宋〕甌陽脩等奉勅撰：《新五代史・世家第二》卷六十二（許嘉璐主編：《二十四史全譯》，上海：漢語大詞典出版社，2004 年 1 月），頁 618～620。

〔註 169〕《宋史・列傳》中，有李景、李煜記載。

〔元〕托克托等奉勅撰：《宋史・列傳》第二百三十七（許嘉璐主編：《二十四史全譯》，上海：漢語大詞典出版社，2004 年 1 月），第十六冊，頁 10260～10265。

〔註 170〕〔宋〕馬令、陸游等撰：《南唐書》（〔清〕張海鵬纂輯：《墨海金壺》，台北：文友書店印行）。

〔註 171〕同註 13，第四冊，頁 2746～2747。

記》卷六十五「子部十二之三‧小說家類三‧雜事下元至　國朝」記載「《谿
山餘話》一卷，《儼山外集》本」條下云：

> 明陸深撰。　《四庫全書》存目，是書蓋其謫官延平時所作，凡十
> 九則。多述當時閩中名流軼事，閒及典籍瑣說，所記頗具端末，足
> 與史傳相參證。〔註172〕

其中談論許多明代著名人物，如章懋、蕭敬、吳瑾、李公瓚等人資料多
具備「實」之成分，可從明焦竑編《國朝獻徵錄》、《明史》等資料得到印證。
如〈嘉靖已丑〉：

> 嘉靖已丑，予謫延平，將以八月到任，故自七月冒暑渡浙江，沿途
> 皆以疾謝遣人事，二十六日過蘭溪，謁楓山文懿公祠堂。公諱懋，
> 字德懋，是日始具衣冠。文懿家甚寥落，八十歲外生一子，時年已
> 十五矣。祠中塑像乃公服，不甚肖似。為賦一詩曰：「大明啓運接虞
> 唐，成化初年士氣昌；歲晚舊京施木鐸，日長過客奠椒漿。蓋棺論
> 定知消長，節惠恩深識播揚；青眼門生今白首，敢於初志負升堂。」
> 公丙戌會元入翰林，為編修，因鑾山應　制上疏諫止，遂謫外。是時羅一峰倫方論時相起
> 復，後先就貶，士論翕然稱之。稍遷福建僉事，遂致仕家居近三十年。　孝廟末，始因論薦
> 起為南京國子祭酒。自祭酒遷南太常寺卿，不赴。再遷南禮侍，再不赴。復乞致仕家居，復
> 以論薦陞尚書，年八十六卒。　賜祭　賜葬　賜諡，復廩食其幼子，皆異典也。深卒業南
> 雍，極蒙公器待，時年
> 二十六，今五十三矣。〔註173〕

此則作品，將章懋一生事蹟描述頗為瞻詳，可從明焦竑編《國朝獻徵錄》
卷三十六「南京禮部一‧尚書」記載黃佐〈南京禮部尚書章懋〉謂：

> 章懋，字德懋，金華蘭谿人。少遊庠校讀書學問，負經濟志略。然
> 不自衒露，與人交恂恂儒者也。……辛巳歲且暮，忽搆疾，親朋子
> 姪，更迭問候，至屬纊，語不亂。衢守林有年至，疾已劇。臥榻上，
> 與論古今天下事甚悉。夕與姪贄，論君大夫保國、保天下之道。因
> 及春秋列國名卿，推許士會父子。庶幾歲除，令親友各歸守歲。嚮
> 晦遂卒，年八十六。是日未旦，有星墜所居之前山，有司以聞，與
> 葬祭，贈太子太保，諡文懿。〔註174〕

〔註172〕《鄭堂讀書記》卷六十五「子部十二之三‧小說家類三‧雜事下元至　國朝」。
　　　　同註17，第十四冊，頁379。
〔註173〕同註84，頁1～3。
〔註174〕〔明〕焦竑編：《國朝獻徵錄》（周駿富輯：《明代傳記叢刊》綜錄類㉖，臺北：
　　　　明文書局印行），第二冊，110-679至110-651。

此外，另可從《明史・列傳》第六十七「章懋」記載：

章懋，字德懋，蘭谿人。成化二年會試第一，成進士，改庶吉士。
明年冬，授編修。……

懋既貶臨武知縣，未行，以給事中毛弘等論救，改南京大理左評事。
逾三年，遷福建僉事。平泰寧、沙、尤賊，聽福安民采礦，以杜盜
源。建議番貨互通貿易，以裕商民。政績甚著，滿考入都。年止四
十一，力求致仕，吏部尚書尹旻固留之，不可。

既歸，屏跡不入城府。奉親之暇，專以讀書講學爲事，弟子執經者日
益進。貧無供具，惟脱粟菜羹而已。四方學士大夫高其風，稱爲楓山
先生。家居二十餘年，中外交薦，部檄屢起之，以親老堅不赴。……
武宗立，陳勤聖學、隆繼述、謹大婚、重詔令、敬天戒五事。正德元
年乞休，五疏不允。復引疾懇辭，明年三月始得請。五年起南京太常
卿，明年又起爲南京禮部右侍郎，皆力辭不就。言者屢陳懋德望，請
加優禮，詔有司歲時存問。世宗嗣位，即家進南京禮部尚書，致仕。
其冬，遣行人存問，而懋已卒，年八十六。贈太子少保，謚文懿。……

生三子，兼令業農。縣令過之，諸子釋耒跪迎，人不知其貴公子也。
子省懋於南監，徒步往，道爲巡檢所答，已知而請罪，懋慰遣之。
晚年，三子一孫盡死。年八十二生少子接，後以蔭爲國子生。〔註175〕

據《明史・列傳》之記載，記載仕宦生涯過程，亦提出有關章懋生平考
證。其餘如〈我　朝君臣隔絶〉中提及一位人物吳瑾，此述及此人亦能從《明
史・列傳》第四十四「吳允誠・吳克忠・吳瑾」〔註176〕條下作佐證參考；〈戶
部尚書杏岡李公瓚〉，可知李公瓚其人爲何外，亦可從《國朝獻徵錄》卷三十
六「戶部二・尚書」〔註177〕考證陸深記載之眞實性等。大抵，《谿山餘話》人
物考證取材，往往有憑有據，實可參考。

（4）明陸深《金臺紀聞》

明陸深《谿山餘話》，主要以人物作爲著墨重點，其中不乏於史書中可查
得人物，如馮道、袁凱、張懋等人；針對事物緣起，亦能詳加無誤指其一二。

〔註175〕〔清〕張廷玉等奉勅撰：《明史・列傳》第六十七（許嘉璐主編：《二十四史
全譯》，上海：漢語大詞典出版社，2004 年 1 月），第六冊，頁 3503～3505。
〔註176〕同上註，第五冊，頁 3067～3069。
〔註177〕同註 174，第二冊，110-679 至 110-651。

誠如深《金臺紀聞》「小序」自言：

> 偶有所得，輒漫書之，蓋自乙丑之夏訖于戊辰九月，錄爲二卷題曰
> 《金臺紀聞》，藏之，庶以便自考焉爾。〔註178〕

舉〈後唐明宗長興三年〉原文如下：

> 後唐明宗長興三年，令國子監校定《九經》印賣之，其議出於馮道，
> 此刻書之始也。石林葉少以爲雕板印書始馮道，此不然。但監本《五
> 經》，道爲之爾。柳玭〈訓序〉言：「其在蜀時，嘗閱書肆云：『字書、
> 小學率雕板印紙，則唐固有之矣！』」石林時，印書以杭州爲上，蜀
> 本次之，福建最下。京師比歲，印板殆不減杭州，但紙不佳。蜀與
> 福建，多以柔木刻之，取易成而速售，故不能工。福建本，幾遍天
> 下，然則建本之濫惡，蓋自宋已然矣。今杭絕無刻，　國初蜀尚有
> 板差勝建刻，今建益下趣。永樂宣德間，又不逮矣。唯近日蘇州工
> 匠，稍追古作可觀。〔註179〕

此則作品可供研究者之取資題材，有二項：其一，馮道一生事蹟主要於
政治上之作爲，非以刊刻古籍留名青史。據《舊五代史·列傳》第六「馮道」
記載：

> 馮道，字可道，瀛州景城人。其先爲農爲儒，不恒其業。道少純厚，
> 好學能文，不耻惡衣食，負米奉親之外，唯以披誦吟諷爲事，雖大
> 雪擁戶，凝塵滿席，湛如也。……一日，道因上謁既退，明宗顧謂
> 侍臣曰：「馮道性純儉，頃在德勝寨居一茅庵，與從人同器食，臥則
> 芻藁一束，其心晏如也。及以父憂退歸鄉里，自耕樵采，與農夫雜
> 處，略不以素貴介懷，真士大夫也。」……道之發言簡正，善于禪
> 益，非常人所能及也。時以諸經舛繆，與同列李愚委學官田敏等，
> 取西京鄭覃所刊石經，雕爲印板，流布天下，後進賴之。明宗崩，
> 唐末帝嗣位，以道爲山陵使，禮畢，出鎮同州，循故事也。道爲政
> 閑澹，獄市無撓。一日，有上介胡饒，本出軍吏，性粗獷，因事詬
> 道于牙門，左右數報不應。道曰：「此必醉耳！」因召入，開尊設食，
> 盡夕而起，無撓慍之色。未幾，入爲司空。〔註180〕

〔註178〕同註98，頁1。
〔註179〕同註98，卷下，頁4～5。
〔註180〕《舊五代史·列傳》第六。同註167，第二冊，頁1183-3505。

此正史記載馮道生平事跡相當詳實，但《舊五代史·列傳》記載中僅以數句論及刊刻之事：「時以諸經舛繆，與同列李愚委學官田敏等，取西京鄭覃所刊石經，雕為印板，流布天下，後進賴之。」另可從清葉德輝《書林清話》「書有刻板之始」〔註181〕證之，故陸深〈後唐明宗長興三年〉作品描寫：「石林葉少以為雕板印書始馮道，此不然。」此說足可供後人研究刻板之源起。其二，〈後唐明宗長興三年〉作品詳實闡述印書好壞「印書以杭州為上，蜀本次之，福建最下。」此說可從清葉德輝《書林清話》「宋刻書紙墨之佳」〔註182〕證之。其餘如卷下〈袁凱〉中提及袁凱辭鄉歸里，以佯裝瘋顛之狀，此可從《明史·列傳》「文苑（一）第一百七十三〔註183〕條下作佐證參考外，且能知為官後若執意離去而採用之方式，委實有趣；卷下〈古書多重手抄〉、〈廷宴餘物懷歸〉等則作品，讀之亦能明白古代刻書之觀點、廷宴剩餘之物如何處理等事。大抵而言，《金臺紀聞》描述人物、事物起源，作者取材時往往有詳加辨析考證，實可提供研究資用。

3. 作品傳達意境

小說意境傳達，〔註184〕藉由作品主題，傳達作者思想寓意。思想寓意，多半含有多重意味，故呈現意境往往具備多層次感受。以下筆者從文獻方式，將《陳眉公家藏祕笈續函》收錄四部「志人類」小說作品內容分析歸納後之結果，分別從情、理、奇三大意境層面，探討該部小說是否具備文學性。然必有若干則作品，傳達意境非僅屬其中之一，甚至有兼含三種意境者。實因內容如此，不得不然也。

（1）情之意境，多半指作品以情思感動讀者心底。

志人小說，以人之軼事軼聞為主題，其中「情之意境」特指情節發展必須觸動人心靈深處情感，故事主角人物強烈愛憎感情，能讓讀者同悲同喜。

〔註181〕〔清〕葉德輝：《書林清話》（臺北：文史哲出版社，1998年），頁58～61。
〔註182〕同上註，頁324～328。
〔註183〕《明史·列傳》第一百七十三。同註175，第九冊，頁5831。
〔註184〕所謂「小說意境」，據劉世劍《小說概說》云：「小說中的意境較隱蔽，它多半融化在構成小說的諸因素（如人物、環境、抒情、議論、語言）中。一般讀者閱讀小說時也較少自覺地、專門地關心它的意境。但意境存在於小說中確是事實，而且這是分辨小說格調高低、藝術感染力大小的一個重要依據。」
　　　　劉世劍著：《小說概說》（高雄：麗文文化事業股份有限公司，1994年11月），頁187。

Ⅰ、唐李德裕《次柳氏舊聞》

《次柳氏舊聞》中，展現唐玄宗愛民如子之情感，如〈玄宗西幸〉：

> 玄宗西幸，車駕自延英門出，楊國忠請由左藏庫而去，上從之。望見
> 千餘人持火炬以俟，上駐蹕曰：「何用此爲？」國忠對曰：「請焚庫積，
> 無爲盜守。」上斂容曰：「盜至若不得此，當厚斂於民，不如與之，
> 無重困吾赤子也。」命撤火炬而後行。聞者皆感激流涕，迭相謂曰：
> 「吾君愛人如此，福未艾也。雖太王去豳，何以過此乎？」〔註185〕

此則故事，描述唐玄宗車駕西幸，行前見楊國忠欲焚燒倉庫積糧，避免
爲叛軍取資，而止之言：「盜至若不得此，當厚斂於民，不如與之，無重困吾
赤子也。」反映出明皇愛民之情。

Ⅱ、宋鄭文寶《南唐近事》

《南唐近事》中，展現帝王愛其臣子之情，如〈元宗少躋大位〉：

> 元宗少躋大位，天性謙謹，每接臣下，恭愼威儀，動循禮法，雖布
> 素僚友無以加也。夏日御小殿，欲道服見諸學士，必先遣中使數使
> 宣諭，或訴以小苦巾裹不及冠褐可乎？常目宋齊丘爲子嵩，李建勳
> 爲吏館，皆不之名也。君臣之間，待遇之禮，率類於此。〔註186〕

此則故事，描述元宗年紀輕輕，擁大位而無驕傲之態，且能禮遇臣下，
反映出仁君仁愛之心。

（2）理之意境，多半指作品以理趣引發讀者思維。

志人小說，以人之軼事軼聞爲主題，其中「理之意境」特指故事情節必
須富有褒貶寓意，從中讓人有或多或少警示、啓發之體現。

Ⅰ、唐李德裕《次柳氏舊聞》

《次柳氏舊聞》中，唐玄宗體恤臣子，引發讀者如何愼選人才之眼光，
以及任人之舉，如〈玄宗初即位〉：

> 玄宗初即位，體貌大臣，賓禮故老，尤注意於姚崇、宋璟，引見便
> 殿，皆爲之興，去則臨軒以送。其他宰臣，優寵莫及。至李林甫以
> 宗室近屬，上所援用，恩意甚厚，而禮遇漸輕。姚崇爲相，嘗於上
> 前請序進郎吏，上顧視殿宇不注，崇再三言之，冀上少售，而卒不
> 對。崇益恐，趨出。而高力士奏曰：「陛下初承鴻業，宰臣請事，即

〔註185〕同註6，第一冊，頁469。
〔註186〕同註63，頁6～7。

－138－

當面言可否。而崇言之，陛下不視，臣恐宰臣必大懼。」上曰：「朕既任崇以庶政，事之大者當白奏，朕與共決之；如郎署吏秩甚卑，崇獨不能決，而重煩吾耶？」崇至中書，方悸不自安。會力士宣事，因爲言上意，崇且解且喜。朝廷聞者，皆以上有人君之大度，得任人之道焉。〔註187〕

此則記錄唐玄宗任用姚崇爲宰臣，權衡事情輕重，充分授權之經過，實能體現帝王信任下屬之寬廣氣度。其他如〈魏知古起諸吏〉、〈源乾曜因奏事稱旨〉、〈蕭嵩爲相〉等則作品，亦能賦予上對下如何尊重之若干思維，可供讀者深思。

II、宋鄭文寶《南唐近事》

《南唐近事》中，從君臣俱備德性，而能顯露若干思維，可供讀者深思。如〈昇元初〉、〈元宗少躋大位〉、〈位崇文以舊德殊勳〉、〈劉仁瞻鎮壽春〉、〈常夢錫爲翰林學士〉、〈兵部尚書杜業〉等則作品。以下舉〈劉仁瞻鎮壽春〉：

劉仁瞻鎮壽春，周師堅壘三載，憊而不降。一夕愛子泛舟於敵境，艾夜爲小校所擒，疑有叛志，請于瞻。瞻將行軍法，監軍使懇救不迴，復使馳告其夫人。夫人曰：「某郎妾最小子，攜提愛育，情若不及。奈軍法至重，不可私也；名義至大，不可虧也。苟屈公議，使劉氏之門有不忠之名，妾與令公何顏以見三軍？」遂促令斬之，然後成其喪禮，戰士無不墮淚。〔註188〕

劉仁瞻與其妾爲維護劉氏忠心，一切以國事爲重，寄寓國之大臣必須深明大義，國家自然強盛。

（3）奇之意境，多半指作品以奇異詭怪吸引讀者想像。

志人小說，以人之軼事軼聞爲主題，其中「奇之意境」特指故事人物或事件超越現實可達到之行爲或以料事如神作結論。情節發展過程，讓人有奇異、神奇之感受。

I、唐李德裕《次柳氏舊聞》

王師國良《唐代小說敘錄》「第一章 現存書目」謂：

7.《次柳氏舊聞》一卷（又名：柳氏史、明皇十七事）

（內容考）……德裕序謂次舊聞，以備史官之闕。數引親聞目擊

〔註187〕同註6，第一冊，頁465。
〔註188〕同註63，頁14。

者，以證明其說可信。然或涉神怪，或非實錄，則難免傳聞之失
也。〔註189〕

王師言：「然或涉神怪，或非實錄，則難免傳聞之失也。」此可從〈玄宗
之在東宮〉、〈玄宗好神仙〉、〈玄宗嘗幸東都〉、〈天寶中興慶池小龍嘗出游宮
垣南溝水中〉等則作品證之。如〈天寶中興慶池小龍嘗出游宮垣南溝水中〉：

天寶中，興慶池小龍嘗出游宮垣南溝水中，蜿蜒奇狀，靡不瞻睹。
及鑾輿西幸，龍一夕乘雲雨，自池中望西南而去。上至嘉陵江，將
乘舟，有龍翼舟而進，上泫然流涕，顧謂左右曰：「此吾池中龍也。」
命以酒沃酹之，於是龍振甲而去。〔註190〕

引文道出，天寶中玄宗西幸入蜀時，興慶池小龍先行望西南而去，上至
嘉陵江中，小龍隨舟相護之奇異事，充滿奇異之意境。

II、宋鄭文寶《南唐近事》

《南唐近事》中，記載若干人物奇聞異事之軼聞，如〈朱鞏侍郎童蒙日〉、
〈沈彬長者〉、〈何敬洙善彈射〉、〈鄧匡圖為海州刺史〉、〈進士黃可字不孤〉、
〈昇元格〉、〈諫議大夫張義方〉、〈烈祖輔吳〉、〈章齊一為道士〉、〈馮延巳鎮
臨川〉、〈程員舉進士〉等則作品，均給予讀者奇之意境感受。以下舉〈馮延
巳鎮臨川〉為例：

馮延巳鎮臨川，聞朝議已有除替。一夕夢通舌生毛，翌日有僧解之
曰：「毛生舌間，不可剃也。相公其未替乎！」旬日之間，果已寢命。
〔註191〕

引文描述馮延巳夢通舌生毛奇異事，後經僧人解夢：「不可剃」雙關不可
替代。十日之後，朝議除替之事果真擱置。夢傳吉凶禍福，玄之又玄，充滿
奇異意境。

III、明陸深《金臺紀聞》

《金臺紀聞》中，可從考查事物緣起時，若干作品給予奇之意境感受，
如卷上〈北人驗時〉、〈天妃宮〉、〈蚯蚓糞能治蜂螫〉、〈偷桃事有兩〉等則。
以下舉〈偷桃事有兩〉作品：

偷桃事有兩，一說王母獻桃於武帝，東方朔從旁竊視之。王母指之

〔註189〕同註26，頁5～6。
〔註190〕同註6，第一冊，頁470。
〔註191〕同註63，頁24。

日：「此兒已三度偷吾桃矣。」一說武帝時，東方之國貢小人至，使
朔辨之，朔曰：「王母種桃三千歲一結子，此兒已三度偷桃矣！」未
知孰是。〔註192〕

　　引文道偷桃之事，一出舊題班固撰《漢武故事》，一未詳，惟皆充滿宗教
神祕不可解神奇之處，故作者文末亦只能以「未知孰是」作結。

（二）較無文學性之志人類作品

　　四部志人小說收錄作品，分析研讀後發現作者筆下較無文學意趣、選用
題材較無新意與作品較缺少意境傳達等三方面，作爲判斷該作品較無深刻文
學性。屬於「較無文學性志人作品」有《谿山餘話》一部作品。值得一提，
此部作品雖較無文學性成分，但仍具備其他功用或目的。爲避免被閱讀者忽
略，故在此亦稍加探討。

　　明陸深《谿山餘話》，據寧稼雨《中國文言小說總目提要》「第四編　明
代・志人類」云：

　　【谿山餘話】
　　明代志人小說集。陸深撰。……又有寫文人舞文弄墨之事，體近詩
　　話，未見出奇。〔註193〕

　　寧氏：「未見出奇」之論，今經筆者研究《谿山餘話》，應指作者筆下較
無小說新穎敘事手法，造成故事內容稍微平淡無奇。然其中若干作品，卻可
提供事物考證之參考。如〈吳文恪公訥〉：

　　吳文恪公訥，吾鄉常熟人。所著《文章辯體》一書，號爲精博。自
　　眞文忠公正宗之後，未能過之。但聯句小序謂：「聯句始著於陶靖節，
　　而盛於東野、退之」，則失考矣。若論聯句，寔始於賡歌，而〈栢梁〉
　　之作，其體著矣。〔註194〕

　　此則故事，誠如寧氏所言：「寫文人舞文弄墨之事，體近詩話，未見出奇。」
吾人檢視陸深《谿山餘話》若干則作品，除情感渲染缺少外，故事情節推展
似乎無法達到高潮疊起，以至於無法強烈感受到文學滋味。其餘如〈歌辭代
各不同〉、〈予嘗謂張子房之出處〉等作品亦然。

〔註192〕同註98，卷下，頁5～6。
〔註193〕寧稼雨撰：《中國文言小說總目提要》（濟南：齊魯書社出版發行，1996年12
　　　　月），頁299。
〔註194〕同註84，頁9。

第四章　《陳眉公家藏祕笈續函》志怪傳奇小說之版本暨內容考述

第一節　《陳眉公家藏祕笈續函》志怪傳奇小說作品考述

　　此單元，主要論述《陳眉公家藏祕笈續函》本收錄《桂苑叢談》、《集異志》與《疑仙傳》等三部志怪傳奇類小說之作者與內容。其次，以「文獻學」層面作論述考證，一則透過與明代其他著名叢書比較，以瞭解該部小說之版本優劣，且能提供該部小說源流與發展訊息；二則藉由該部小說今日流傳之善本作比較，以論斷編纂者陳繼儒採用版本用心與否及鑑別學養深淺。再者，以「內容」層面作論述考證，一方面深入作品內容文字與其他版本比較，以反映該部小說何者可被研究時取資；另一方面，針對每部小說內容特質作論考，以評定《陳眉公家藏祕笈續函》陳繼儒選書鑑別能力爲何。筆者藉由此三部志怪傳奇小說之實例，期能大致允當無誤地評論《陳眉公家藏祕笈續函》是否爲一部質量兼具之叢書。

一、唐馮翊《桂苑叢談》考述

（一）作者與內容介紹

1. 作者生平簡述

　　馮翊子乃嚴子休之號，唐馮翊（今陝西大荔）人。其生平事蹟未詳，當

是晚唐五代人士。《新唐書‧藝文志》志第四十九「藝文三」記載：

> 《桂苑叢譚》一卷，馮翊子，子休。〔註1〕

宋晁公武《郡齋讀書志》卷六「雜史類」記載：

> 《桂苑叢談》一卷〔先謙案「後志」三〕 右題云馮翊子子休撰。雜記唐朝雜事，僖昭時〔先謙案《通考》作僖昭時雜事是也〕，當是五代人。李《邯鄲》云姓嚴。〔先謙案「後志」無李字。〕
> 〔註2〕

以上二書目記載殊簡略，仍無法詳知其人其事，從周勛初《唐人筆記小說考索》「上編：通論‧唐代筆記小說的崛興與傳播」謂：

> 從黃巢起義開始，唐王朝即步步走向末日，軍閥之間的爭戰，從未停歇過。五代殘唐，社會從未有過較長時間的安定。典籍的散佚，無法控制，也無從收拾。唐人的筆記小說，自然無法避免摧殘的命運。因此，不論是《崇文總目》或《新唐書‧藝文志》中的著錄，都不可能反映前此唐代著作的全貌，而且有些著作，像《逸史》、《盧氏雜說》、《桂苑叢談》、《會昌解頤》、《松窗錄》、《芝田錄》、《玉泉子聞見真錄》等書究竟出自何人，也已不太明白。〔註3〕

周氏之說，實道出晚唐不少小說作者無從考索之難題。以下筆者旁查其他資料，加以釐清該部小說作者爲何許人也？據《四庫全書》子部十二「小說家類二」提要云：

> 《桂苑叢談》一卷。案《新唐書‧藝文志》載《桂苑叢談》一卷，註曰馮翊子子休撰，不著姓名。晁公武引李淑《邯鄲書目》云：姓嚴，疑馮翊子其號，而子休其字也。……其「甘露亭」一條，稱吳王收復浙右之歲者，當爲昭宗天復二年時，始封楊行密爲吳王，故子休以此稱之。然則作是書者，其江南人歟！〔註4〕

從此資料得知，「馮翊子」應是作者自號，而非其姓名。至於，作者生於

〔註1〕 〔宋〕歐陽脩等奉勅撰：《新唐書‧藝文志》志第四十九「藝文三」（楊家駱主編：中國學術類編《新校本宋史並附編三種》，臺北：鼎文書局印行，1982年11月），頁6。

〔註2〕 〔宋〕晁公武：《郡齋讀書志》卷六「雜史類」（《書目續編》六，廣文書局印行，1967年12月），頁518。

〔註3〕 周勛初著：《唐人筆記小說考索》（江蘇：江蘇古籍出版社，1997年5月），頁37。

〔註4〕 〔清〕紀昀等人編纂：文淵閣《四庫全書》子部三四八「小說家類」（臺北：臺灣商務印書館發行），頁1042～650。

何時、何地？《四庫全書》「提要」疑作者爲江南人。再據李劍國《唐五代志怪傳奇敘錄》「《桂苑叢談》一卷」條下言：

> 嚴子休，不詳何人。……按觀子休之號，似爲馮翊籍（即同州，今陝西大荔），至本書全記江淮事，蓋客居江淮也。所記事在大和至天復中，且第九條云：「乾符末有客寓止廣陵開元寺，因友會，語愚云」，第十條云「甘露寺僧語愚云」，知子休僖、昭時人也。〔註5〕

綜觀上述二則資料，筆者認爲李氏從作品第九、十則中，推論作者當時客居江淮，此說法較爲可信。

2. 《桂苑叢談》內容介紹

唐馮翊子《桂苑叢談》，《陳眉公家藏祕笈續函》所刻爲一卷本，而明代諸家叢書中雖亦言一卷本，但內容卻比《祕笈續函》少。《陳眉公家藏祕笈續函》是否爲收錄最完整、完善之版本？下一單元中，會進一步分析比較。在此先以《陳眉公家藏祕笈續函》所刻《桂苑叢談》內容作簡述。以下內容主題分二部分作說明：

（1）「前十條」作品，各有標題名稱。多瑣談俠士僧人異人之舉，如〈崔張自稱俠〉、〈方竹柱杖〉及〈杜可均卻鼠〉等則作品，以及神鬼怪異之事，如〈張綽有道術〉、〈客飲甘露亭〉等則作品。

（2）「〈史遺〉後十八條」作品，各則無標題名稱，舉例時以首句作爲篇名。多談稗官野史逸聞，如〈王積薪隨明皇西幸〉、〈吳郡顧況〉、〈崔膺〉等則作品。大抵，談論人鬼之言行，皆超乎凡人能力所及，令人讀之頗感不可思議。誠如《四庫全書》子部十二「小說家類二」提要記載云：

> 案《桂苑叢談》一卷，……其書前十條，皆載咸通以後鬼神怪異及瑣細之事。後爲《史遺》十八條，其十二條亦紀唐代雜事，餘六條則兼及南北朝。〔註6〕

（二）與明代其他著名叢書收錄版本比較

唐馮翊子《桂苑叢談》，據《叢書子目類編》得知有一卷及五則等情形。〔註7〕然明代著名叢書中，如《續百川學海》、《五朝小說》、《蒼雪菴日鈔》、

〔註5〕　李劍國著：《唐五代志怪傳奇敘錄》（天津：南開大學出版社出版，1993年12月），下冊，頁953。

〔註6〕　文淵閣《四庫全書》子部三四八「小說家類」。同註4，頁1042～650。

〔註7〕　中國學典館復館籌備處：《叢書子目類編》（臺北：鼎文書局，1977年1月），

　　《重編說郛》與《廣四十家小說》雖同是一卷本，所收錄作品亦有不同。以下先將此五種版本與《陳眉公家藏祕笈續函》本，列表清楚呈現其中之差異處。

叢書名〔註8〕／收錄篇目次序、內容文字差異處	《桂苑叢談》《陳眉公家藏祕笈續函》本	《桂苑叢談》《續百川學海》本〔註9〕	《桂苑叢談》《五朝小說》本〔註10〕	《桂苑叢談》《蒼雪菴日鈔》本〔註11〕	《桂苑叢談》《重編說郛》本〔註12〕	《桂苑叢談》《廣四十家小說》本〔註13〕
收錄篇目次序	「前十條」作品：〈張綽有道術〉〈太尉朱崖辯獄〉〈崔張自稱俠〉〈班支使解大明寺語〉〈賞心亭〉〈方竹柱杖〉〈杜可均卻鼠〉〈李將軍為左道所惑〉〈沙彌辯詩意〉〈客飲甘露亭〉　「史遺」十八則：各則無標題名稱。	「前十條」作品：〈張綽有道術〉〈太尉朱崖辯獄〉〈崔張自稱俠〉〈班支使解大明寺語〉〈賞心亭〉〈方竹柱杖〉〈杜可均卻鼠〉〈李將軍為左道所惑〉〈沙彌辯詩意〉〈客飲甘露亭〉　「史遺」十一則：無「史遺」二字，十一則各立標題名稱，依序如下－〈崔英〉〈高澈〉〈高延宗〉	「前十條」作品：〈張綽有道術〉〈太尉朱崖辯獄〉〈崔張自稱俠〉〈班支使解大明寺語〉〈賞心亭〉〈方竹柱杖〉〈杜可均卻鼠〉〈李將軍為左道所惑〉〈沙彌辯詩意〉〈客飲甘露亭〉　「史遺」十一則：無「史遺」二字，十一則各立標題名稱，依序如下－〈崔英〉〈高澈〉〈高延宗〉	收錄篇目，僅二則，且無標題名稱。案此二則為〈崔張自稱俠〉、〈方竹柱杖〉。	「前十條」作品：〈張綽有道術〉〈太尉朱崖辯獄〉〈崔張自稱俠〉〈班支使解大明寺語〉〈賞心亭〉〈方竹柱杖〉〈杜可均卻鼠〉〈李將軍為左道所惑〉〈沙彌辯詩意〉〈客飲甘露亭〉　「史遺」十一則：無「史遺」二字，十一則各立標題名稱，依序如下－〈崔英〉〈高澈〉〈高延宗〉	「前十條」作品：〈張綽有道術〉〈太尉朱崖辯獄〉〈崔張自稱俠〉〈班支使解大明寺語〉〈賞心亭〉〈方竹柱杖〉〈杜可均卻鼠〉〈李將軍為左道所惑〉〈沙彌辯詩意〉〈客飲甘露亭〉　「史遺」十八則：各則無標題名稱。

頁 1052。

〔註8〕　「叢書名」部分，為比較方便，《陳眉公家藏祕笈續函》本列為第一，其他叢書則依照刊刻時間排列。

〔註9〕　〔明〕吳永編：《續百川學海》（臺北：國家圖書館「善本書室」所藏「明末刊本」）。

〔註10〕　〔明〕馮夢龍編：《五朝小說》（臺北：國家圖書館「善本書室」所藏「明末刊本」）。

〔註11〕　〔明〕不著編人：《蒼雪菴日鈔》（臺北：國家圖書館「善本書室」所藏「明朱絲欄抄本」）。

〔註12〕　〔元〕陶宗儀輯・〔明〕陶珽重校：《說郛》卷第二十六（台北：國家圖書館「善本書室」所藏「清順治丁亥兩浙督學李際期刊本」）。

〔註13〕　〔明〕顧元慶輯：《廣四十家小說》（臺北：國家圖書館「善本書室」所藏「民國十二年上海進步書局石印本」）。

		〈崔弘度〉	〈崔弘度〉		〈崔弘度〉	
		〈王梵志〉	〈王梵志〉		〈王梵志〉	
		〈法慶〉	〈法慶〉		〈法慶〉	
		〈崔膺〉	〈崔膺〉		〈崔膺〉	
		〈任迪〉	〈任迪〉		〈任迪〉	
		〈采娘〉	〈采娘〉		〈采娘〉	
		〈唐衢〉	〈唐衢〉		〈唐衢〉	
		〈靈徹〉	〈靈徹〉		〈靈徹〉	
內容文字差異處〔註14〕	「前十條」作品異字：〈張綽有道術〉：「咸通初，……因贈詩以開其意云：『何用梯媒向外求，長生只在內中修。莫言大道人難得，自是行心不到**頭**。』」〈太尉朱崖辯獄〉：「太尉朱崖出鎮浙右，有甘露知主事者**訴**交代得常住什物，被前主事隱用卻常住金若干兩。……公怒，令**劾**前輩，皆一一伏罪，其所排者遂獲清雪。」〈崔張自稱俠〉：「進士崔涯、張祐下第後，多遊江淮。常嗜酒，侮諿時輩，或乘飲**興**，即自稱豪俠。……有詩曰：『椿兒繞樹春**國**裡，桂子尋花夜月中。』」	「前十條」作品異字：〈張綽有道術〉：「咸通初，……因贈詩以開其意云：『何用梯媒向外求，長生只在內中修。莫言大道人難得，自是行心不到**至**。』」〈太尉朱崖辯獄〉：「太尉朱崖出鎮浙右，有甘露知主事者**訴**交代得常住什物，被前主事隱用卻常住金若干兩。……公怒，令**刻**前輩，皆一一伏罪，其所排者遂獲清雪。」〈崔張自稱俠〉：「進士崔涯、張祐下第後，多遊江淮。常嗜酒，侮諿時輩，或乘飲**典**，即自稱豪俠。……有詩曰：『椿兒繞樹春**園**裡，桂子尋花夜月中。』」	「前十條」作品異字：〈張綽有道術〉：「咸通初，……因贈詩以開其意云：『何用梯媒向外求，長生只在內中修。莫言大道人難得，自是行心不到**至**。』」〈太尉朱崖辯獄〉：「太尉朱崖出鎮浙右，有甘露知主事者**訴**交代得常住什物，被前主事隱用卻常住金若干兩。……公怒，令**刻**前輩，皆一一伏罪，其所排者遂獲清雪。」〈崔張自稱俠〉：「進士崔涯、張祐下第後，多遊江淮。常嗜酒，侮諿時輩，或乘飲**典**，即自稱豪俠。……有詩曰：『椿兒繞樹春**園**裡，桂子尋花夜月中。』」		「前十條」作品異字：〈張綽有道術〉：「咸通初，……因贈詩以開其意云：『何用梯媒向外求，長生只在內中修。莫言大道人難得，自是行心不到**至**。』」〈太尉朱崖辯獄〉：「太尉朱崖出鎮浙右，有甘露知主事者**訴**交代得常住什物，被前主事隱用卻常住金若干兩。……公怒，令**刻**前輩，皆一一伏罪，其所排者遂獲清雪。」〈崔張自稱俠〉：「進士崔涯、張祐下第後，多遊江淮。常嗜酒，侮諿時輩，或乘飲**典**，即自稱豪俠。……有詩曰：『椿兒繞樹春**園**裡，桂子尋花夜月中。』」	「前十條」作品異字：〈張綽有道術〉：「咸通初，……因贈詩以開其意云：『何用梯媒向外求，長生只在內中修。莫言大道人難得，自是行心不到**頭**。』」〈太尉朱崖辯獄〉：「太尉朱崖出鎮浙右，有甘露知主事者**訴**交代得常住什物，被前主事隱用卻常住金若干兩。……公怒，令**劾**前輩，皆一一伏罪，其所排者遂獲清雪。」〈崔張自稱俠〉：「進士崔涯、張祐下第後，多遊江淮。常嗜酒，侮諿時輩，或乘飲**興**，即自稱豪俠。……有詩曰：『椿兒繞樹春**園**裡，桂子尋花夜月中。』」

〔註14〕「內容文字差異處」，凡異體字、字體部首形近如「衤」與「礻」或字體形近「已」「己」，筆者認為刊刻未注意，故皆不列入討論。其次，「史遺」十八則部分，《續百川學海》、《五朝小說》、《重編說郛》僅收錄其中十一則，故只針對這十一則作品作校勘。再者，引用作品，僅截錄差異文句。

〈班支使解大明寺語〉：「太保令狐相出鎮淮海日，支使班蒙與從事俱遊大明寺之西廊。忽**覻**前壁題云……」	〈班支使解大明寺語〉：「太保令狐相出鎮淮海日，支使班蒙與從事俱遊大明寺之西廊。忽**都**前壁題云……」	〈班支使解大明寺語〉：「太保令狐相出鎮淮海日，支使班蒙與從事俱遊大明寺之西廊。忽**都**前壁題云……」	〈班支使解大明寺語〉：「太保令狐相出鎮淮海日，支使班蒙與從事俱遊大明寺之西廊。忽**都**前壁題云……」	〈班支使解大明寺語〉：「太保令狐相出鎮淮海日，支使班蒙與從事俱遊大明寺之西廊。忽**覻**前壁題云……」
〈賞心亭〉：「咸通中，……以**共**郡無勝遊之地，且風亭月榭既已荒涼，花圃釣臺未愜深旨。……陶因獻**未**崖陸□元白所撰歌一曲……」	〈賞心亭〉：「咸通中，……以**共**郡無勝遊之地，且風亭月榭既已荒涼，花圃釣臺未愜深旨。……陶因獻**朱**崖陸□元白所撰歌一曲……」	〈賞心亭〉：「咸通中，……以**共**郡無勝遊之地，且風亭月榭既已荒涼，花圃釣臺未愜深旨。……陶因獻**朱**崖陸□元白所撰歌一曲……」	〈賞心亭〉：「咸通中，……以**共**郡無勝遊之地，且風亭月榭既已荒涼，花圃釣臺未愜深旨。……陶因獻**朱**崖陸□元白所撰歌一曲……」	〈賞心亭〉：「咸通中，……以**其**郡無勝遊之地，且風亭月榭既已荒涼，花圃釣臺未愜深旨。……陶因獻**朱**崖陸□元白所撰歌一曲……」
〈方竹柱杖〉：「太尉朱崖公兩出鎮於浙右，……見一僧**蹺**足而眠，以手書空，顧客殊不介意。友生竊自思書空有**換**鵝之能，**蹺**足類坦床之事，此必奇僧也，直入造之，僧雖強起，全不樂，客不得已而問曰：『先達有詩云：書空蹺足睡，路險**側**身行。和尚其庶幾乎！』……」	〈方竹柱杖〉：「太尉朱崖公兩出鎮於浙右，……見一僧**翹**足而眠，以手書空，顧客殊不介意。友生竊自思書空有**換**鵝之能，**翹**足類坦床之事，此必奇僧也，直入造之，僧雖強起，全不樂，客不得已而問曰：『先達有詩云：書空蹺足睡，路險**仄**身行。和尚其庶幾乎！』……」	〈方竹柱杖〉：「太尉朱崖公兩出鎮於浙右，……見一僧**翹**足而眠，以手書空，顧客殊不介意。友生竊自思書空有**換**鵝之能，**翹**足類坦床之事，此必奇僧也，直入造之，僧雖強起，全不樂，客不得已而問曰：『先達有詩云：書空蹺足睡，路險**仄**身行。和尚其庶幾乎！』……」	〈方竹柱杖〉：「太尉朱崖公兩出鎮於浙右，……見一僧**翹**足而眠，以手書空，顧客殊不介意。友生竊自思書空有**換**鵝之能，**翹**足類坦床之事……，此必奇僧也，直入造之，僧雖強起，全不樂，客不得已而問曰：『先達有詩云：書空蹺足睡，路險**側**身行。和尚其庶幾乎！』……」	〈方竹柱杖〉：「太尉朱崖公兩出鎮於浙右，……見一僧**蹺**足而眠，以手書空，顧客殊不介意。友生竊自思書空有**換**鵝之能，**蹺**足類坦床之事，此必奇僧也，直入造之，僧雖強起，全不樂，客不得已而問曰：『先達有詩云：書空蹺足睡，路險**側**身行。和尚其庶幾乎！』……」
〈李將軍為道所悮〉：「護軍李將軍全皋罷淮海日，……數日既滿，齋沐而後開，金色**粲**然，的不虛矣。……」	〈李將軍為道所悮〉：「護軍李將軍全皋罷淮海日，……數日既滿，齋沐而後開，金色**燦**然，的不虛矣。……」	〈李將軍為道所悮〉：「護軍李將軍全皋罷淮海日，……數日既滿，齋沐而後開，金色**燦**然，的不虛矣。……」	〈李將軍為道所悮〉：「護軍李將軍全皋罷淮海日，……數日既滿，齋沐而後開，金色**燦**然，的不虛矣。……」	〈李將軍為道所悮〉：「護軍李將軍全皋罷淮海日，……數日既滿，齋沐而後開，金色**粲**然，的不虛矣。……」
〈沙彌辯詩意〉：「乾符**末**，有客寓止廣陵開元寺……」	〈沙彌辯詩意〉：「乾符**末**，有客寓止廣陵開元寺……」	〈沙彌辯詩意〉：「乾符**末**，有客寓止廣陵開元寺……」	〈沙彌辯詩意〉：「乾符**末**，有客寓止廣陵開元寺……」	〈沙彌辯詩意〉：「乾符**末**，有客寓止廣陵開元寺……」

〈客飲甘露亭〉:「有甘露寺僧語愚云:……俄有數人自西軒而來,領僕廝**輩挈**酒壺,直抵望江亭而止。……東向一人南朝之衣,清**陽**甚美。……」	〈客飲甘露亭〉:「有甘露寺僧語愚云:……俄有數人自西軒而來,領僕廝**輩攜**酒壺,直抵望江亭而止。……東向一人南朝之衣,清**揚**甚美。……」	〈客飲甘露亭〉:「有甘露寺僧語愚云:……俄有數人自西軒而來,領僕廝**輩攜**酒壺,直抵望江亭而止。……東向一人南朝之衣,清**揚**甚美。……」	〈客飲甘露亭〉:「有甘露寺僧語愚云:……俄有數人自西軒而來,領僕廝**輩攜**酒壺,直抵望江亭而止。……東向一人南朝之衣,清**揚**甚美。……」	〈客飲甘露亭〉:「有甘露寺僧語愚云:……俄有數人自西軒而來,領僕廝**輩挈**酒壺,直抵望江亭而止。……東向一人南朝之衣,清**陽**甚美。……」
「史遺」十八則 異字:	**「史遺」十八則** 異字:	**「史遺」十八則** 異字:	**「史遺」十八則** 異字:	**「史遺」十八則** 異字:
「崔英年九歲,在秦王**苻**堅宮內讀書。」	「崔英年九歲,在秦王**苻**堅宮內讀書。」	「崔英年九歲,在秦王**苻**堅宮內讀書。」	「崔英年九歲,在秦王**苻**堅宮內讀書。」	「崔英年九歲,在秦王**苻**堅宮內讀書。」
「王梵志,衛州黎陽人也。黎陽城東十五裏有**正**德祖者,……。」	「王梵志,衛州黎陽人也。黎陽城東十五裏有**王**德祖者,……。」	「王梵志,衛州黎陽人也。黎陽城東十五裏有**王**德祖者,……。」	「王梵志,衛州黎陽人也。黎陽城東十五裏有**王**德祖者,……。」	「王梵志,衛州黎陽人也。黎陽城東十五裏有**王**德祖者,……。」
「崔膺,博陵人也。一**旦**將行營,……。」	「崔膺,博陵人也。一**旦**將行營,……。」	「崔膺,博陵人也。一**旦**將行營,……。」	「崔膺,博陵人也。一**旦**將行營,……。」	「崔膺,博陵人也。一**旦**將行營,……。」
「越僧靈徹得蓮花漏於廬山,……**每**晝夜十二沈之節,雖多夏雲陰月黑無所差矣。」	「越僧靈徹得蓮花漏於廬山,……**母**晝夜十二沈之節,雖多夏雲陰月黑無所差矣。」	「越僧靈徹得蓮花漏於廬山,……**母**晝夜十二沈之節,雖多夏雲陰月黑無所差矣。」	「越僧靈徹得蓮花漏於廬山,……**每**晝夜十二沈之節,雖多夏雲陰月黑無所差矣。」	「越僧靈徹得蓮花漏於廬山,……**每**晝夜十二沈之節,雖多夏雲陰月黑無所差矣。」
「前十條」作品 異文:	**「前十條」作品** 異文:	**「前十條」作品** 異文:	**「前十條」作品** 異文:	**「前十條」作品** 異文:
〈沙彌辯詩意〉:「乾符末,……則曰:『龕,龍去矣,**有合字;時,日隱也,有寺字也**;敬,文不在,苟字也;碎,石入沙,卒字也。此不遜之言,辱我曹矣。』」	〈沙彌辯詩意〉:「乾符末,……則曰:『龕,龍去矣,**乃合字也;時,日隱西,寺字也**;敬,文不在,苟字也;碎,石入沙,卒字也。此不遜之言,辱我曹矣。』」	〈沙彌辯詩意〉:「乾符末,……則曰:『龕,龍去矣,**乃合字也;時,日隱西,寺字也**;敬,文不在,苟字也;碎,石入沙,卒字也。此不遜之言,辱我曹矣。』」	〈沙彌辯詩意〉:「乾符末,……則曰:『龕,龍去矣,**乃合字也;時,日隱西,寺字也**;敬,文不在,苟字也;碎,石入沙,卒字也。此不遜之言,辱我曹矣。』」	〈沙彌辯詩意〉:「乾符末,……則曰:『龕,龍去矣,**有合字;時,日隱,有寺字**;敬,文不在,苟字也;碎,石入沙,卒字也。此不遜之言,辱我曹矣。』」

闕字：	闕字：	闕字：	闕字：	闕字：
〈張綽有道術〉：「咸通初，……因贈詩以開其意云：『何用梯媒向外求，長生只在內中修。……』」	〈張綽有道術〉：「咸通初，……因贈詩以開其意云：『何用梯媒向外求，長生只在內中修。……』」	〈張綽有道術〉：「咸通初，……因贈詩以開其意云：『何用梯媒_外求，長生只在內中修。……』」	〈張綽有道術〉：「咸通初，……因贈詩以開其意云：『何用梯媒向外求，長生只在內中修。……』」	〈張綽有道術〉：「咸通初，……因贈詩以開其意云：『何用梯媒向外求，長生只在內中修。……』」
〈李將軍爲道所悞〉：「護軍李將軍全皋罷淮海日，寓於開元寺，……得金二_餘兩爲每」	〈李將軍爲道所悞〉：「護軍李將軍全皋罷淮海日，寓於開元寺，……得金二十餘兩爲每」	〈李將軍爲道所悞〉：「護軍李將軍全皋罷淮海日，寓於開元寺，……得金二十餘兩爲每」	〈李將軍爲道所悞〉：「護軍李將軍全皋罷淮海日，寓於開元寺，……得金二十餘兩爲每」	〈李將軍爲道所悞〉：「護軍李將軍全皋罷淮海日，寓於開元寺，……得金二十餘兩爲每」
〈客飲甘露亭〉：「有甘露寺僧語愚云：……西坐一人北虜之服，魁梧疊疊。……虜服乃笑而言曰：……酒至西行，虜服乃笑而言曰：……虜服乃執杯而吟曰：……」	〈客飲甘露亭〉：「有甘露寺僧語愚云：……西坐一人北虜之服，魁梧疊疊。……虜服乃笑而言曰：……酒至西行，虜服乃笑而言曰：……虜服乃執杯而吟曰：……」	〈客飲甘露亭〉：「有甘露寺僧語愚云：……西坐一人北_之服，魁梧疊疊。……_服乃笑而言曰：……酒至西行，_服乃笑而言曰：……□服乃執杯而吟曰：……」	〈客飲甘露亭〉：「有甘露寺僧語愚云：……西坐一人北虜之服，魁梧疊疊。……虜服乃笑而言曰：……酒至西行，虜服乃笑而言曰：……虜服乃執杯而吟曰：……」	〈客飲甘露亭〉：「有甘露寺僧語愚云：……西坐一人北虜之服，魁梧疊疊。……虜服乃笑而言曰：……酒至西行，虜服乃笑而言曰：……虜服乃執杯而吟曰：……」

　　由上表明顯可窺知其間之差異性，筆者針對其差異處再作說明之。

　　第一，收錄篇目總數與編排次序之問題。顯見有三種情況：一爲，《陳眉公家藏祕笈續函》本與《廣四十家小說》本，共收二十八則作品。「史遺」前共十則作品，各有標題名稱；《史遺》部分十八則作品，各則無標題名稱。此二版本，乃是明代叢書中收錄篇目最多之版本。二爲，《續百川學海》本、《五朝小說》本與《重編說郛》本，共收二十一則作品。《史遺》前共十則作品，各有標題名稱。「史遺」僅收十一則作品，並另立標題名稱，與《陳眉公家藏祕笈續函》本、《廣四十家小說》本不同。此外，《史遺》部分之收錄次序與《陳眉公家藏祕笈續函》本、《廣四十家小說》本亦有差異。三爲，《蒼雪菴日鈔》本，僅收錄二則作品，乃是明代叢書中最無法反映《桂苑叢談》眞實之版本。究竟《陳眉公家藏祕笈續函》本與《廣四十家小說》本收錄之篇目總數，是否眞能反映出該部小說原貌？下節再述。

　　第二，收錄作品內容文字之差異。《陳眉公家藏祕笈續函》本與其餘四版本之差異情形，可細分三種情況：一爲，《陳眉公家藏祕笈續函》本與《廣四十家小說》本相互讎校結果，《史遺》前十則作品，僅三則作品有差異。至於，

《史遺》部分十八則作品，完全相同；二為，《陳眉公家藏祕笈續函》本與《續百川學海》本、《五朝小說》本、《重編說郛》本相互讎校結果，《史遺》前十則作品，有九則作品有差異，以「異字」為最多。至於，僅收《史遺》部分十一則作品相互讎校後，其中有四則內容文字有差異，主要在於「異字」部分。其中《續百川學海》本、《五朝小說》與《陳眉公家藏祕笈續函》本，相差最多；三為，《蒼雪菴日鈔》本，相互讎校結果，收錄二則內容文字前後次序更動改竄，為明代叢書《桂苑叢談》竄改最嚴重之版本。究竟哪一版本之內容文字比較無誤？

　　綜合上述，《陳眉公家藏祕笈續函》本與《廣四十家小說》本之二版本收錄篇目總數，理應最能反映該部小說之原貌。然據《新唐書・藝文志》與今日學者之研究得知，該部小說原內容僅有《史遺》前十則作品，故此二版本仍無法真實反映《桂苑叢談》之原貌，其餘諸家版本亦是如此；此說，另一部同是「寶顏堂」刊行「明萬曆間繡水沈氏尚白齋刊本」之《陳眉公家藏祕笈續函》〔註15〕本，亦是如此。此項問題，下一單元會詳細分析說明。其次，六版本相互讎校《史遺》前十則作品後，顯然有優劣之別。間接顯示出校勘者用心及學養程度，以「異字」共計九則之中凡十九處差異，筆者從閱讀上下文意，以及旁證中華書局出版《桂苑叢談》〔註16〕本，其結果以《廣四十家小說》本九則中十一處比較符合情節之發展。如〈崔張自稱俠〉：

　　進士崔涯、張祐下第後，多遊江淮。常嗜酒，侮謔時輩，或乘飲興，即自稱豪俠。……有詩曰：『椿兒繞樹春園裡，桂子尋花夜月中。』

上文二處下劃橫線，各版本皆有一處有誤，《陳眉公家藏祕笈續函》本將其中「椿兒繞樹春園裡」之「園」字作「國」字；《續百川學海》本、《五朝小說》本、《重編說郛》本將「或乘飲興」之「興」作「典」字。大抵，前一處作「興」字較妥當，即描寫乘著飲酒微醺後，興致一來，自稱自己為豪俠；後一處「園」字較符合詩歌平仄對仗，且文意亦較合理；復查證《全唐詩》卷五一一，張祐

〔註15〕〔明〕陳繼儒輯：《寶顏堂祕笈》，國家圖書館善本書室另藏一部「明萬曆間繡水沈氏尚白齋刊本」，記載收藏之書為一百九十三卷四十八冊。該版本僅存「陳眉公訂正祕笈」、「家藏祕笈續函」、「眉公雜著」等三集。該版本，所收《桂苑叢談》部分與本論文底本之差異，以下簡述之：1.校訂閱者，改為仲醇陳繼儒・白生沈孚先；2.內容文字差異處，出入不多，二十一則僅三、四則作品，以一、二異字出入為最常見；3.收錄作品數量與編排次序，一模一樣。
〔註16〕〔唐〕李濬等撰：《松窗雜錄・杜陽雜編・桂苑叢談》（上海：中華書局出版，1964年1月）。

一聯詩亦作「園」字。故《廣四十家小說》本內容文字,比其餘五家精確。

二、唐陸勳《集異志》考述

(一)作者與內容介紹

1. 作者生平簡述

　　《陳眉公家藏祕笈續函》本所刻《集異志》四卷,署名「唐比部陸中郎勳集」。《集異志》是否爲陸氏所編輯,下一小節「2.《集異志》內容介紹」將進行辨證。茲以《陳眉公家藏祕笈續函》本署名「唐比部陸中郎勳集」先行作介紹。

　　唐陸勳,吳人也,太常博士陸亙次子,曾任校書郎、淮南從事、兵部員外郎等職。《舊唐書》無陸勳本傳,但仍可從書中相關記載,或其他資料能略知其人生平事蹟。據《舊唐書・本紀》第十九(上)「懿宗李漼」記載:

> 三月(咸通十二年),以吏部尚書蕭鄴、吏部侍郎歸仁晦李當考官,
> 司封郎中鄭紹業、兵部員外郎陸勳等考試宏詞選人。〔註17〕

　　復據唐林寶《元和姓纂》卷十中記載「惠陵陸侍詮」得知有關「陸勳」資料:

> 惠陵陸侍詮,並吳人。詮生亙,太常博士、越宣二觀察,生墉、勳。墉,陝府觀察,生鉅。勳,吏部郎中。
>
> 〔岑校〕惠陵令陸侍詮　《舊書》一六二〈亙傳〉,父持詮。
>
> 〔又〕詮生亙太常博士越宣二觀察　依《舊唐書・亙傳》,元和七年時方爲博士,越、宣二觀察乃其後來歷官。《舊紀》一七下,大和八年九月乙亥,宣州觀察史陸亙卒,去修書時已二十許年矣,太常博士與觀察官位懸殊,不應連敍,即此可覘其羼入之跡也。《宋僧傳》一一〈太毓傳〉,越州刺史陸亙;又〈普願傳〉,大和年初,宣使陸公亙,前池陽太守。據《傳》,亙未刺池,或別指一人,待考。〈會稽太守題名記〉:「陸亙,大和三年九月自蘇州刺史授,七年閏七月除宣州觀察使。」
>
> 〔又〕生墉勳陝府觀察生鉅勳吏部郎中　此之歷官,由前條觀之,

〔註17〕　〔唐〕劉昫撰:《舊唐書・本紀》第十九(上)「懿宗李漼」(許嘉璐主編:《二十四史全譯》,上海:漢語大詞典出版社,2004 年 1 月),第一冊,頁 574。

可決其非《姓纂》原文。據《舊紀》，咸通十二年，勳尚爲兵部員外。《全詩》（按：指《全唐詩》）九函七冊李郢〈寄題陸勳校書義興禪居〉。《方鎮年表》四引本書作「互生墉」，蓋校改之文。《舊紀》，乾符三年十二月，以前陜西（「西」字衍）虢觀察陸墉爲太子賓客。又《嚴州圖經》，睦州刺史陸墉，咸通五年五月十二日自金部郎中拜。〔註18〕

另據宋史能之《〔咸淳〕重修毗陵志》卷十九「人物四‧遺逸‧宜興‧唐」記載：

陸勳嘗寓義興，李郢有〈寄題陸校書禪居詩〉云：「惠遠煙霞在，方平仗履隨。」〔註19〕

《全唐詩》卷五百九十「李郢」載〈秋晚寄題陸勳校書義興禪居時淮南從事〉云：

禪居秋草晚，蕭索異前時。蓮幕青雲貴，翱翔絕後期。薜房橡架掩，山硯石盆敧。劍戟晨趨靜，笙歌夜散遲。谷寒霜狄靜，林晚磬蟲悲。惠遠煙霞在，方平杖履隨。骨清須貴達，神重有威儀。萬卒千蹄馬，橫鞭從信騎。〔註20〕

今從《舊唐書》、《元和姓纂》、《〔咸淳〕重修毗陵志》與《全唐詩》等資料可得知，唐陸勳之家世背景、官宦之途與詩人李郢交遊等情形，惜資料中無隻言片語提及陸氏有何著作，更遑論所撰《集異志》。故筆者僅能再從歷代書目中署名陸勳作推論，初步統計其著作應有《集異記》、《志怪錄》、《集異志》等三部小說作品。其中《志怪錄》、《集異志》二書，後人咸認爲係假託陸勳之名。此處研究《陳眉公家藏祕笈續函》本所刻《集異志》四卷，是否真是他人僞託唐陸勳之名？下面將進一步論證。

2. 《集異志》內容介紹

唐陸勳《集異志》，歷來書目家與研究者談論時常與陸氏另一部作品《集異記》有相混現象。如清周中孚《鄭堂讀書記》卷六十六「子部十二之四‧

〔註18〕 〔唐〕林寶撰：《元和姓纂》（北京：中華書局出版，1994 年 5 月），第二冊，頁 1420〜1401。

〔註19〕 〔宋〕史能之纂修：《〔咸淳〕重修毗陵志》（《續修四庫全書》編纂委員會編：《續修四庫全書》六九九‧史部‧地理類，上海：上海古籍出版社），第六九九冊，頁 179。

〔註20〕 《全唐詩》（北京：中華書局出版，1960 年 4 月），第十八冊，頁 6853〜6854。

小說家類四・異聞」記載「《集異志》四卷　《續祕笈本》」條下云：

舊題唐陸勳撰，勳，裏貫未詳，官比部郎中。《四庫全書》存目作《陸氏集異記》，所以別於薛氏書也。《讀書志》、《通考》、《宋志》俱作二卷，晁氏稱語怪之書也。凡三十二事，尤（當作犬）怪者居三之一。案今所載凡二百二十六事，較晁氏所計之數多至五六倍，而言尤（當作犬）怪者甚少，蓋後人又采諸傳記中所載戰國以迄唐初怪異之書，傅益爲四卷，非宋人所見之舊帙矣。〔註21〕

此書目反映出該部小說若干疑點，故欲瞭解本論文所探討之《集異志》，須先辨證《集異記》與《集異志》二書之關係：

第一，《集異記》與《集異志》二書名相似，易令人產生誤解。核諸歷代書目記載，宋《崇文總目》卷六「小說」：

《集異記》三卷。〔註22〕

宋《宋史・藝文志》第一百五十九「小說類」：

陸勳《集異志》二卷。〔註23〕

宋晁公武《郡齋讀書志》卷三下「小說類」：

《陸氏集異記》二卷　右唐陸勳纂。語怪之書也，凡三十二事。

〔註24〕

元馬端臨《文獻通考》卷二百十五「經籍四十二・小說家類」記載：

《陸氏集異記》二卷　晁氏曰：「唐陸勳纂。語怪之書也，凡三十二事，言犬怪者居三之一。」〔註25〕

明焦竑《國史經籍志》卷三「史類・傳記・冥異」：

〔註21〕〔清〕周中孚撰：《鄭堂讀書記》卷六十六「子部十二之四・小說家類四・異聞」（國家圖書館編：《國家圖書館藏古籍題跋叢刊》，北京：北京圖書館出版社，2002年5月），第十四冊，頁434～435。
〔註22〕〔宋〕王堯臣・王洙・歐陽修等人奉敕撰：《崇文總目》（景印《文淵閣四庫全書》史部四三二目錄類，臺北：台灣商務印書館發行），第六七四冊，頁674-67。
〔註23〕〔元〕托克托等奉勅撰：《宋史・藝文志》第一百五十九（許嘉璐主編：《二十四史全譯》，上海：漢語大詞典出版社，2004年1月），第七冊，頁4300。
〔註24〕〔宋〕晁公武撰：《郡齋讀書志》（王雲五主編：《國學基本叢書》四百種，臺北：臺灣商務印書館股份有限公司，1968年3月），第二冊，頁242。
〔註25〕〔元〕馬端臨撰：《文獻通考》（國學基本叢書《九通》，臺北：新興書局發行，1967年8月），第三十八冊，頁1756。

《集異記》三卷 陸勳。〔註26〕

清《四庫全書總目》子部五十四「小說家類存目二」云：

《陸氏集異記》四卷 ^{兩江總督}_{採進本} 舊本題唐比部郎中陸勳撰。《書錄解題》

及《宋史・藝文志》竝作二卷。陳振孫曰：「語怪之書也。凡三十二

事，言犬怪者居三之一。」此書較陳氏所載多二卷，而事較振孫所

記之多三四倍，亦不多犬怪，豈後人附會，非本書歟？〔註27〕

清傅增湘《藏園訂補邵亭知見傳本書目》卷十一上・子部十二・小說家

類・異聞「《集異志》」記載二條云：

⊕《集異志》二卷 唐陸勳撰。○明墨格寫本，行款失記。楊馥堂處閱，未收。

⊕《集異志》四卷 唐陸勳撰。○明萬曆刊寶顏堂《續祕笈》本，八行十八字，白口，單闌。書名前冠以寶顏堂訂正五字。藏園藏。

〔註28〕

　　檢視歷代書目記載陸勳著作，《宋史・藝文志》稱「陸勳《集異志》」，而
《郡齋讀書志》、《文獻通考・經籍志》、《四庫全書總目》等後人逕改稱《陸
氏集異記》，且亦有名之曰《集異志》者，如清傅增湘氏之書目所記。又《四
庫全書總目》、《藏園訂補邵亭知見傳本書目》等，應指《陳眉公家藏祕笈續
函》所刻《集異志》。筆者認為，二書名稱僅一字之差，而確屬同一本書。且
自古一書多名情況司空見慣，如著名北朝志怪小說《冤魂志》亦稱《還冤志》、
《還冤記》、《北齊還冤志》，故《集異記》亦稱《陸氏集異記》，或稱《集異
志》，實屬此類情形。陳文新《文言小說審美發展史》「第十章 中期唐人傳
奇：穆宗至懿宗朝（821～873年）」針對《集異記》亦稱《陸氏集異記》推論
其原因曰：

〔註26〕 〔明〕焦竑撰：《國史經籍志》（四庫全書存目叢書編纂委員會：《四庫全書存
　　　　目叢書》史部二七七，臺南：莊嚴文化事業有限公司，1996年8月），第二七
　　　　七冊，頁277～362。

〔註27〕 按，《四庫全書總目》言：「《書錄解題》及《宋史・藝文志》竝作二卷。陳振
　　　　孫曰：『語怪之書也。』凡三十二事，言犬怪者居三之一。此書較陳氏所載
　　　　多二卷，而事較振孫所記之多三四倍，亦不多犬怪，豈後人附會，非本書歟？」
　　　　按，筆者遍查陳振孫《書錄解題》無此說，應將晁公武《郡齋讀書志》誤記
　　　　成陳氏所言。
　　　　〔清〕紀昀等人編撰：《四庫全書總目》（臺北：藝文印書館，1997年9月），
　　　　第四冊，頁2836。

〔註28〕 〔清〕莫友芝撰・傅增湘訂補・傅熹年整理：《藏園訂補邵亭知見傳本書目》
　　　　（北京：中華書局出版，1993年6月），第二冊，頁75。

2.陸勳《集異記》……所撰《集異記》，原書已佚，《太平廣記》中
注明「出《集異記》」的，一部分是他的作品。爲區別於薛用弱的《集
異記》，宋晁公武《郡齋讀書志》稱之爲《陸氏集異記》。〔註29〕

大抵，《集異記》名稱既多，易與他書書名相混。且《集異志》亦署名陸
勳，故造成《集異記》與《集異志》二書屢被視爲同一書而混淆不清。

第二，《集異記》與《集異志》內容若干相似之處，而誤爲同是一書。宋
晁公武《郡齋讀書志》言《陸氏集異記》：「語怪之書也，凡三十二事。」復
據《四庫全書總目》記載「《陸氏集異記》」云：「陳振孫曰：『語怪之書也。』
凡三十二事，言犬怪者居三之一。」按，《陸氏集異記》原書已佚，何謂「語
怪」？其辭含糊，僅能據較具體「言犬怪者」主題，進一步從《太平廣記》
找尋。考查《太平廣記》註明《集異記》八十二條下推敲有關「犬怪」之作
品，第四百三十七「畜獸四·犬上」、第四百三十八「畜獸五·犬下」註錄十
條作品，有：〈楊褒〉、〈鄭韶〉、〈柳超〉、〈範翊〉、〈盧言〉、〈齊瓊〉、〈田招〉、
〈裴度〉、〈朱休之〉、〈胡至忠〉等。大陸學者李劍國《唐五代志怪傳奇敘錄》
考證《陸氏集異記》一文指出，〈楊褒〉、〈鄭韶〉、〈柳超〉、〈範翊〉、〈盧言〉、
〈齊瓊〉、〈田招〉、〈裴度〉、〈胡至忠〉等九事，應是出自陸勳《陸氏集異記》。
〔註30〕瀏覽李劍國考證《集異記》中「犬怪」故事，多描述義犬救主之事、
復仇之事，且具備人性等特徵，如〈鄭韶〉一則：

> 鄭韶者，隋煬帝時左散騎常侍。大業中，授閬中太守。韶養一犬，
> 憐愛過子。韶有從者數十人，內有薛元周者。韶未達之日，已事之。
> 韶遷太守，略恩恤。元周忿恨，以刃久伺其便，無得焉。時在閬中，
> 隋煬帝有使到，韶排馬遠迎之。其犬乃銜拽衣襟，不令出宅。館吏
> 馳告云，使入郭。韶將欲出，爲犬拽衣不放。韶怒，令人縛之於柱。
> 韶出使宅大門，其犬乃掣斷繩而走，依前拽韶衣，不令去。韶撫犬
> 曰：「汝知吾有不測之事乎？」犬乃嗥吠。跳身於元周隊內，咬殺薛

〔註29〕陳文新著：《文言小說審美發展史》（武漢：武漢大學出版社，2002 年 10 月），
頁 269。

〔註30〕李劍國《唐五代志怪傳奇敘錄》考證《陸氏集異記》全文內容，共輯三十一
則：〈王安國〉、〈汪鳳〉、〈高元裕〉、〈李佐文〉、〈金友章〉、〈於凝〉、〈宮山僧〉、
〈李楚賓〉、〈裴用〉、〈嘉陵江巨木〉、〈光化寺客〉、〈王瑤〉、〈崔韜〉、〈楊褒〉、
〈鄭韶〉、〈柳超〉、〈範翊〉、〈盧言〉、〈齊瓊〉、〈田招〉、〈裴度〉、〈胡至忠〉、
〈李汾〉、〈崔商〉、〈徐安〉、〈僧晏通〉、〈薛夑〉、〈朱覲〉、〈裴佃〉、〈鄧元佐〉、
〈劉惟清〉等作品。同註5，下冊，頁 835～838。

元周。詔差人搜元周衣下，果藏短劍耳。〔註31〕

　　再者，復以此「犬怪」主題檢視《集異志》作品內容約二十餘則，〔註32〕其中類似《集異記》中〈鄭韶〉欲救主故事有卷四〈吳諸葛恪征淮南歸將朝〉一例：

　　　　吳諸葛恪征淮南歸將朝，犬銜引其衣，恪曰：「犬不欲我行乎？」還坐，而頃復起。犬又銜衣，乃令逐犬，遂升車入，被害。〔註33〕

　　此則作品描寫義犬欲救主，主人未能領悟而喪其命。且詳加考查其他《集異志》以犬為主題作品，多屬應驗吉凶之兆。如卷四〈晉安帝太興中〉：

　　　　晉安帝太興中，吳郡太守張懋聞齋內床下犬聲。求而不得，既而地自坼，見有二犬子，取而養之，皆死。尋而懋為沈克所害。〔註34〕

　　相互比較內容後，《集異記》以犬為主題，著重畜獸懂得報恩之寓意；《集異志》以犬為主體，著墨重心畜獸具某事之吉凶應兆。是二書採用題材有相近之處，然《集異記》中寄託牲畜良善、忠貞之意，《集異志》中多將牲畜賦予怪異奇絕之事，應屬截然不同性質二部小說作品。此外，《集異記》從前人記載至今人研究，皆肯定唐陸勳所撰無疑，而《集異志》是否為陸勳所輯，歷來皆以存疑態度視之。如李劍國《唐五代志怪傳奇敘錄》論述於「附卷　偽書辨證」、寧稼雨《中國文言小說總目提要》著錄於「偽訛書目」等，主要論據於描述內容已超過唐陸勳生處年代。據李劍國《唐五代志怪傳奇敘錄》「偽訛書目·《集異志》四卷」條下謂：

　　　　《集異志》，……按陸勳《集異記》原為二卷，三十二事，《廣記》引有佚文。此四卷本者二百三十九事，較原書多出六七倍，又載事下逮五代後晉少帝開運元年（卷四），在陸勳之後。細檢各條，皆掠摘漢

〔註31〕　〔宋〕李昉等編：《太平廣記》（北京：中華書局出版，1961年9月），第九冊，頁3554～3555。

〔註32〕　《集異志》作品內容約二十餘則，依據《陳眉公家藏祕笈續函》本收錄作品第一句為篇名如下：卷二〈晉安帝永熙三年〉、〈昔元帝大興四年〉；卷三〈漢武帝太初二年〉、〈晉東海王越〉、〈齊武帝時〉、〈貞觀十七年七月〉；卷四〈漢劉聰末年〉、〈魏司馬太傅討公孫淵父子〉、〈王莽居攝〉、〈晉安帝太興中〉、〈晉安帝隆安初〉、〈晉安遠為丹陽內史〉、〈吳諸葛恪征淮南歸將朝〉、〈新野庾謹母病〉、〈謝文靜於後府接賓〉、〈李林甫有疾〉、〈晉惠帝元康中〉、〈桓玄將拜〉、〈朱建平善相術〉、〈齊後主時〉等。

〔註33〕　〔唐〕陸勳撰：《集異志》（〔明〕陳繼儒編：《寶顏堂祕笈》，臺北：國家圖書館「善本書室」所藏「明萬曆間繡水沈氏尚白齋刊本」），卷四，頁16。

〔註34〕　同上註，卷四，頁14。

以來正史《五行志》及志怪雜書所載災異變怪之事而成，或照錄原文，或稍事增損，洵為贗書。陳繼儒藏書甚富，所刻《寶顏堂祕笈》多有罕傳之本，但此書所出不詳，疑乃南宋元明間人偽造。而其題署似或有本，唯陸勳任吏部郎中，此云比部，未審所以。〔註35〕

復據寧稼雨《中國文言小說總目提要》「偽訛書目」中《集異志》條下謂：

見《寶顏堂祕笈》續集，四卷。……檢其文字，皆采摭漢代以來怪異之談，或取正史《五行志》，或錄志怪雜書。或抄襲原文，或稍加潤飾。可知其書必非陸勳原書。《四庫全書總目提要》、《鄭堂讀書記》均指出其偽。當由明人偽纂此書，嫁名陸勳。〔註36〕

從上述引文，李氏認為南宋至明代間人偽造，寧氏指應是明代人偽纂，筆者據前述歷代書目所反映實情，亦以為寧氏說較為可信。唯在此必須再強調，前言「1. 作者陸勳簡述」乃依據《陳眉公家藏祕笈續函》本所署「唐比部郎陸勳集」先行介紹，非不知作者為偽託。然而《集異志》真正作者難以考證，應屬明人偽造；此假託他人著書之現象，於歷代時有所聞。

以下論述，筆者將正式介紹《陳眉公家藏祕笈續函》所刻，不知何人編輯之《集異志》署名改題偽託唐陸勳，特發凡於此。《陳眉公家藏祕笈續函》所刻為四卷本，考察明代叢書，僅《說郛續》收錄刊刻，至清代亦僅《唐人說薈》、《唐代叢書》等著錄刻為一卷本。旁查其他版本，如《四庫全書存目叢書》記載上海圖書館藏「明鈔本」二卷本；民國《說庫》一卷本、商務《叢書集成初編》、新文豐出版《叢書集成新編》四卷本等，大抵，收錄之《集異志》有一卷、二卷、四卷之版本，究竟何者較接近作者原書編輯時之真象？在此筆者先以《陳眉公家藏祕笈續函》本所刻《集異志》二百四十則，〔註37〕

<hr>

〔註35〕同註5，下冊，頁1177～1178。

〔註36〕寧稼雨撰：《中國文言小說總目提要》（濟南：齊魯書社出版發行，1996年12月），頁470～471。

〔註37〕《陳眉公家藏祕笈續函》本所刻《集異志》，筆者親自審閱後為二百四十則。然據清周中孚《鄭堂讀書記》卷六十六「子部十二之四·小說家類四·異聞」記載「《集異志》四卷　續祕笈本」條下云：「案今所載凡二百二十六事」。據李劍國《唐五代志怪傳奇敘錄》「偽訛書目·《集異志》四卷」條下謂：「此四卷本者二百三十九事」。李氏於書中有條列二百三十九事之目，筆者一一查核後，《陳眉公家藏祕笈續函》本所刻《集異志》多出「卷四〈金受其敗也〉一則作品，為李氏所遺漏。再者，陸勳《集異志》收錄作品無篇名名稱，故以下內容主題介紹採用本論文底本《陳眉公家藏祕笈續函》本首句為篇名，作為該則作品之名稱。

作內容簡述。據王師國良《唐代小說敘錄》「第五章　存疑書目」謂：

　　5.《集異志》四卷

　　（內容考）……《祕笈》本卷一記人痾，卷二記羽蟲之孽、水災，

　　卷三記詩妖、訛言、服妖，卷四記草妖、白眚、白祥、豕禍、羊禍、

　　犬禍、牛禍、鼠禍等。〔註38〕

　　大抵，《集異志》中多喜用人、妖、牲畜等為主角，賦予奇異詭怪之情事。
以下內容主題分二項說明：

　　（1）山川異獸徵應吉凶果報之事，如卷一〈東晉王綏為冠軍將軍〉、〈陳
周文育為鎮南將軍〉等；卷二〈吳孫權赤烏十三年八月〉、〈晉惠帝元康四年〉
等；卷三〈晉惠帝永寧初〉、〈齊武帝時〉；卷四〈魏司馬太傅討公孫淵父子〉、
〈王莽居攝〉、〈晉安帝太興中〉、〈晉安帝隆安初〉、〈晉安遠為丹陽內史〉、〈吳
諸葛恪征淮南歸將朝〉、〈新野庾謹母病〉等。

　　（2）人物鬼妖奇異怪幻之事，如卷一〈漢哀帝建平中〉、〈漢寧帝建寧二
年〉、〈後周保定三年〉等；卷二〈武後垂拱二年九月己巳〉、〈武後垂拱元年
九月〉等；卷三〈晉元帝永昌元年〉、〈漢桓帝元嘉中〉等；卷四〈後周建德
六年〉、〈武後長安中〉等。

　　其中故事多依前人志怪雜書敷演而改編，誠如寧稼雨《中國文言小說總
目提要》「偽訛書目」中《集異志》條下所謂：

　　檢其文字，皆采摭漢代以來怪異之談，或取正史《五行志》，或錄志

　　怪雜書。或抄襲原文，或稍加潤飾。可知其書必非陸勳原書。〔註39〕

（二）與明代其他著名叢書收錄版本比較

　　偽託唐陸勳《集異志》，據《叢書子目類編》得知計分一卷、四卷。〔註40〕
據清《四庫全書總目》子部五十四「小說家類存目二」云：

　　《陸氏集異記》四卷 採 進 本 兩江總督　舊本題唐比部郎中陸勳撰。〔註41〕

　　清傳增湘《藏園訂補邵亭知見傳本書目》卷十一上・子部十二・小說家
類・異聞「《集異志》」記載二條云：

〔註38〕王國良撰：《唐代小說敘錄》（臺灣：嘉新水泥公司文化基金會，1979 年 11
　　　　月），頁 22。

〔註39〕同註 36，頁 470〜471。

〔註40〕同註 7，頁 1088。

〔註41〕同註 27，第四冊，頁 2836。

⓪《集異志》二卷　唐陸勳撰。○明墨格寫本，行款失記。楊馥堂處間，未收。

⓪《集異志》四卷　唐陸勳撰。○明萬曆刊寶顏堂《續祕笈》本，八行十八字，白口，單闌。書名前冠以寶顏堂訂正五字。藏園藏。

〔註42〕

　　從以上書目資料得知，除《叢書子目類編》所收錄一卷、四卷外，亦有二卷本。然一卷、二卷與四卷，究竟有何差異？此節先探討明代著名叢書中，刊刻《集異志》情形。然僅《陳眉公家藏祕笈續函》收錄四卷本與《說郛續》一卷本，故此單元則以探討同是「明萬曆間繡水沈氏尚白齋刊本」《寶顏堂祕笈》四卷本與《說郛續》一卷本之情形。下節再旁查其他版本，分析探究該部小說原書編輯全貌。以下列表將二版本相互比較，期能清楚呈現其差異處。

叢書名〔註43〕 分卷與收錄情形、收錄作品編排差異、內容文字差異處〔註44〕	《集異志》 「明萬曆間繡水沈氏尚白齋刊本」共分六集之《陳眉公家藏祕笈續函》本〔註45〕	《集異志》 「明萬曆間繡水沈氏尚白齋刊本」共分三集之《陳眉公家藏祕笈續函》本〔註46〕	《集異志》 《說郛續》本 〔註47〕
分卷與收錄情形	共四卷，收錄二百四十則作品。	共四卷，收錄二百三十四則作品。 短收《陳眉公家藏祕笈續函》本則篇目名稱如下： 卷二中，〈晉惠帝元康六年五月〉、〈晉安帝元興二年十二月〉、〈開元八年〉、〈晉元帝大興四年〉、〈晉懷帝永嘉元	共一卷，收錄作品總數為八十五則作品。 多出《陳眉公家藏祕笈續函》本則篇目名稱如下： 〈秦始皇三十六〉等，共一則作品。 僅收《陳眉公家藏祕笈續函》本八十四則篇目。

〔註42〕 同註28，第二冊，頁75。

〔註43〕 「叢書名」部分，為比較方便，本論文採用之底本《陳眉公家藏祕笈續函》本列為前者，而另一部「明萬曆間繡水沈氏尚白齋刊本」《陳眉公家藏祕笈續》與《說郛續》列於後者。

〔註44〕 「收錄卷數與作品數目」與「內容文字差異處」，因《集異志》收錄作品無篇名名稱，故以本論文底本《陳眉公家藏祕笈續函》本首句為篇名，作為該則作品之名稱。

〔註45〕 〔明〕陳繼儒輯：《寶顏堂祕笈》，「明萬曆間繡水沈氏尚白齋刊本」現藏於臺北國家圖書館。該版本共分六集，分別為「陳眉公訂正祕笈」、「陳眉公家藏祕笈續」、「陳眉公家藏彙祕笈」、「陳眉公家藏廣祕笈」、「陳眉公普祕笈」與「眉公雜著」。亦是本論文採用之底本，統計共收書四百十卷二百四十冊。

〔註46〕 〔明〕陳繼儒輯：《寶顏堂祕笈》，國家圖書館善本書室另藏一部「明萬曆間繡水沈氏尚白齋刊本」，記載收藏之書為一百九十三卷四十八冊。該版本僅存「陳眉公訂正祕笈」、「家藏祕笈續函」、「眉公雜著」等三集。

〔註47〕 〔元〕陶宗儀輯‧〔明〕陶珽重校：《說郛續》卷第一百十六（臺北：國家圖書館「善本書室」所藏「清順治丁亥兩浙督學李際期刊本」）。

		年〉、〈晉成帝咸寧初〉等六則作品。	〔註48〕
收錄作品編排差異	共分四卷，收錄二百四十則作品。 卷一，收錄五十則作品。 卷二，收錄六十五則作品。 卷三，收錄五十四則作品。 卷四，收錄七十一則作品。	共四卷，收錄二百三十四則作品。 卷一，收錄五十則作品。 卷二，收錄五十九則作品。 卷三，收錄五十四則作品。 卷四，收錄七十一則作品。	共分一卷，摘錄《陳眉公家藏祕笈續函》本卷一至卷四中之八十四則作品，但無依照卷數次序、收錄作品順序刊刻，故收錄作品前後差異甚大。
內容文字差異處〔註49〕	「異字」部份	「異字」部份	「異字」部份
	卷一 〈魏襄王十三年〉：「魏襄王十三年，魏有女子化爲丈夫，京房曰：『女子化爲丈夫，茲**謂**陰昌。』」	卷一 〈魏襄王十三年〉：「魏襄王十三年，魏有女子化爲丈夫，京房曰：『女子化爲丈夫，茲**謂**陰昌。』」	〈魏襄王十三年〉：「**魏襄王十三年，魏有女子化爲丈夫，京房曰：『女子化爲丈夫，茲爲陰昌。』」**

〔註48〕 僅收《陳眉公家藏祕笈續函》本八十四則篇目名稱如下：（此部份依照《陳眉公家藏祕笈續函》本收錄卷次次序爲主，且以首句作爲該則篇名名稱。）
「卷一」部分，〈魏襄王十三年〉、〈齊湣王時〉、〈漢武帝與群臣宴未央〉、〈漢末麋竺嘗從洛歸〉、〈漢末大亂〉、〈吳孫權太元元年〉、〈吳孫皓寶鼎元年〉、〈吳成將鄧喜殺豬祀神〉、〈晉武帝咸寧二年十二月〉、〈晉惠帝元康中〉、〈晉惠帝光熙元年〉、〈晉元嘉九年〉、〈晉謝靈運以元嘉五年〉、〈魏公孫淵家數有怪犬〉、〈漢劉聰時〉、〈晉元帝永昌元年〉、〈晉阮瞻嘗著無鬼論〉、〈東晉王綏爲冠軍將軍〉、〈宋文帝元嘉末〉、〈梁武帝太清元年〉、〈後魏肅宗熙平二年〉、〈陳後主禎明二年〉、〈陳周文育爲鎮南將軍〉、〈北齊爾朱世隆爲尚書令〉、〈隋煬帝大業元年〉、〈隋煬帝大業七年正月朔旦〉、〈武後神功元年育月庚子〉、〈武后時〉、〈咸通十三年四月〉等，共收錄二十九則。
「卷二」部分，〈天寶五載〉、〈漢景帝元鳳元年〉、〈魏明帝景初元年〉、〈晉安帝永熙三年〉、〈高宗嘗患頭風〉、〈玄宗好鬥雞貴臣外戚皆尚之〉、〈晉昭公十九年〉、〈漢惠帝二年五月癸酉旦〉、〈晉湣帝建興二年十一月〉、〈晉武帝太康五年正月癸卯〉、〈晉明帝太寧初〉、〈玄宗開元十七年四月乙亥〉、〈晉武帝太康五年四月〉、〈晉穆帝昇平三年二月〉、〈武後時〉、〈大曆末〉、〈咸通八年七月〉、〈太康二年六月〉、〈晉元帝大興四年〉、〈前齊高帝建元元年〉等，共收錄二十則。
「卷三」部分，〈漢成帝時〉、〈漢光武建武六年〉、〈晉太安中〉、〈玄宗時〉、〈王莽始建國元年〉、〈漢靈帝熹平二年六月〉、〈中平元年二月〉、〈晉惠帝永寧初〉、〈晉太元中〉、〈陳後主禎明二年五月〉、〈元和中漢林院有鈴〉、〈後齊武平時〉等，共收錄十二則。
「卷四」部分，〈漢靈帝好胡服胡帳胡床胡坐胡飯胡箜篌胡笛胡舞〉、〈晉孝懷帝永嘉二年冬〉、〈晉元帝大興四年〉、〈晉劉曜時〉、〈晉海西公太和元年〉、〈晉惠帝大安元年夏〉、〈晉少帝開運元年七月大雨〉、〈後趙後季龍時〉、〈至德二年〉、〈晉惠帝元康三年閏二月〉、〈漢劉聰末年〉、〈隋開皇末〉、〈乾符二年〉、〈魏司馬太傳討公孫淵父子〉、〈晉宋遠爲丹陽內史〉、〈吳諸葛恪征淮南歸將〉、〈新野庾謹母病〉、〈謝文靜於後府接賓〉、〈晉庾翼常令郭璞筮其後〉、〈長慶二年五月〉、〈秦孝公二十一年〉、〈太興元年〉、〈晉武帝太康四年〉等，共收錄二十三則。
〔註49〕 「內容文字差異處」，有三項說明：第一，凡異體字如「於」與「於」或形近「已」與「巳」、「未」與「末」刊刻未注意之字等，皆不列入討論；第二，

	〈晉武帝咸寧二年十一月〉：「晉武帝咸寧二年十一月，琅邪人顏畿病死，棺殮已久。家人咸夢畿謂己曰：『我當復生。』可急開棺，遂出之。漸能飲食，屈伸視瞻，不能行語，二年復死。《京房易傳》曰：『至陰爲陽，下人爲上，厥妖人此復生。』其後劉石僭逆俱亡。」	〈晉武帝咸寧二年十一月〉：「晉武帝鹹寧二年十一月，琅邪人顏畿病死，棺殮已久。家人咸夢畿謂己曰：『我當復生。』可急開棺，遂出之。漸能飲食，屈伸視瞻，不能行語，二年復死。《京房易傳》曰：『至陰爲陽，下人爲上，厥妖人此復生。』其後劉右僭逆俱亡。」	〈晉武帝咸寧二年十一月〉：「晉武帝鹹寧二年十一月，琅邪人顏畿病死，棺殮已久。家人咸夢畿謂己曰：『我當復生。』可急開棺，遂出之。漸能飲食，屈伸視瞻，不能行語，二年復死。《京房易傳》曰：『至陰爲陽，下人爲上，厥妖人此復生。』其後劉石僭逆俱亡。」
	〈晉惠帝元康中〉：「晉惠帝元康中，安豐有女子周世寧八歲，漸化爲男子至十七八而氣性成。」	〈晉惠帝元康中〉：「晉惠帝先康中，安豐有女子周世寧八歲，漸化爲男子至十七八而氣性成。」	〈晉惠帝元康中〉：「晉惠帝元康中，安豐有女子周世寧八歲，漸化爲男子至十七八而氣性成。」
	〈隋文帝仁壽二年〉：「隋文帝仁壽二年，西河有胡人乘騾在道，忽爲回風所飄。並一車上千餘夫，乃墜皆碎焉。《京房易傳》曰：『眾逆同志，至德乃潛，厥異風。』後二年漢王諒在並州，潛逆謀亂，車及騾騎之象也。升堂而墜，顛沛之應也。」	〈隋文帝仁壽二年〉：「隋文帝仁壽二年，西河有胡人乘騾在道，忽爲回風所飄。並一車上千餘夫，乃墜皆碎焉。《京房易傳》曰：『眾逆同志，至德乃潛，厥異風。』後二年漢王諒在並州，潛逆謀亂，車及騾騎之象也。升空而墜，顛沛之應也。」	〈隋文帝仁壽二年〉，無收錄。
卷二	〈漢景帝三年十一月〉：「漢景帝三年十一月，有白頭烏與黑烏群鬪楚國呂縣。白頭不勝，墮泗水中死者數千，時楚王戊暴逆無道，與吳王謀反。烏群鬪者師戰之象。」	卷二 〈漢景帝三年十一月〉：「漢景帝三年十一月，有白頭烏與黑烏群鬪楚國呂縣。白頭不勝，墮泗水中死者數千，時楚王戊暴逆無道，與吳王謀反。烏群鬪者師戰之象。」	〈漢景帝三年十一月〉：「漢景帝三年十一月，有白頭烏與黑烏群鬪楚國呂縣。白頭不勝，墮泗水中死者數千，時楚王戊暴逆無道，與吳王謀反。烏群鬪者師戰之象。」
	〈漢景帝元鳳元年〉：「漢景帝元鳳元年，有烏與鵲鬪燕王宮池上。烏墮地死，時燕王旦謀爲亂，未幾伏辜。」	〈漢景帝元鳳元年〉：「漢景帝元鳳元年，有烏與鵲鬪燕王宮池上。烏墮地死，時燕王旦謀爲亂，未幾伏辜。」	〈漢景帝元鳳元年〉，無收錄。
	〈魏明帝景初元年〉：「魏明帝景初元年，凌霄闕始搆有鵲巢。」	〈魏明帝景初元年〉：「魏明帝景初元年，凌霄閣始搆有鵲巢。」	〈魏明帝景初元年〉：「魏明帝景初元年，凌霄閣始搆有鵲巢。」
	〈晉安帝永熙三年〉：「晉安帝永熙三年，龍驤將軍朱猗戍壽陽，婢炊飯。忽有群鳥集竈，競來啄噉，婢驅逐不去。有獵狗咋殺兩鳥，餘鳥因共啄殺狗。」	〈晉安帝永熙三年〉：「晉安帝永熙三年，龍驤將軍朱猗戍壽陽，婢炊飯。忽有群鳥集竈，競來啄噉，婢驅逐不去。有獵狗咋殺兩鳥，餘鳥因共啄殺狗。」	〈晉安帝永熙三年〉：「晉安帝永熙三年，龍驤將軍朱猗戍壽陽，婢炊飯。忽有群鳥集竈，競來啄噉，婢驅逐不去。有獵狗咋殺兩鳥，餘鳥因共啄殺狗。」

本表所謂異字、闕字、刪文等情形，即反映校勘後三版本差異之處；第三，收錄作品無標題名稱，故以本論文底本《陳眉公家藏祕笈續函》本首句爲篇名，作爲該則作品名稱；第四，引用作品，僅節錄差異文句。

	〈夏後氏之衰〉：「夏後氏之衰，有二龍止於夏庭而言曰：『餘褒之二君也。』……後褒人有最，人妖子以贖，是爲褒姒。幽王見而愛之，生子伯服。王廢申後，及太子宜<u>臼</u>，而立褒姒。」	〈夏後氏之衰〉：「夏後氏之衰，有二龍止於夏庭而言曰：『餘褒之二君也。』……後褒人有最，人妖子以贖，是爲褒姒。幽王見而愛之，生子伯服。王廢申後，及太子宜<u>曰</u>，而立褒姒。」	〈夏後氏之衰〉，無收錄。
	〈晉惠帝元康四年〉：「晉惠帝元康四年，蜀郡山崩殺人。五月壬子，壽春山崩洪水出，城壞地陷方三十丈殺人。<u>六</u>月壽春大雷，山崩地拆，人家陷死，上庸郡亦如之。」	〈晉惠帝元康四年〉：「晉惠帝元康四年，蜀郡山崩殺人。五月壬子，壽春山崩洪水出，城壞地陷方三十丈殺人。<u>大</u>月壽春大雷，山崩地拆，人家陷死，上庸郡亦如之。」	〈晉惠帝元康四年〉，無收錄。
	〈晉穆帝昇平三年二月〉：「晉穆帝昇平三年二月，涼州城東池中有火。<u>四</u>年四月，姑藏澤水中又有火。」	〈晉穆帝昇平三年二月〉：「晉穆帝昇平三年二月，涼州城東池中有火。<u>旦</u>年四月，姑藏澤水中又有火。」	〈晉穆帝昇平三年二月〉：「晉穆帝昇平三年二月，涼州城東池中有火。<u>四</u>年四月，姑藏澤水中又有火。」
卷三	〈晉獻公時〉：「晉獻公時，童謠曰：『丙之晨，龍尾伏辰。袀服振振，(袀音均，戎衣也)取虢之旂。鶉之賁賁，天策焞焞。火中成軍，虢公其奔。』」	卷三	〈晉獻公時〉，童謠曰：『丙之晨，龍尾伏辰。袀服振振，(袀音均，戎衣也)取虢之旂。鶉之賁賁，天策焞焞。火中成軍，虢公其奔。』」	〈晉獻公時〉，無收錄。
	〈苻堅滅〉：「苻堅滅燕，慕容沖姊爲清河公主，年十四而有殊色。堅納之，寵冠後宮。沖年十二，亦有龍陽之資，堅又幸之。姊弟專寵，宮人莫進。長安歌之曰：『一雌復一雄，雙飛入紫宮。』<u>鹹俱</u>爲亂，堅乃出沖。」	〈苻堅滅〉：「苻堅滅燕，慕容沖姊爲清河公主，年十四而有殊色。堅納之，寵冠後宮。沖年十二，亦有龍陽之資，堅又幸之。姊弟專寵，宮人莫進。長安歌之曰：『一雌復一雄，雙飛入紫宮。』<u>鹹懼</u>爲亂，堅乃出沖。」	〈苻堅滅〉，無收錄。
	〈漢哀帝建平四年正月〉：「漢哀帝建平四年正月，民驚走，持稿或撒(稿禾稈也，撒藏幹)一枚。傳相付與曰：『行詔籌，道中相過逢，多至千數。或被髮徒跣，或夜折<u>關</u>，或踰入，或乘車騎奔馳。……』又傳書曰：『母告百姓，佩此書者不死。不信我言，視門<u>樞</u>下當有白髮(闔戶白也)。』是時帝祖母傳太后驕與政事，故杜鄴對曰：『春秋災異，以<u>指</u>象爲言。語籌所以紀數，民陰水類也。』」	〈漢哀帝建平四年正月〉：「漢哀帝建平四年正月，民驚走，持稿或撒(稿禾稈也，撒藏幹)一枚。傳相付與曰：『行詔籌，道中相過逢，多至千數。或被髮徒跣，或夜折<u>開</u>，或踰入，或乘車騎奔馳。……』又傳書曰：『母告百姓，佩此書者不死。不信我言，視門<u>樞</u>下當有白髮(闔戶白也)。』是時帝祖母傳太后驕與政事，故杜鄴對曰：『春秋災異，以<u>東</u>象爲言。語籌所以紀數，民陰水類也。』」	〈漢哀帝建平四年正月〉，無收錄。

	水以**東**流爲順，走而西行，反類逆上，象數度放溢，妄以相予，遠忤民心之應也。」	水以**指**流爲順，走而西行，反類逆上，象數度放溢，妄以相予，遠忤民心之應也。」	
	〈王莽始建國元年〉：「王莽始建國元年，……九月必殺汝，莽**攻**捕殺之。」	〈王莽始建國元年〉：「王莽始建國元年，……九月必殺汝，莽**攻**捕殺之。」	〈王莽始建國元年〉：「王莽始建國元年，……九月必殺汝，莽**收**捕殺之。」
	〈晉大安元年四月癸酉〉：「晉大安元年四月癸酉，有人自雲龍門入殿**首**，北面再拜曰：『……』。」	〈晉大安元年四月癸酉〉：「晉大安元年四月癸酉，有人自雲龍門入殿**前**，北面再拜曰：『……』。」	〈晉大安元年四月癸酉〉，無收錄。
	〈晉元帝永昌二年〉：「晉元帝永昌二年，大將軍王敦下據姑熟，百姓訛言，蟲病實人大孔，數日入腹則死，療之有方。……說曰：『夫裸蟲人類，而人爲之**主**。今云蟲食人，言本同臭類而相殘賊也。』」	〈晉元帝永昌二年〉：「晉元帝永昌二年，大將軍王敦下據姑熟，百姓訛言，蟲病實人大孔，數日入腹則死，療之有方。……說曰：『夫裸蟲人類，而人爲之**至**。今云蟲食人，言本同臭類而相殘賊也。』」	〈晉元帝永昌二年〉，無收錄。
卷四	〈晉惠帝元康九年六月庚子〉：「晉惠帝元康九年六月庚子，有桑生東宮西廂，**且**長尺餘，甲辰枯死。」	卷四	〈晉惠帝元康九年六月庚子〉：「晉惠帝元康九年六月庚子，有桑生東宮西廂，**且**長尺餘，甲辰枯死。」	〈晉惠帝元康九年六月庚子〉，無收錄。
	〈漢靈帝中平元年夏〉：「漢靈帝中平元年夏，陳留郡濟陽陰冤句離狐成皐陽武城郭路邊生草，悉備龍蛇鳥獸之形。……又董**卓**兵起，焚燒宮闕之應。」	〈漢靈帝中平元年夏〉：「漢靈帝中平元年夏，陳留郡濟陽陰冤句離狐成皐陽武城郭路邊生草，悉備龍蛇鳥獸之形。……又董**早**兵起，焚燒宮闕之應。」	〈漢靈帝中平元年夏〉，無收錄。
	〈漢成帝鴻嘉三年五月乙亥〉：「漢成帝鴻嘉三年五月乙亥，天水冀南山有大石鳴，聲隆隆如雷。有頃止，聞平襄二百四**土**裏野雞皆鳴。」	〈漢成帝鴻嘉三年五月乙亥〉：「漢成帝鴻嘉三年五月乙亥，天水冀南山有大石鳴，聲隆隆如雷。有頃止，聞平襄二百四**寸**裏野雞皆鳴。」	〈漢成帝鴻嘉三年五月乙亥〉，無收錄。
	〈漢高後八年三月袚霸上〉：「漢高後八年三月袚霸上，袚音弗，除惡之祭也。還過**朝**道，見物如蒼狗。」	〈漢高後八年三月袚霸上〉：「漢高後八年三月袚霸上，袚音弗，除惡之祭也。還過**軹**道，見物如蒼狗。」	〈漢高後八年三月袚霸上〉，無收錄。
	〈王莽居攝〉：「王莽居攝，東郡太守翟義知其將篡漢世，謀舉義兵。兄宣教授，諸生滿堂。群鵝雁數，十在中庭。有犬從外入**齒**之皆驚，比殺之皆斷頭。狗走出門，求不知處，宣大惡之。」	〈王莽居攝〉：「王莽居攝，東郡太守翟義知其將篡漢世，謀舉義兵。兄宣教授，諸生滿堂。群鵝雁數，十在中庭。有犬從外入**嚙**之皆驚，比殺之皆斷頭。狗走出門，求不知處，宣大惡之。」	〈王莽居攝〉，無收錄。

〈漢昭帝元鳳元年〉：「漢昭帝元鳳元年，燕王宮永巷中豕出圂，壞都竈。銜其鬴六七枚置殿前。時燕王旦與長公**主**左將軍謀為大逆，暴急無道。」	〈漢昭帝元鳳元年〉：「漢昭帝元鳳元年，燕王宮永巷中豕出圂，壞都竈。銜其鬴六七枚置殿前。時燕王旦與長公**王**左將軍謀為大逆，暴急無道。」	〈漢昭帝元鳳元年〉，無收錄。
〈晉武帝太康四年〉：「晉武帝太康四年，會稽鼃蟆及蟹，皆化為鼠，**甚**眾復食盜為灾時，……。」	〈晉武帝太康四年〉：「晉武帝太康四年，會稽鼃蟆及蟹，皆化為鼠，**甚**眾復食盜為灾時，……。」	〈晉武帝太康四年〉：「晉武帝太康四年，會稽鼃蟆及蟹，皆化為鼠，**化**眾復食盜為灾時，……。」
「闕字」部份	**「闕字」部份**	**「闕字」部份**
卷二 〈吳孫權赤烏十三年八月〉：「吳孫權赤烏十三年八月，……吳雖稱帝，其實列國灾，發月陽＿＿，天意見之。」	卷二 〈吳孫權赤烏十三年八月〉：「吳孫權赤烏十三年八月，……吳雖稱帝，其實列國灾，發月陽**天**，天意見之。」	〈吳孫權赤烏十三年八月〉，無收錄。
〈晉惠帝元康四年〉：「晉惠帝元康四年，蜀郡山崩殺人。……**八月**居庸地裂，廣三十丈，長八十四丈，水出大饑。」	〈晉惠帝元康四年〉：「晉惠帝元康四年，蜀郡山崩殺人。……＿＿月居庸地裂，廣三十丈，長八十四丈，水出大饑。」	〈晉惠帝元康四年〉，無收錄。
〈武后垂拱元年九月〉：「武后垂拱元年九月，淮南地生。毛或白或蒼，長者尺餘。徧生床下，揚州尤甚。大如馬鬣，焚之**臭**如燎毛。」	〈武后垂拱元年九月〉：「武后垂拱元年九月，淮南地生。毛或白或蒼，長者尺餘。徧生床下，揚州尤甚。大如馬鬣，焚之＿＿如燎毛。」	〈武后垂拱元年九月〉，無收錄。
卷三 〈漢桓帝初〉：「漢桓帝初，天下童謠曰：『小麥青青大麥枯，誰當穫者婦與姑，丈夫何**在**西擊胡。吏買馬，君具車，請為諸君鼓龍胡。』」	卷三 〈漢桓帝初〉：「漢桓帝初，天下童謠曰：『小麥青青大麥枯，誰當穫者婦與姑，丈夫何■西擊胡。吏買馬，君具車，請為諸君鼓龍胡。』」	〈漢桓帝初〉，無收錄。
卷四 〈晉惠帝元康三年閏二月〉：「晉惠帝元康三年閏二月，殿前六鍾皆出涕五刻止。前年賈后殺楊太妃於金墉城，而賈后為惡不止，故鍾出涕，猶傷＿＿。」	卷四 〈晉惠帝元康三年閏二月〉：「晉惠帝元康三年閏二月，殿前六鍾皆出涕五刻止。前年賈后殺楊太妃於金墉城，而賈后為惡不止，故鍾出涕，猶傷**之也**。」	〈晉惠帝元康三年閏二月〉：「晉惠帝元康三年閏二月，殿前六鍾皆出涕五刻止。前年賈后殺楊太妃於金墉城，而賈后為惡不止，故鍾出涕，猶傷**之也**。」
「闕文」部分	**「闕文」部分**	**「闕文」部分**
卷一 〈齊湣王時〉：「齊湣王時，齊有人當闕而哭者，求之不得，去則聞其聲。**其後燕昭王伐齊，湣王出奔，為淖齒所殺。**」	卷一 〈齊湣王時〉：「齊湣王時，齊有人當闕而哭者，求之不得，去則聞其聲。**其後燕昭王伐齊，湣王出奔，為淖齒所殺。**」	〈齊湣王時〉：「齊湣王時，齊有人當闕而哭者，求之不得，去則聞其聲。」

〈漢武帝與群臣宴未央〉:「漢武帝與群臣宴未央……,帝爲此暫止,**後幸河渚聞水底有絃歌之聲……又女子於坐草中,用之產易,武帝惑於神仙,故有此怪。**」	〈漢武帝與群臣宴未央〉:「漢武帝與群臣宴未央……,帝爲此暫止,**後幸河渚聞水底有絃歌之聲……又女子於坐草中,用之產易,武帝惑於神仙,故有此怪。**」	〈漢武帝與群臣宴未央〉:「漢武帝與群臣宴未央……,帝爲此暫止。」
〈漢末大亂〉:「漢末大亂,……言皆有條緒。**未幾,郭后崩,其人泣死。**」	〈漢末大亂〉:「漢末大亂,……言皆有條緒。**未幾,郭后崩,其人泣死。**」	〈漢末大亂〉:「漢末大亂,……言皆有條緒。」
〈吳孫權太元元年〉:「吳孫權太元元年,……。表說承旱小事,往往讖有驗。孫盛曰:「盛聞國將興聽於民,國將亡聽於神。權年老志衰,權臣在側,廢嫡立庶,以妾爲妻,可謂涼德矣,涼薄也。而爲殘待命,求福妖邪?將亡之兆,不亦彌乎。」	〈吳孫權太元元年〉:「吳孫權太元元年,……。表說承旱小事,往往讖有驗。孫盛曰:「盛聞國將興聽於民,國將亡聽於神。權年老志衰,權臣在側,廢嫡立庶,以妾爲妻,可謂涼德矣,涼薄也。而爲殘待命,求福妖邪?將亡之兆,不亦彌乎。」	〈吳孫權太元元年〉:「吳孫權太元元年,……。表說承旱小事,往往讖有驗。」
〈吳孫皓寶鼎元年〉:「吳孫皓寶鼎元年,……遂不復還。**此吳亡之象也。**」	〈吳孫皓寶鼎元年〉:「吳孫皓寶鼎元年,……遂不復還。**此吳亡之象也。**」	〈吳孫皓寶鼎元年〉:「吳孫皓寶鼎元年,……遂不復還。」
〈吳成將鄧喜殺豬祀神〉:「吳成將鄧喜殺豬祀神,……咋咋作聲,繞屋三日。**後人白喜謀北叛,闔門被誅。**」	〈吳成將鄧喜〉:「吳成將鄧喜,……咋咋作聲,繞屋三日。**後人白喜謀北叛,闔門被誅。**」	〈吳成將鄧喜〉:「吳成將鄧喜,……咋咋作聲,繞屋三日。」
〈晉惠帝光熙元年〉:「晉惠帝光熙元年,……經一日死。**此下人伐上之疴,諸王僭亂之妖也。**」	〈晉惠帝光熙元年〉:「晉惠帝光熙元年,……經一日死。**此下人伐上之疴,諸王僭亂之妖也。**」	〈晉惠帝光熙元年〉:「晉惠帝光熙元年,……經一日死。」
〈晉謝靈運以元嘉五年〉:「晉謝靈運以元嘉五年,……不可忍視。**又所服豹皮裘,血淹滿篋,及爲臨川郡飯中忽有大蟲,謝遂被誅。**」	〈晉謝靈運〉:「晉謝靈運,……不可忍視。**又所服豹皮裘,血淹滿篋,及爲臨川郡飯中忽有大蟲,謝遂被誅。**」	〈晉謝靈運〉:「晉謝靈運,……不可忍視。」
〈魏公孫淵家數有怪犬〉:「魏公孫淵家數有怪犬,……蒸死甑中。**襄平北市……,始公孫度,據遼至淵,三世而亡。**」	〈魏公孫淵家〉:「魏公孫淵家,……蒸死甑中。**襄平北市……,始公孫度,據遼至淵,三世而亡。**」	〈魏公孫淵家〉:「魏公孫淵家,……蒸死甑中。」
〈晉元帝永昌元年〉:「晉元帝永昌元年,……照鏡不見其頭。**尋爲王敦所襲,……照鏡不見其頭,尋亦被害。**」	〈晉元帝永昌元年〉:「晉元帝永昌元年,……照鏡不見其頭。**尋爲王敦所襲,……照鏡不見其頭,尋亦被害。**」	〈晉元帝永昌元年〉:「晉元帝永昌元年,……照鏡不見其頭。」
〈宋文帝元嘉末〉:「宋文帝元嘉末,……,頭遂出屋。**段究爲州刺史,……俄而,文帝爲凶劭所害。**」	〈宋文帝元嘉末〉:「宋文帝元嘉末,……,頭遂出屋。**段究爲州刺史,……俄而,文帝爲凶劭所害。**」	〈宋文帝元嘉末〉:「宋文帝元嘉末,……,頭遂出屋。」

	〈隋煬帝大業七年正月朔旦〉:「隋煬帝大業七年正月朔旦,……而斬之。後三年,楊玄感作亂,引兵圍洛陽,戰敗乃伏誅。」	〈隋煬帝大業七年正月朔旦〉:「隋煬帝大業七年正月朔旦,……而斬之。後三年,楊玄感作亂,引兵圍洛陽,戰敗乃伏誅。」	〈隋煬帝大業七年正月朔旦〉:「隋煬帝大業七年正月朔旦,……而斬之。」
	〈武后時〉:「武后時,……我不可以見。蓋端人正士,……,皆由人之精爽,自不足爾。」	〈武后時〉:「武后時,……我不可以見。蓋端人正士,……,皆由人之精爽,自不足爾。」	〈武后時〉:「武后時,……我不可以見。」
卷二	〈天寶五載〉:「天寶五載,……,以熱羹殺之,方滅。未幾,因罪下獄死。」	卷二 〈天寶五載〉:「天寶五載,……,以熱羹殺之,方滅。未幾,因罪下獄死。」	〈天寶五載〉:「天寶五載,……,以熱羹殺之,方滅。」
	〈晉安帝永熙三年〉:「晉安帝永熙三年,龍驤將軍朱猗戍壽陽,婢炊飯。……,明年六月猗死。此其應也。」	〈晉安帝永熙三年〉:「晉安帝永熙三年,龍驤將軍朱猗戍壽陽,婢炊飯。……,明年六月猗死。此其應也。」	〈晉安帝永熙三年〉:「晉安帝永熙三年,龍驤將軍朱猗戍壽陽,婢炊飯。……,明年六月猗死。」
	〈高宗嘗患頭風〉:「高宗嘗患頭風,……,帝深以爲不祥。命殺之,其夕宮人暴卒後,武后竟革命。」	〈高宗嘗患頭風〉:「高宗嘗患頭風,……,帝深以爲不祥。命殺之,其夕宮人暴卒後,武后竟革命。」	〈高宗嘗患頭風〉:「高宗嘗患頭風,……,帝深以爲不祥。」
	〈玄宗開元十七年四月乙亥〉:「玄宗開元十七年四月乙亥,大風震電,藍田山摧裂有百餘步畿內山也。占曰:『人君德消政易則然』天寶十一載六月……」	〈玄宗開元十七年四月乙亥〉:「玄宗開元十七年四月乙亥,大風震電,藍田山摧裂有百餘步畿內山也。占曰:『人君德消政易則然』天寶十一載六月……」	〈玄宗開元十七年四月乙亥〉:「玄宗天寶十一載六月……」
	〈晉武帝太康五年四月〉:「晉武帝太康五年四月,魯國池水變赤如血。七年十月,河陰雨赤雪二尺。是後四載,帝崩王室遂亂。」	〈晉武帝太康五年四月〉:「晉武帝太康五年四月,魯國池水變赤如血。七年十月,河陰雨赤雪二尺。是後四載,帝崩王室遂亂。」	〈晉武帝太康五年四月〉:「晉武帝太康五年四月,魯國池水變赤如血。七年十月,河陰雨赤雪二尺。」
	〈晉穆帝昇平三年二月〉:「晉穆帝昇平三年二月,涼州城東池中有火。……又有火。明年張天錫殺中護軍張邕,邕執政之人也。」	〈晉穆帝昇平三年二月〉:「晉穆帝昇平三年二月,涼州城東池中有火。……又有火。明年張天錫殺中護軍張邕,邕執政之人也。」	〈晉穆帝昇平三年二月〉:「晉穆帝昇平三年二月,涼州城東池中有火。……又有火。」
	〈晉元帝大興四年〉:「晉元帝大興四年,……狀甚羸瘦。走入草中,……,其後旭里中,爲蠻賊所害。」	〈晉元帝大興四年〉:「晉元帝大興四年,……狀甚羸瘦。走入草中,……,其後旭里中,爲蠻賊所害。」	〈晉元帝大興四年〉:「晉元帝大興四年,……狀甚羸瘦。」
	〈荊齊高帝建元元年〉:「荊齊高帝建元元年,荊州人并湖出綿人,用與常綿不異。齊二十餘年而亡,此短祚之徵。」	〈荊齊高帝建元元年〉:「荊齊高帝建元元年,荊州人并湖出綿人,用與常綿不異。齊二十餘年而亡,此短祚之徵。」	〈荊齊高帝建元元年〉:「荊齊高帝建元元年,荊州人并湖出綿人,用與常綿不異。」

卷三	卷三	
〈漢靈帝熹平二年六月〉:「漢靈帝熹平二年六月,……觀者數萬。**省中悉出,道路斷絕到。**」	〈漢靈帝熹平二年六月〉:「漢靈帝熹平二年六月,……觀者數萬。**省中悉出,道路斷絕到。**」	〈漢靈帝熹平二年六月〉:「漢靈帝熹平二年六月,……觀者數萬。」
〈陳後主禎明二年五月〉:「陳後主禎明二年五月,……鐵飛破屋而四散。**燒人家東冶者,陳人鑄兵之……陳國小兵弱,其後遂亡。**」	〈陳後主禎明二年五月〉:「陳後主禎明二年五月,……鐵飛破屋而四散。**燒人家東冶者,陳人鑄兵之……陳國小兵弱,其後遂亡。**」	〈陳後主禎明二年五月〉:「陳後主禎明二年五月,……鐵飛破屋而四散。」
〈後齊武平時〉:「**後齊武平時,……至於南面,則髻心正西,始自宮內為之被,於四遠天戒若,**曰:『元首剪落危側,當走西也。』**又為男子者,肩背狹細……,蓋高氏運祚之末也。**」	〈後齊武平時〉:「**後齊武平時,……至於南面,則髻心正西,始自宮內為之被,於四遠天戒若,**曰:『元首剪落危側,當走西也。』**又為男子者,肩背狹細……,蓋高氏運祚之末也。**」	〈後齊武平時〉:「曰:『元首剪落危側,當走西也。』」
卷四	**卷四**	
〈晉孝懷帝永嘉二年冬〉:「晉孝懷帝永嘉二年冬,……人謂之桑樹哭。**是時京師虛弱,陳人鑄兵之……桑哭之應也。**」	〈晉孝懷帝永嘉二年冬〉:「晉孝懷帝永嘉二年冬,……人謂之桑樹哭。**是時京師虛弱,陳人鑄兵之……桑哭之應也。**」	〈晉孝懷帝永嘉二年冬〉:「晉孝懷帝永嘉二年冬,……人謂之桑樹哭。」
〈晉元帝大興四年〉:「晉元帝大興四年,……干寶以為狂華生枯木。**又在鈴閣之間,……其後敦果以逆斃。**」	〈晉元帝大興四年〉:「晉元帝大興四年,……干寶以為狂華生枯木。**又在鈴閣之間,……其後敦果以逆斃。**」	〈晉元帝大興四年〉:「晉元帝大興四年,……干寶以為狂華生枯木。」
〈晉少帝開運元年七月大雨〉:「晉少帝開運元年七月大雨,……而龍首斷。**識者曰:『石,國姓也。石氏,其遷乎後,果陷虜。』**」	〈晉少帝開運元年七月〉:「晉少帝開運元年七月,……而龍首斷。**識者曰:『石,國姓也。石氏,其遷乎後,果陷虜。』**」	〈晉少帝開運元年七月〉:「晉少帝開運元年七月,……而龍首斷。」
〈新野庾謹母病〉:「新野庾謹母病,……如此數遭。**須臾,……自此不復出數日,其母遂亡。**」	〈新野庾謹母病〉:「新野庾謹母病,……如此數遭。**須臾,……自此不復出數日,其母遂亡。**」	〈新野庾謹母病〉:「新野庾謹母病,……如此數遭。」

　　據上表得知,雖同註明為「明萬曆間繡水沈氏尚白齋刊本」《寶顏堂祕笈》,然反映出二版本仍有差異性。以下筆者針對其差異處再作扼要說明:

　　第一,分卷與收錄作品情形相差甚多。本文使用《陳眉公家藏祕笈續函》之底本,分四卷收錄二百四十則作品。另一部「明萬曆間繡水沈氏尚白齋刊本」共分三集之《陳眉公家藏祕笈續函》本,分四卷收錄二百三十四則作品,少本文底本六則作品。至於,《說郛續》本僅分一卷,且收錄作品總數僅本文《陳眉公家藏祕笈續函》底本之三分之二作品。復旁查上海圖書館藏之「明

鈔本」收錄二百三十八則作佐證，〔註50〕《說郛續》明顯大量刪減《集異志》原編輯者之採輯樣貌。

第二，收錄作品内容文字之差異。三版本之間，分二種情況論之：

其一，本文使用《陳眉公家藏祕笈續函》之底本與另一部「明萬曆間繡水沈氏尙白齋刊本」共分三集之《陳眉公家藏祕笈續函》本作分析比較，文字差異主要有二種情況：異字與闕字。「異字」差異部分，共計二十則；「闕字」差異部分，共計五則。《集異志》四卷内容，共有二百四十則作品，雖二十五則作品出現差異，卻可窺見「明萬曆間繡水沈氏尙白齋刊本」共分三集之《陳眉公家藏祕笈續函》本校勘較爲粗略草率。其因爲「異字」差異二十則中，有十二則因字形相近，而未能仔細讎校之疏失，如卷四〈晉惠帝元康九年六月庚子〉：

> 晉惠帝元康九年六月庚子，有桑生東宮西廂，<u>日</u>長尺餘，甲辰枯死。

〔註51〕

上文爲本論文之底本，而「明萬曆間繡水沈氏尙白齋刊本」共分三集之《陳眉公家藏祕笈續函》本將上引文「日」字，刻印成「目」字，實是刊刻疏略造成。此外，刊刻時闕刻其中六則作品，校者實過於疏忽。筆者認爲，「明萬曆間繡水沈氏尙白齋刊本」共分三集，可能由同是明代私家坊刻盜版翻刻所致，此一推測，雖無直接證據可證明，而從「第五章《陳眉公家藏祕笈續函》中雜俎小説之版本暨内容考述」其中幾部小説之刊刻情形類似，故疑該部小説當時應有被翻刻之可能。另外，亦可能《陳眉公家藏祕笈續函》本第二次發行，「寶顔堂」爲引人注意，故以更換校者之名作爲招牌，果眞如此，作法實有欺世盜名之嫌。此外，查考二版本《集異志》校訂者中，皆有署名陳繼儒，若有差異則於本論文底本另一位校者爲高承埏，而別本另一位校者則爲鬱嘉慶、張弢、陳天保、姚士粦等。筆者認爲，有可能同是「明萬曆間繡水沈氏尙白齋刊本」《寶顔堂祕笈》刊刻，有可能「續集」發行二次，此可從版式中斷版處判斷。故二版本出現不同校訂閱者，而沈孚先等人，皆實際有參與校訂審閱《寶顔堂祕笈》之記錄，遂出現若干差異。高承埏〔註52〕、

〔註50〕〔唐〕陸勳撰：《集異志》（四庫全書存目叢書編纂委員會：《四庫全書存目叢書》「子部・小説家」二四五，臺南：莊嚴文化事業有限公司，1996 年 8 月），第二四五冊，頁 245-562 至 245-584。

〔註51〕同註 33，卷四，頁 14。

〔註52〕高承埏校者論述部分：已於「第二章　　《陳眉公家藏祕笈續函》綜合探討」

鬱嘉慶、張弨、陳天保、姚士粦〔註53〕等人，皆爲愛好藏書、讀書、著書之
知名人士。陳繼儒邀請當時有名人士爲《寶顏堂祕笈》作校閱，一則能助於
該套叢書品質提升，二則有提高該套叢書之聲譽，此現象在該部叢書中屢見
不鮮。然名人領銜校勘，能否維持收錄書籍之質地？可從二版本收錄作品內
容文字之差異，加以判斷得知。

其二，本文使用《陳眉公家藏祕笈續函》之底本與《說郛續》本作分析
比較，文字差異主要有二種情況：異字、闕字與闕文。以內容相同八十四則
之差異情形作比較分析，尤以「闕文」部分出現二十八則最爲顯著，如《陳
眉公家藏祕笈續函》本卷一〈吳孫權太元元年〉：

> 吳孫權太元元年，臨海羅陽縣有神，自稱王表，周旋民間，言語飲
> 食與人無異，然不見其形。又有一婢名紡績。是月遣中書郎李崇賫
> 輔將軍羅陽王印綬迎表。表隨崇俱出，與崇及所在郡中令長談論。
> 崇等無以易，所歷山川，輒遣婢與神相聞。秋七月崇與表至，權於
> 蒼門龍外爲立第舍，數使近臣賫酒食往。表說承旱小事，往往讖有
> 驗。孫盛曰：「盛聞國將興聽於民，國將亡聽於神。權年老志衰，權臣在側，廢嫡立庶，以妾爲妻，可謂涼德矣，涼薄也。而爲殀待命，求福妖邪。將亡之兆，不亦顯乎。」
> 〔註54〕

而《說郛續》本，〈吳孫權太元元年〉原文：

> 吳孫權太元元年，臨海羅陽縣有神，自稱王表，周旋民間，言語飲

中之「第二節　《陳眉公家藏祕笈續函》綜合探討」註腳58，論述完畢，故
不再贅述。

〔註53〕林慶彰《豐坊與姚士粦》「第三章　姚士粦及其著述」言：「第一節　姚士粦
之生平　姚士粦，字叔祥，明浙江嘉興府海鹽縣人。生於世宗嘉靖四十年（西
元一五六一年）辛酉。……二十五年（西元一五九七年）馮夢禎祭酒南京國
子監，士粦由檇李（在今浙江嘉興縣西南七十里）往訪，夢禎以沈約《宋書》
多訛謬，命士粦覆校，士粦取漢、晉諸史，及《通典》、《通志略》、諸子、諸
集，互相校質，偏旁點畫，是正數千字。其他南北諸史，亦多出士粦之手。
三十一年（西元一六○三年）士粦與胡震亨、沈士龍，蒐討秦、漢以來遺文祕
簡，輯成《祕冊彙函》，跋尾各有考據，以詳原委。……第二節　姚士粦之輯
佚工作　士粦有好書癖，雖一生爲客，遊屐半天下，未嘗一日廢書也，故當
時號奧博。其校刻南北諸史，編《祕冊彙函》，輯《鹽邑志林》，雖非精..審，
亦功在士林矣。然其所戮力者，殆爲輯佚工作。所輯計有漢魏六朝文集十
一種、《陸氏易解》、《羅詔諫集》等。」
林慶彰撰：《豐坊與姚士粦》（臺北：私立東吳大學中國文學研究所碩士論文，
1978 年 5 月），頁 120～124。

〔註54〕同註33，卷一，頁6。

食與人無異，然不見其形。又有一婢名紡績。是月遣中書郎李棠賣輔將軍羅陽王印綬迎表。表隨棠俱出，與棠及所在郡中令長談論。棠等無以易，所歷山川，輒遣婢與神相聞。秋七月棠與表至，權於蒼門龍外爲立第舍，數使近陳賣酒食往。表説承早小事，往往讞有驗。〔註55〕

考查上海圖書館藏之「明鈔本」，卷一〈吳孫權太元元年〉原文：

吳孫權太元元年，臨海羅陽縣有神，自稱王表，周旋民間，語言飲食與人無異，然不見其形。又有一婢名紡績。是月遣中書郎李棠賣輔國將軍羅陽王印綬迎表。表隨崇俱出，與崇及所在郡守令長談論。崇等無以易，所歷山川，輒遣婢與神相聞。秋七月崇與表至，權於蒼門龍外爲立第舍，數使近陳賣酒食往。表説承早小事，往往有驗。孫盛曰：「盛聞國將讖聽於民，國將亡聽於神。權年老志衰，讒臣在側，廢嫡立庶，以妾爲妻，可謂涼德矣，涼薄也。而爲設符命，求福妖邪。將亡之兆，不亦顯乎。」〔註56〕

原文內容，上海圖書館藏之「明鈔本」雖與《陳眉公家藏祕笈續函》本略有文字差異，但雙行小字孫盛之言，二版皆有存錄，而《説郛續》本明顯刪去此部分內容，故無法傳達國家興亡非求神問蔔而要廣聽臣民諫言之寓意。大抵而言，《説郛續》本刪減內容文字情況，查考得知輕者刪去文中末尾幾句，其嚴重者刪減一半以上內容。例如〈宋文帝元嘉末〉：

宋文帝元嘉末，長廣人病差使，能食而不得臥。一飯輒覺身長，如此數日，頭遂出屋。〔註57〕

而《陳眉公家藏祕笈續函》本、上海圖書館藏之「明鈔本」該則作品原文如下：

宋文帝元嘉末，長廣人病差使，能食而不得臥。一飯輒覺身長，如此數日，頭遂出屋。段究爲州刺史，度之長三丈，復還漸縮如究，經日而亡。俄而，文帝爲凶劭所害。〔註58〕

類似此刪減一半作品，如〈齊潛王時〉、〈漢武帝與群臣宴未央〉、〈晉謝

〔註55〕 同註47，頁9。
〔註56〕 同註50，第二四五冊，頁245-563至245-564。
〔註57〕 同註47，頁1。
〔註58〕 同註33，卷一，頁13～14；《四庫全書存目叢書》「子部‧小説家」二四五。同註50，第二四五冊，頁245～567。

靈運以元嘉五年〉、〈魏公孫淵家數有怪犬〉等數則。《集異志》雖採輯正史或志怪雜書編纂而成，然亦可稱得上另一種形式志怪傳奇小說類型，今日欲見該部小說之原貌，明代《陳眉公家藏祕笈續函》本可稱爲最完善之版本。

　　值得一提，三種明代叢書版本相互讎校後，出現異字、異文差異甚少。然旁查《四庫全書存目叢書》記載上海圖書館藏《集異志》「明鈔本」二卷本，無論收錄作品總數、作品編排次序、分卷方式、內容文字等皆有明顯出入。筆者認爲上海圖書館藏《集異志》「明鈔本」二卷本，應是清傅增湘《藏園訂補郘亭知見傳本書目》卷十一上・子部十二・小說家類・異聞「《集異志》」記載二條中之第一條：「㊟《集異志》二卷　唐陸勳撰。○明墨格寫本，行款失記。楊馥堂處間，未收。」此版本流傳不廣，故今日研究《集異志》者，多以《陳眉公家藏祕笈續函》本較多見。以下論述分析本論文之底本《陳眉公家藏祕笈續函》本與上海圖書館藏之「明鈔本」異同：

　　其一，分卷方式。《陳眉公家藏祕笈續函》本，共分四卷；「明鈔本」，共分二卷。

　　其二，作品編排次序。「明鈔本」卷一，作品次序與《陳眉公家藏祕笈續函》本一、二卷編排相同。然「明鈔本」卷二作品次序與《陳眉公家藏祕笈續函》本三、四卷編排前後差異甚多。

　　其三，收錄作品總數。《陳眉公家藏祕笈續函》本收錄二百四十則，而「明鈔本」爲二百三十八則。因其中有二則合刻爲一則，故收錄總數稍有出入。眞正收錄內容有無之別，《陳眉公家藏祕笈續函》本少收「明鈔本」卷二〈昭公八年春〉等一則；而「明鈔本」闕收《陳眉公家藏祕笈續函》本卷三〈中平元年二月〉、卷四〈唐衡在帝〉、卷四〈漢獻帝建安十五年正月〉、卷四〈金受其敗也〉等四則。二版本究竟何者較爲完善？實難論斷。因明代僅有《說郛續》本可供參考，然屬刪減之本。而清代留存《唐人薈要》、《唐代叢書》等版本，亦屬刪減之本，亦無法眞實反映出《集異志》原貌。

　　其四，內容文字差異性。二版本彼此間差異甚多，幾乎每則皆有出入。少者一、二字，多者七、八字。如《陳眉公家藏祕笈續函》本卷一〈吳孫權太元元年〉：

> 吳孫權太元元年，臨海羅陽縣有神，自稱王表，周旋民間，言語飲食與人無異，然不見其形。又有一婢名紡績。是月遣中書郎李崇齎輔將軍羅陽王印綬迎表。表隨崇俱出，與崇及所在郡中令長談論。

棠等無以易,所歷山川,輒遣婢與神相聞。秋七月棠與表至,權於蒼門龍外為立第舍,數使近陳賣酒食往。表説承旱小事,往往讒有驗。

孫盛曰:「盛聞國將興聽於民,國將亡聽於神。權年老志衰,權臣在側,廢嫡立庶,以妾為妻,可謂涼德矣,涼薄也。而為歿待命,求福妖邪。將亡之兆,不亦顯乎。」〔註59〕

「明鈔本」卷一〈吳孫權太元元年〉作品:

吳孫權太元元年,臨海羅陽縣有神,自稱王表,周旋民間,語言飲食與人無異,然不見其形。又有一婢名紡績。是月遣中書郎李棠齎輔國將軍羅陽王印綬迎表。表隨棠俱出,與棠及所在郡守令長談論。棠等無以易,所歷山川,輒遣婢與神相聞。秋七月棠與表至,權於蒼門龍外為立第舍,數使近陳賣酒食往。表説承旱小事,往往有驗。

孫盛曰:「盛聞國將聽聽於民,國將亡聽於神。權年老志衰,讒臣在側,廢嫡立庶,以妾為妻,可謂涼德矣,涼薄也。而為設符命,求福妖邪。將亡之兆,不亦顯乎。」〔註60〕

橫線處乃二版本之差異内容,其中人名部分從上下文可知,即指李棠齎將軍,「明抄本」前文字亦李棠齎,後卻更該「崇」,應是手寫時產生錯誤。至於,影響内容文意,「孫盛曰:「盛聞國將興聽於民,國將亡聽於神。權年老志衰,權臣在側,廢嫡立庶,以妾為妻,可謂涼德矣,涼薄也。而為歿待命,求福妖邪。將亡之兆,不亦顯乎。」分析橫線處《陳眉公家藏祕笈續函》本比較符合上下之意,語言運用亦較聯貫。

總之,二版本雖皆為明代版本,然内容文字差異與作品收錄次序,出現不少差異。究竟本文使用之《陳眉公家藏祕笈續函》本是否較為精善?下節將進一步分析論述。

三、宋王簡《疑仙傳》考述

(一)作者與内容介紹

1. 作者生平簡述

隱夫玉簡,一作隱夫王簡,今人多疑王簡其姓名,隱夫為其號。生平事蹟未詳。考查《四庫全書總目》子部五十七「道家類存目」云:

舊本題隱夫玉簡撰,不著名氏。諸書或引作王簡,字形相似,莫能詳也。亦不著時代。中卷朱子真趙穎一條,稱鑾輿將幸蜀,忽失子

〔註59〕同註33,卷一,頁6。
〔註60〕《四庫全書存目叢書》「子部‧小説家」二四五。同註50,第二四五冊,頁245-563至245-564。

眞，穎服其藥，果得二百餘歲。考唐元宗、僖宗皆嘗幸蜀，即以玄宗幸蜀計之，自天寶十四載乙未，下推二百餘年，亦當乾德、開寶之間，知爲宋人所撰矣。〔註61〕

復據清周中孚《鄭堂讀書記》卷六十九「子部十四・道家類」記載「《疑仙傳》一卷《續祕笈》本」條下云：

舊本題隱夫玉簡撰，亦不著時代。《四庫全書》存目作三卷，《通志》同，亦無撰人。以其書考之，當爲宋乾德、開寶以後人所撰。〔註62〕

另據李劍國《唐五代志怪傳奇敘錄》「《疑仙傳》三卷」條下言：

隱夫玉簡，不知何人。或作王簡，疑隱夫其號，王簡則姓名。《四庫提要》卷一四七道家類存目云：「《疑仙傳》三卷，……中卷朱子眞趙穎一條，稱鑾輿將幸蜀，忽失子眞，穎服其藥，果得二百餘歲，考唐元（玄）宗、僖宗皆嘗幸蜀，即以元宗幸蜀計之，自天寶十四載乙未，下推二百餘年，亦當乾德、開寶之間，知爲宋人所撰矣。」按趙穎服藥之時文中稱其少年，古者三四十猶稱少年；其後得二百餘歲，謂其年二百餘歲，非服藥後又歷二百餘年也。本書多載玄宗時事，鑾輿幸蜀者必指玄宗。自天寶十四載（755）下推一百七十年，則在後唐同光三年（925），即下推二百年，亦在後周顯德二年（955），未至宋太祖乾德、開寶中也，故以爲宋人實誤。或云唐人（見下），亦不確，蓋五代後唐以後人。〔註63〕

綜觀上述三則資料，均無法詳知其人其事。考略其人時代，亦有分歧。《四庫全書總目》與清周中孚《鄭堂讀書記》皆認爲作者應爲乾德、開寶之間；乾德、開寶皆爲宋太祖年號，乾德元年爲西元963，開寶元年爲西元968，是考定爲宋時人也，而李劍國《唐五代志怪傳奇敘錄》，則以爲應是五代後唐時人較爲合理。李氏從〈朱子眞〉一條作論辯外，亦指出「鑾輿幸蜀者必指玄宗」，據以推論作者生處年代。筆者認爲，《疑仙傳》現存二十二則作品中，確知有九則皆在玄宗時。另可由《疑仙傳》卷中記〈方響女〉故事佐證書中確實多載唐玄宗時事。〈方響女〉節錄如下：

〔註61〕同註27，第四冊，頁 2909。
〔註62〕《鄭堂讀書記》卷六十九「子部十四・道家類」。同註21，第十四冊，頁 557〜558。
〔註63〕同註5，下冊，頁 1083〜1084。

長安樂人鄭文家，生一女，生而能言。及年十歲，容貌端莊，而善於
方響。其親族皆呼爲方響女。貴妃知之，因欲取焉。父母問之。方響
女曰：「我豈是宮人邪！楊妃自與我同輩也，那得如此？」〔註64〕

文中描述方響女擅音律，因而受到楊貴妃青睞一事，應可證明李劍國推
論作者屬五代時人之說，較爲可信。

2. 《疑仙傳》內容介紹

五代隱夫玉簡《疑仙傳》，《陳眉公家藏祕笈續函》所刻爲一卷本。考察
明代其他叢書，並未有人收錄刊刻，至清代亦僅《琳琅祕室叢書》著錄刻爲
三卷本。旁查其他版本，清丁福保編輯《道藏精華錄》收錄之《疑仙傳》爲
三卷本、《四庫全書存目叢書》記載北京圖書管藏「明鈔本」《疑仙傳》爲三
卷本。此三卷、一卷之版本究竟何者較接近原書眞象？下面單元中，將作進
一步探討。茲先據「清光緒戊子會稽董氏取斯堂活字本」之清胡珽輯《琳瑯
祕室叢書》三卷本〔註65〕作內容簡述。隱夫玉簡〈疑仙傳小序〉：

夫神仙之事，自古有之。其間混迹，固不可容易而測也。僕偶於朋
友中錄得此事，輒加潤色，不敢便以神仙爲名。今以諸傳構成三卷，
目之爲《疑仙傳》爾。〔註66〕

從此小序可知，隱夫玉簡撰寫該部小說之緣由，曰：「僕偶於朋友中錄得
此事，輒加潤色，不敢便以神仙爲名。」即神仙故事乃於朋友家藏書中錄得，
因無法確定描述之人是否眞爲仙人，遂命名爲《疑仙傳》。至於，全書收錄總
數從《琳瑯祕室叢書》「《疑仙傳》目錄」得知，「卷上」收錄七則、「卷中」
收錄七則、「卷下」收錄八則，共二十二則。據《四庫全書總目》之子部五十
七「道家類存目《疑仙傳》「提要」言：

《疑仙傳》_{三卷兵部侍郎}_{紀昀家藏本}舊本題隱夫玉簡撰……。所錄凡二十二人，皆
開元以後事。前有自序，稱不敢便以神仙爲名，因目之曰《疑仙傳》。
〔註67〕

從此資料得知，清人所見此部小說內容應是二十二則作品。觀其內容，

〔註64〕〔唐〕隱夫玉簡撰：《疑仙傳》（〔清〕胡珽輯：《琳瑯祕室叢書》，臺北國家圖
　　　　書館「善本書室」藏，清光緒戊子會稽董氏取斯堂活字本）。
〔註65〕隱夫玉簡《疑仙傳》收錄作品無篇名名稱，故以下內容主題介紹採用《琳瑯
　　　　祕室叢書》「《疑仙傳》目錄」篇名，作爲該則作品之名稱。
〔註66〕同註64。
〔註67〕同註27，第四冊，頁2909。

誠如清丁福保《道藏精華錄一百種提要》謂：

> 《疑仙傳》　是書為隱夫玉簡撰。多載異人奇士神化不測之事。內
> 如管革之辯於張果，負琴生之語於太白，薑澄之答葉靜。言雖似辯，
> 實寓至理。允足為大道之點化，更可當俗士之針砭。〔註68〕

取材雖多異人奇士神化難測之事，唯從書中二十二則內容分析，大抵扔
可歸納出二項主題：

（1）談論異人求道之經過，如「上卷」〈賣藥翁〉、〈負琴生〉；「中卷」〈東
方玄〉；「下卷」〈薑澄〉、〈蕭寅〉。

（2）描述奇士遇神奇、神仙之事，如「上卷」〈李元〉、〈張鬱〉、〈彭知
微女〉、〈劉簡〉；「中卷」〈李陽〉、〈方響女〉、〈管革〉、〈草衣兒〉、〈朱子真〉、
〈丁寔〉；「下卷」〈沈敬〉、〈韓業〉、〈吹笙女〉、〈景仲〉、〈何寧〉、〈姚基〉。

總之，《疑仙傳》收錄題材多為唐時奇人求仙經過或神仙神奇之事，故歷
代書目如宋王堯臣等人撰《崇文總目》、宋鄭樵《通志略》、宋尤袤《遂初堂
書目》至清周中孚《鄭堂讀書記》、瞿鏞《鐵琴銅劍樓藏書目錄》皆著錄於「道
家類」。甚至，後世編纂道家書籍如明白云霽編撰《正統道藏》、清丁福保編
《道藏精華錄》、湯一介主編《道書集成》，《疑仙傳》往往被編入其中，即此
亦能窺見該部小說特質矣。

（二）與同是「明萬曆間繡水沈氏尚白齋刊本」《寶顏堂祕笈》作比較

五代隱夫玉簡《疑仙傳》，據《叢書子目類編》得知有一卷、三卷、八則
之分。〔註69〕復查考歷代書目著錄情況，亦是如此，如《崇文總目》卷十「道
書」記載：

> 《疑仙傳》一卷，闕。〔註70〕

《通志略·藝文略》第五「道家二」記載：

> 《疑仙傳》三卷。〔註71〕

〔註68〕〔清〕丁福保編：《道藏精華錄》（北京：北京圖書館出版社，2005年7月），
頁31。

〔註69〕同註7，頁447。

〔註70〕〔宋〕王堯臣·王洙·歐陽修等人奉敕撰：《崇文總目》（景印《文淵閣四庫全
書》史部四三二目錄類，臺北：台灣商務印書館發行），第六七四冊，頁674-120。

〔註71〕〔宋〕鄭樵撰：《通志略》（王雲五主編：《國學基本叢書》四百種，臺北：台
灣商務印書館股份有限公司，1968年3月），頁85。

　　《遂初堂書目》將《疑仙傳》著入於「道家類」，〔註72〕未記載其卷數。《鐵琴銅劍樓藏書目錄》卷第十八「道家類」記載：

> 《仙苑編珠》二卷《疑仙傳》三卷舊鈔本。《仙苑編珠》題：「唐天臺山道士王松年撰。」以列仙事衍爲四言韻語，而詳注其事蹟。《疑仙傳》題：「隱夫玉簡撰。」專記道家神術。二書與《江淮異人錄》合裝一冊。〔註73〕

　　從以上引證，能知書目家著錄該部小說以一卷、三卷爲多數。然一卷與三卷究竟有何差異？書目內容均未能詳加說明。故僅能依照存留於今日之版本，翻檢分析其內容，或能釐清其中之差異。此節先探討明代著名叢書中，刊刻《疑仙傳》情形，因僅見《陳眉公家藏祕笈續函》收錄之一卷本，故此單元則以探討同是「明萬曆間繡水沈氏尚白齋刊本」《寶顏堂祕笈》一卷本之情形，下節再旁查其他版本分析，探究該部小說眞象。以下列表將二版本相互比較，期能清楚呈現其差異處。

叢書名〔註74〕 內容前有小序、分卷與收錄情形、校訂閱者、內容文字差異處〔註75〕	《疑仙傳》 「明萬曆間繡水沈氏尚白齋刊本」共分六集之《陳眉公家藏祕笈續函》本〔註76〕	《疑仙傳》 「明萬曆間繡水沈氏尚白齋刊本」共分三集之《陳眉公家藏祕笈續函》本〔註77〕
內容前小序	有一小序	有一小序

〔註72〕　〔宋〕尤袤《遂初堂書目》（景印《文淵閣四庫全書》史部四三二目錄類，臺北：台灣商務印書館發行），第六七四冊，頁 674-463。

〔註73〕　〔清〕瞿鏞編纂：《鐵琴銅劍樓藏書目錄》（上海：上海古籍出版社出版，2000年9月），頁 475。

〔註74〕　「叢書名」部分，爲比較方便，本論文採用之底本《陳眉公家藏祕笈續函》本列爲前者，而另一部「明萬曆間繡水沈氏尚白齋刊本」《陳眉公家藏祕笈續》列於後者。

〔註75〕　「收錄卷數與作品數目」與「內容文字差異處」，因《疑仙傳》收錄作品無篇名名稱，故以《琳瑯祕室叢書》「《疑仙傳》目錄」篇名，作爲該則作品之名稱。

〔註76〕　〔明〕陳繼儒輯：《寶顏堂祕笈》，「明萬曆間繡水沈氏尚白齋刊本」現藏於臺北國家圖書館。該版本共分六集，分別爲「陳眉公訂正祕笈」、「陳眉公家藏祕笈續」、「陳眉公家藏彙祕笈」、「陳眉公家藏廣祕笈」、「陳眉公普祕笈」與「眉公雜著」。亦是本論文採用之底本，統計共收書四百十卷二百四十冊。

〔註77〕　〔明〕陳繼儒輯：《寶顏堂祕笈》，國家圖書館善本書室另藏一部「明萬曆間繡水沈氏尚白齋刊本」，記載收藏之書爲一百九十三卷四十八冊。該版本僅存「陳眉公訂正祕笈」、「家藏祕笈續函」、「眉公雜著」等三集。

分卷與收錄情形	共一卷，收錄二十則作品。	共一卷，收錄二十則作品。
校訂閱者	仲醇陳繼儒、寓公高承埏	仲醇陳繼儒、白生沈孚先
內容文字差異處〔註78〕	「異字」部份	「異字」部份
	卷上 〈賣藥翁〉：「蒲州賣藥翁者，於蒲州手攜一藥囊賣藥，不顯其姓名，人皆呼爲賣藥翁。……諭因問翁曰：『翁不顯姓名，何人也？』翁曰：『天覆地載之人也。既稟天地之氣爲人，即姓人也，名人也，又何妄爲姓名也？』諭曰：『攜一囊藥而治眾**病**，何藥也？』賣藥翁曰：『人之一病也，何眾病也？……』 〈劉簡〉：「須臾，有青衣童子數人侍立。樽俎間唯珠果香醪而已。虛無子指水次一**艸**謂簡曰：『只此**艸**食之，已與人間諸山之藥不同矣。簡乃切求之。虛無子令侍童撥一小艇過其水，就水次**取**此艸子以賜簡。簡因**藏**於懷中。起謂虛無子曰：『吾子必此住，我當回。』虛無子**起**別。」 卷中 〈東方玄〉：「東方玄者，荊州人也。……其女子曰：『何未**對**碁也。』玄乃曰：『女伴但自去遊戲，我且與此道流談**論**。』其女子即便於面前以手畫地，變爲一大池，周圍皆長松翠竹，限其岸即芰荷芬鬱，中有一畫舸，其女子即自登之。」 卷下 〈沈敬〉：「沈敬，浙右人也。自幼學道。後遊鍾山，遇一老姥謂之曰：『爾骨秀神清，心復正，後十年當得道。但修煉之。』仍與一塊白石，教之曰：『但以山泉煮此石不停火，待頓如藥劑即食之。若未軟，不得停火。』言訖而不見老姥。敬奇之。因於**山**中結茅而居，汲泉以煮此石，不停火。十載此石不頓。敬**乃**不煮。」	卷上 〈賣藥翁〉：「蒲州賣藥翁者，於蒲州手攜一藥囊賣藥，不顯其姓名，人皆呼爲賣藥翁。……諭因問翁曰：『翁不顯姓名，何人也？』翁曰：『天覆地載之人也。既稟天地之氣爲人，即姓人也，名人也，又何妄爲姓名也？』諭曰：『攜一囊藥而治眾**人**，何藥也？』賣藥翁曰：『人之一病也，何眾病也？……』 〈劉簡〉：「須臾，有青衣童子數人侍立。樽俎間唯珠果香醪而已。虛無子指水次一**神**謂簡曰：『只此艸食之，已與人間諸山之藥不同矣。簡乃切求之。虛無子令侍童撥一小艇過其水，就水次**處**此艸子以賜簡。簡因**一**於懷中。起謂虛無子曰：『吾子必此住，我當回。』虛無子**迪**別。」 卷中 〈東方玄〉：「東方玄者，荊州人也。……其女子曰：『何未**封**碁也。』玄乃曰：『女伴但自去遊戲，我且與此道流談**諭**。』其女子即便於面前以手畫地，變爲一大池，周圍皆長松翠竹，限其岸即芰荷芬鬱，中有一畫舸，其女子即自登之。」 卷下 〈沈敬〉：「沈敬，浙右人也。自幼學道。後遊鍾山，遇一老姥謂之曰：『爾骨秀神清，心復正，後十年當得道。但修煉之。』仍與一塊白石，教之曰：『但以山泉煮此石不停火，待頓如藥劑即食之。若未軟，不得停火。』言訖而不見老姥。敬奇之。因於**由**中結茅而居，汲泉以煮此石，不停火。十載此石不頓。敬**力**不煮。」

〔註78〕 「內容文字差異處」，有三項說明：第一，凡異體字如「於」與「於」或形近「巳」「己」刊刻未注意之字等，皆不列入討論；第二，本表所謂異字、闕字等情形，即反映校勘後二版本差異之處；第三，收錄作品無標題名稱，故以《琳瑯秘室叢書》「《疑仙傳》目錄」篇名，作爲該則作品名稱；第三，引用作品，僅截錄差異文句。

「闕字」部份	「闕字」部份
卷上	卷上
〈彭知微〉：「西川彭知微者，卓鄭之流也。……爾今心若誓死而一，必不久昇仙。童兒言訖，乃起辭曰：『神仙之道**盡**在此言也。恭敬修之。我今卻去，乃乘鶴飛去。』」	〈彭知微〉：「西川彭知微者，卓鄭之流也。……爾今心若誓死而一，必不久昇仙。童兒言訖，乃起辭曰：『神仙之道■在此言也。恭敬修之。我今卻去，乃乘鶴飛去。』」

　　據上表得知，雖同註明為「明萬曆間繡水沈氏尙白齋刊本」《寶顏堂祕笈》，然反映出二版本間仍有差異性。筆者針對其差異處再作扼要說明：

　　第一，校訂閱者之問題。查考二版本《疑仙傳》校訂者中，皆有署名陳繼儒，若有差異則於本文底本另一位校者為高承埏，而別本另一位校者則為沈孚先。筆者研判有以下幾種可能：

　　其一，同是「明萬曆間繡水沈氏尙白齋刊本」《寶顏堂祕笈》刊刻，有可能「續集」發行二次，此可從版式中斷版處判斷。故二版本出現不同校訂閱者，沈孚先等人皆實際有參與校訂審閱《寶顏堂祕笈》之記錄，遂出現若干差異。高承埏〔註79〕、沈孚先〔註80〕等人，皆為愛好藏書、讀書、著書之知名人士。陳繼儒邀請當時有名人士為《寶顏堂祕笈》作校閱，一則能助於該套叢書品質提升，二則有提高該套叢書之聲譽。

　　其二，「明萬曆間繡水沈氏尙白齋刊本」一百九十三卷四十八冊之《陳眉公家藏祕笈續函》本，可能由同是明代私家坊刻盜版翻刻所致。此一推測，雖無直接證據可證明，而從「第五章《陳眉公家藏祕笈續函》中雜俎小說之版本暨內容考述」，其中幾部小說之刊刻情形與此類似，故疑該部小說當時應有被翻刻之可能。

　　第二，收錄作品內容文字之差異。文字差異部分，主要有二種情況：異字與闕字。「異字」差異部分，共計四則；「闕字」差異部分，只有一則。《疑仙傳》三卷內容，共有二十則作品，僅五則作品出現差異，且僅一、二字之互異，影響甚少。

　　綜合上述，筆者將二種「明萬曆間繡水沈氏尙白齋刊本」相互讎校後，

〔註79〕高承埏校者論述部分：已於「第二章　《陳眉公家藏祕笈續函》綜合探討」中之「第二節　《陳眉公家藏祕笈續函》綜合探討」註腳58，論述完畢，故不再贅述。

〔註80〕沈孚先：本論文「《陳眉公家藏祕笈續函》綜合探討」中之「第一節《寶顏堂祕笈》系列綜合探討」已介紹，此處不再贅述。

出現差異甚少，唯亦顯露二版本共同存在之缺點。簡言之：

其一，從「內容文字差異」而言，二版本彼此間互異甚少，然與清胡珽輯《琳瑯秘室叢書》出入甚多。茲以卷上〈張鬱〉及卷中〈朱子真〉二則作品，摘錄引詩部分為例證。如卷上〈張鬱〉作品：

> 張鬱者，燕人也……因高吟曰：「浮生如夢能幾何，浮生復更憂患多。無人與我長生術，洛川春日且狂歌。」吟纔罷，忽舉目見一翠幄臨水，絃管清亮。……女郎乃歌曰：「彩雲入帝鄉，白鶴又徊翔。久留深不可，蓬島路邅長。」又歌曰：「空愛長生術，不是長生人。今日洛川別，可惜洞中春。」俄與鬱別，乘洛波而去。鬱大驚，亦疑是水仙矣。

橫線處於二版本之詩歌內容，其中「彩雲入帝鄉，白鶴又徊翔。久留深不可，蓬島路邅長。」中之「彩」字，清胡珽輯《琳瑯秘室叢書》作「形」字，考查《全唐詩》卷八百六十三「洛川仙女」條下作「彩」字。再舉卷中〈朱子真〉作品：

> 朱子真者，長安南山下有別墅焉。……子真乃自歌曰：「人間幾日變桑田，誰識神仙動裡天。短促共知有殊異，且須權醉在生前。」穎聞之，不覺長歎。

橫線處於二版本之詩歌內容：「人間幾日變桑田，誰識神仙動裡天。短促共知有殊異，且須權醉在生前。」中之「權」字，清胡珽輯《琳瑯秘室叢書》本作「懽」字，考查《全唐詩》卷七百七十「朱子真詩一首」條下存有〈對趙穎歌〉、卷八百六十「朱子真」條下存有〈對趙穎歌〉作品，皆作「歡」字。故知前卷上〈張鬱〉以《陳眉公家藏祕笈續函》二版本較符合上下文意，卷中〈朱子真〉則以清胡珽輯《琳瑯秘室叢書》本較貼近其義。本文使用《陳眉公家藏祕笈續函》之版本、內容文字與《琳瑯秘室叢書》本究竟孰優孰劣？下節將透過其他版本相互比較後，再給予進一步評價。

其二，從「收錄作品數量」而言，二版本之《疑仙傳》共收錄二十則作品，與該部小說二十二則之原貌，實有稍微差異。此部分，除可從清胡珽輯《琳瑯秘室叢書》本佐證外，另可旁及明白云霽編《正統道藏》、清丁福保編《道藏精華錄》、湯一介主編《道書集成》等道家書籍，得到解答。下節將針對此問題，詳加探究分析之。

第二節　《陳眉公家藏祕笈續函》志怪傳奇小說文獻學問題綜合論考

此單元論述考證，以「文獻學」層面爲主。欲得知《陳眉公家藏祕笈續函》收錄志怪傳奇小說版本之優劣價值，除上單元「（二）與明代其他著名叢書收錄版本比較」外，此單元將進一步考查該部小說與清代流傳之版本或今日校勘之善本，分析其中差異之後，方能允當論斷《陳眉公家藏祕笈續函》刊刻版本爲精善或粗劣。

一、內容卷數問題

（一）保留原書卷數

《陳眉公家藏祕笈續函》三部志怪傳奇小說收錄作品，據上單元「（二）與同是「寶顏堂」刊刻之版本相互讎校」或「（二）與明代其他著名叢書收錄版本比較」比較後，「保留原書卷數」者有《集異志》一部作品，茲論述如下：

僞託唐陸勳《集異志》，《陳眉公家藏祕笈續函》所刻爲四卷本，據前文「（二）與明代其他著名叢書收錄版本比較」，知內容卷數有一卷本與四卷本。然細數收錄作品數量，出入頗多。究竟《集異志》原書作品眞象爲何？筆者再以清代重編清《唐人說薈》一卷本，與《陳眉公家藏祕笈續函》所刻四卷本再作比較；茲先列表如下：

版本名稱 分卷情況收錄作品數量差異、收錄作品編排差異、內容文字差異情形	《集異志》 《陳眉公家藏祕笈續函》本	《集異志》 《唐人說薈》本 〔註81〕
分卷情況	共四卷	共一卷
收錄作品數量差異	收錄作品總數：二百四十則作品。	**收錄作品總數：八十五則作品。** **多出《陳眉公家藏祕笈續函》本則篇目名稱如下：** 〈秦始皇三十六〉，共一則作品。

〔註81〕　〔清〕蓮塘居士：《唐人說薈》（臺北：國家圖書館「善本書室」所藏「民國上海掃葉山房石印本」）。附註說明，《唐人說薈》亦稱《唐代叢書》，據《辭源》「唐人說薈」條下記載：「此書專取唐人傳奇、筆記小說，間及掌故，詞藻則供詞章取材。嘉慶十一年有坊刻本，題爲王文誥輯《唐代叢書》。」故在此僅列《唐人說薈》作比較。

		僅收《陳眉公家藏祕笈續函》本八十四則篇目名稱如下：〔註82〕
		卷一
		〈魏襄王十三年〉、〈齊潛王時〉、〈漢武帝與群臣宴未央〉、〈漢末麋竺嘗從洛歸〉、〈漢末大亂〉、〈吳孫權太元元年〉、〈吳孫皓寶鼎元年〉、〈吳成將鄧喜殺豬祀神〉、〈晉武帝咸寧二年十二月〉、〈晉惠帝元康中〉、〈晉惠帝光熙元年〉、〈晉元嘉九年〉、〈晉謝靈運以元嘉五年〉、〈魏公孫淵家數有怪犬〉、〈漢劉聰時〉、〈晉元帝永昌元年〉、〈晉阮瞻嘗著無鬼論〉、〈東晉王綏為冠軍將軍〉、〈宋文帝元嘉末〉、〈梁武帝太清元年〉、〈後魏肅宗熙平二年〉、〈陳後主禎明二年〉、〈陳周文育為鎮南將軍〉、〈北齊爾朱世隆為尚書令〉、〈隋煬帝大業元年〉、〈隋煬帝大業七年正月朔旦〉、〈武後神功元年育月庚子〉、〈武后時〉、〈咸通十三年四月〉等，共收錄二十九則。
		卷二
		〈天寶五載〉、〈漢景帝元鳳元年〉、〈魏明帝景初元年〉、〈晉安帝永熙三年〉、〈高宗嘗患頭風〉、〈玄宗好鬥雞貴臣外戚皆尚之〉、〈晉昭公十九年〉、〈漢惠帝二年五月癸酉旦〉、〈晉潛帝建興二年十一月〉、〈晉武帝太康五年正月癸卯〉、〈晉明帝太寧初〉、〈玄宗開元十七年四月乙亥〉、〈晉武帝太康五年四月〉、〈晉穆帝昇平三年二月〉、〈武後時〉、〈大曆末〉、〈咸通八年七月〉、〈太康二年六月〉、〈晉元帝大興四年〉、〈荊齊高帝建元元年〉等，共收錄二十則。
		卷三
		〈漢成帝時〉、〈漢光武建武六年〉、〈晉太安中〉、〈玄宗時〉、〈王莽始建國元年〉、〈漢靈帝熹平二年六月〉、〈中平元年二月〉、〈晉惠帝永寧初〉、〈晉太元中〉、〈陳後主禎明二年五月〉、〈元和中漢林院有鈴〉、〈後齊武平時〉等，共收錄十二則。
		卷四
		〈漢靈帝好胡服胡帳胡床胡坐胡飯胡箜篌胡笛胡舞〉、〈晉孝懷帝永嘉二年多〉、〈晉元帝大興四年〉、〈晉劉曜時〉、〈晉海西公太和元年〉、〈晉惠帝大安元年夏〉、〈晉少帝開運元年七月大雨〉、〈後趙後季龍時〉、〈至德二年〉、〈晉惠帝元康三年閏二月〉、〈漢劉聰末年〉、〈隋開皇末〉、〈乾符二年〉、〈魏司馬太傅討公孫淵父子〉、〈晉宋遠為丹陽內史〉、〈吳諸葛恪征淮南歸將〉、〈新野庾謹母病〉、〈謝文靜於後府接賓〉、〈晉庾翼常令郭璞筮其後〉、〈長慶二年五月〉、〈秦孝公二十一年〉、〈太興元年〉、〈晉武帝太康四年〉等，共收錄二十三則。
收錄作品編排差異	卷一，收錄五十則作品。卷二，收錄六十四則作品。卷三，收錄五十四則作品。卷四，收錄七十二則作品。	共分一卷，摘錄《陳眉公家藏祕笈續函》本卷一至卷四中之八十四則作品，但無依照卷數次序、收錄作品順序刊刻，二版本收錄作品前後差異甚大。

〔註82〕僅收《陳眉公家藏祕笈續函》本八十四則篇目名稱如下：此部份依照《陳眉公家藏祕笈續函》本收錄卷次次序為主，且以首句作為該則篇名名稱。

內容文字差異情形 〔註83〕	異字部分： 　與《唐人說薈》本，「卷一」有一則作品；「卷二」有二則作品；「卷三」有一則作品；「卷四」有一則作品，共五則作品出現出錄。 闕字部分： 　與《唐人說薈》本，「卷四」有一則作品，共一則作品出現出錄。 闕文部分： 　與《唐人說薈》本，「卷一」有十三則作品；「卷二」有八則作品；「卷三」有三則作品；「卷四」有四則作品，共二十八則作品出現短闕。

　　從上表清楚可知，《陳眉公家藏祕笈續函》本與《唐人說薈》本，差異甚多，以下分二項說明：

　　第一，收錄作品情形相差甚多。《陳眉公家藏祕笈續函》本收錄多出《唐人說薈》約三分之二作品。以另一部「明萬曆間繡水沈氏尚白齋刊本」共分三集之《陳眉公家藏祕笈續函》本收錄二百三十四則與上海圖書館藏之「明鈔本」收錄二百三十八則作佐證，《唐人薈要》本明顯大量刪減《集異志》原編輯者之採輯樣貌。

　　第二，內容相同八十四則之差異情形，尤以「闕文」部分出現二十八則最為顯著。《唐人薈要》本「闕文」部分應是刪減原文內容之結果，故查考得知輕者刪去文中末尾幾句，其嚴重者刪減一半以上內容或作品小注部分。例如〈晉元帝大興四年〉：

　　　　晉元帝大興四年，盧江灊縣何旭家，忽聞地中有犬子聲，掘之得一
　　　　母犬，青黎色，狀甚羸瘦。〔註84〕

　　而《陳眉公家藏祕笈續函》本、上海圖書館藏之「明鈔本」該則作品原文如下：

　　　　晉元帝大興四年，盧江灊縣何旭家，忽聞地中有犬子聲，掘之得一
　　　　母犬，青黎色，狀甚羸瘦。走入草中，不之所在，視其處有二犬子，
　　　　一雌一雄，哺而養之。雌死雄活，及長為犬善噬野獸。其後旭里中，
　　　　為蠻賊所害。〔註85〕

〔註83〕「內容文字差異情形」部分，有二項說明：第一，凡異體字如「於」與「扵」
　　　　或形近「巳」「已」刊刻未注意之字等，皆不列入討論；第二，此欄位差異處
　　　　異字、闕字、闕文等三情形，則是校勘後反映《唐人說薈》本八十四則與《陳
　　　　眉公家藏祕笈續函》「明萬曆間繡水沈氏尚白齋刊本」內容文字差異之情形。
〔註84〕同註81，頁1。
〔註85〕同註33，卷一，頁13～14；《四庫全書存目叢書》「子部・小說家」二四五。
　　　　同註50，第二四五冊，頁245～567。

　　《唐人薈要》本刪減作品，有〈齊潛王時〉、〈漢武帝與群臣宴未央〉、〈漢末大亂〉、〈吳孫權太元元年〉、〈吳孫皓寶鼎元年〉、〈吳成將鄧喜殺豬祀神〉、〈晉惠帝光熙元年〉、〈晉謝靈運以元嘉五年〉、〈魏公孫淵家數有怪犬〉、〈晉元帝永昌元年〉、〈宋文帝元嘉末〉、〈隋煬帝大業七年正月朔旦〉、〈武后時〉、〈天寶五載〉、〈晉安帝永熙三年〉、〈高宗嘗患頭風〉、〈玄宗開元十七年四月乙亥〉、〈晉武帝太康五年四月〉、〈晉穆帝昇平三年二月〉、〈荊齊高帝建元元年〉、〈漢靈帝熹平二年六月〉、〈陳後主禎明二年五月〉、〈後齊武平時〉、〈晉孝懷帝永嘉二年冬〉、〈晉元帝大興四年〉、〈晉少帝開運元年七月大雨〉、〈新野庾謹母病〉等二十八則。

　　《集異志》版本，明代叢書有《陳眉公家藏祕笈續函》本與《說郛續》本，清代叢書有《唐人薈要》本。然《說郛續》本與《唐人薈要》本，皆是刪節本。今日欲見該部小說之原貌，明代《陳眉公家藏祕笈續函》本可稱為最完善之版本。

（二）更動原書卷數

　　《陳眉公家藏祕笈續函》三部志怪傳奇小說收錄作品，據上單元「（二）與同是『寶顏堂』刊刻之版本相互讎校」或「（二）與明代其他著名叢書收錄版本比較」比較後，「更動原書卷數」者有《疑仙傳》一部作品，茲論述如下：

　　五代隱夫玉簡《疑仙傳》，《陳眉公家藏祕笈續函》所刻為一卷本，據前單元「同是『寶顏堂』刊刻之版本相互讎校」，可清楚得知，收錄卷數、作品數量一模一樣。然考諸清胡珽輯《琳瑯祕室叢書》本，顯見與《陳眉公家藏祕笈續函》本，無論內容卷數分法與作品數量，亦有差異。以下先列表示之：

版本名稱 分卷情況、作品編排方式、收錄作品篇名次序、作品收錄內容差異		《疑仙傳》 《陳眉公家藏祕笈續函》本	《疑仙傳》 《琳瑯祕室叢書》本 〔註86〕	
分卷情況	不分卷	共二十則作品	卷上	共七則作品
			卷中	共七則作品
			卷下	共八則作品
作品編排方式	合為一卷	收錄作品總數：二十則。 全書內容排列方式：內容中有《疑仙傳》「小序」，之後	共分三卷	收錄作品總數：二十二則。 全書內容排列方式：首頁有《疑仙傳》「目錄」，「目錄」後附錄

		僅接著爲二十則內容全文。		「《四庫全書總目》之《疑仙傳》提要。卷上先有《疑仙傳》「小序」，續爲各卷內容附錄「《疑仙傳》校譌」、「《疑仙傳》補校」。
收錄作品篇名次序〔註87〕	卷一	〈李元〉 〈賣藥翁〉 〈張鬱〉 〈負琴生〉 〈葛用〉 〈彭知微〉 〈劉簡〉	卷上	〈李元〉 〈賣藥翁〉 〈張鬱〉 〈負琴生〉 〈葛用〉 〈彭知微〉 〈劉簡〉
		〈東方玄〉 〈李陽〉 〈方響女〉 〈管革〉 〈艸衣兒〉 〈朱子眞〉 〈丁寔〉	卷中	〈東方玄〉 〈李陽〉 〈方響女〉 〈管革〉 〈艸衣兒〉 〈朱子眞〉 〈丁寔〉
		〈薑澄〉 〈沈敬〉 〈蕭寅〉 〈景仲〉 〈何寧〉 〈姚基〉	卷下	〈薑澄〉 〈沈敬〉 〈蕭寅〉 〈韓業〉 〈吹笙女〉 〈景仲〉 〈何寧〉 〈姚基〉
作品收錄內容差異〔註88〕	闕文（包括闕字）： 　卷下〈蕭寅〉，一則作品。 異文（包括異字）： 　卷上〈李元〉、〈賣藥翁〉、〈張鬱〉、〈負琴生〉、〈葛用〉、〈彭知微〉、〈劉簡〉；卷中〈東方玄〉、〈方響女〉、〈管革〉、〈艸衣兒〉、〈朱子眞〉、〈丁寔〉；卷下〈薑澄〉、〈沈敬〉、〈蕭寅〉、〈景仲〉，十七則作品。 脫文（包括脫字）： 　卷上〈負琴生〉、〈葛用〉、〈彭知微〉、〈劉簡〉；卷中〈管革〉、〈朱子眞〉、〈丁寔〉；卷下〈薑澄〉、〈蕭寅〉、〈景仲〉、〈姚基〉，十一則作品。 衍文（包括衍字）： 　卷上〈李元〉；卷中〈艸衣兒〉、〈朱子眞〉、〈丁寔〉；卷下〈景仲〉，五則作品。			

〔註87〕「收錄作品篇名次序」：《陳眉公家藏祕笈續函》本無《疑仙傳》目錄，故表格中篇名則以清胡珽輯《琳瑯祕室叢書》本《疑仙傳》目錄之篇名暫代。

〔註88〕「作品收錄內容差異」：清胡珽輯《琳瑯祕室叢書》本校勘較完善，故此欄位差異處僅是反映《陳眉公家藏祕笈續函》「明萬曆間繡水沈氏尚白齋刊本」內容文字異於《琳瑯祕室叢書》本之情形，分成闕文（闕字）、異文（異字）、脫文（脫字）、衍文（衍字）等四種情形。

　　據上表清楚可知，二部版本之差異，若以《陳眉公家藏祕笈續函》本收錄作品二十則內容比較後，差異作品數量達十七則之多。以下分述其差異之處：

　　第一，從「收錄作品總數」而言，《琳瑯祕室叢書》本共收錄二十二則，而《陳眉公家藏祕笈續函》本闕〈韓業〉、〈吹笙女〉二則作品。筆者，進一步考查清丁福保編《道藏精華錄》本《疑仙傳》、《四庫全書存目叢書》子部・道家類收錄之「《疑仙傳》三卷　北京圖書館藏明鈔本」，〔註89〕皆有此二則作品，可知《陳眉公家藏祕笈續函》本之《疑仙傳》並非全貌。

　　第二，從「分卷情況」而言，從宋鄭樵《通志略・藝文略》第五「道家二」記載：「《疑仙傳》三卷」，是該部小說最早應分為三卷。《琳瑯祕室叢書》本據汲古閣毛晉舊本刊刻之三卷本，應較接近原貌；《陳眉公家藏祕笈續函》本，將該部小說原本三卷之說，改成一卷，似乎欲符合自行刊刻內容，此現象與「第三章　《陳眉公家藏祕笈續函》中志人小說之版本暨內容考述。」中之「四、明陸深《金臺紀聞》考述」情況相似。復據《中國藏書史》「第六編明代藏書・第三章明代私家藏書的歷程」謂：

> 毛晉刻書十分注重質量，常選擇家藏善本以作底本，並加鑒別，據其友陳繼儒說：「吾友毛子晉負泥古之癖，凡人有未見書，百方購訪，如緷海鑿山以求寶藏。得即手自鈔寫，糾訛謬，補遺亡，即蛛絲鼠壤，風雨潤濕之所糜敗者，一一整頓之，雕板流通，附以小跋，種種當行，非杜裁判斷硬加差排於士人者。蓋胸中有全書，故本末具有脈絡；眼中有真鑒，故真贋不爽秋毫。無論寒膚嗛腹之儒，駭未曾有，雖士大夫藏書家李邯鄲、宋宣獻復生，無不侈其博而謬，」錢謙益稱毛晉故於經史全史，勘讎流佈，務使學者窮其源流，審其津涉。其他訪佚典、

〔註89〕《四庫全書存目叢書》子部・道家類收錄「《疑仙傳》三卷　北京圖書館藏明鈔本」，其後有書法題語：「戊午新秋雨天焚香莊誦一過」。筆者根據《鐵琴銅劍樓藏書目》卷第十八「子部六・道家類・仙苑編珠》二卷《疑仙傳》三卷舊鈔本」記載：「《仙苑編珠》題：「唐天臺山道士王松年撰。」以列仙事衍為四言韻語，而詳注其事蹟。《疑仙傳》題：「隱夫玉簡撰。」專記道家神術。二書與《江淮異人錄》合裝一冊。舊為停雲館藏本，後歸毛氏。卷末有文待詔題語曰：『戊午新秋雨天焚香莊誦一過』書法秀勁，其親筆也。卷首末有『文印徵明』、『子晉』、『汲古主人』諸朱記。」大抵，從此書目可推論出《四庫全書存目叢書》收錄之《疑仙傳》應為「停雲館藏本」之手鈔本。此外，亦可知毛晉得此「停雲館藏本」手鈔本後，加以刊刻編排，故清胡珽輯《琳瑯祕室叢書》之《疑仙傳》即根據此本加以刊刻。

－186－

搜秘文，皆用以裨輔其正學，於是縹囊緗帙，「毛氏之書走天下」。……
毛晉所刊書究竟多少，很難說出一個精確的數字，前人以爲所刻除《十
三經》、《十七史》以外，其他詩詞曲本、唐宋金元別集、稗官小說等
等，無不發雕，公諸海內，有功於藝苑甚巨。現國內各大圖書館多有
毛晉所藏刻書，略舉其目於後。……（3）署汲古閣所刊書有：……
《疑仙傳》三卷，隱夫玉簡撰。崇禎毛氏汲古閣刊。〔註90〕

　　從此段引文可知，陳繼儒對毛晉刻書讚譽頗高，世人對汲古閣刊書亦給
予正面評價，故推論《琳瑯秘室叢書》本根據「汲古閣毛晉舊本」《疑仙傳》
刊刻應較正確無誤。且從《鐵琴銅劍樓藏書目》卷第十八「子部六·道家類·
《仙苑編珠》二卷《疑仙傳》三卷舊鈔本」記載，可判斷毛氏根據之底本應
是「停雲館藏本」之手鈔本。〔註91〕筆者推論，毛晉雖得此「停雲館藏本」
手鈔本，復經讎校後方加以編排刊刻，應屬較完善。故筆者謂清胡珽輯《琳
瑯秘室叢書》之《疑仙傳》收錄內容比《陳眉公家藏祕笈續函》本略勝一籌。

　　第三，從「作品收錄內容差異」而言，茲舉《陳眉公家藏祕笈續函》本
〈蕭寅〉原文：

蕭寅，吳人也。儀貌瓌偉，常遊天下之名山。自幼食松柏，仍餌生
朮。不交世人，性復孤子。忽因遊終南山，山中有一少女來問之曰：
「我亦學道之人也，欲少問道中之事，君其爲我一剖析焉。」寅曰：
「奚問邪？」少女曰：「我聞之，自古修道之輩，皆言去聲色，而獨
彭祖述陰陽交接之事，何是何非邪？」寅曰：「我平生未嘗接一女子
言論，何逢女子此問也。」少女曰：「彭祖得道之人，猶婇女之問，
今君何不容我一問耶？」寅乃曰：「昔黃帝令婇女以問彭祖陰陽交會
之道，彭祖之對亦不非也。蓋知黃帝未能去聲色，故因而對之，亦
實非彭祖有九妻也。自古學道者，未有不云上士別床，中士別被；
服藥百裡，不如獨臥也。如此則豈獨彭祖之一言可信也。夫神聖尚
待至一而感，況神仙之道，未捨世慾而欲求也。」少女曰：「古之有
全家昇天者，有與妻俱之仙者，又豈無世云云。

　　復查考《琳瑯秘室叢書》本，卷下〈蕭寅〉全文如下：

〔註90〕傅璇琮·謝灼華主編：《中國藏書史》（寧波：寧波出版社出版發行，2001 年
　　　　2 月），上冊，頁 621～623。
〔註91〕此句之說法，可參考註 89。

蕭寅，吳人也。儀貌瓌偉，常遊天下之名山。自幼食松柏，仍餌生朮。不交世人，性復孤子。忽因遊終南山，山中有一少女來問之曰：「我亦學道之人也，今欲少問道中之事，君其為我一剖析焉。」寅曰：「奚問邪？」少女曰：「我聞之，自古修道之輩，皆言去聲色，而獨彭祖述陰陽交接之事，何是何非邪？」寅曰：「我平生未嘗接一女子言論，何逢女子此問也。」少女曰：「昔彭祖得道之人，猶容采女之問，今君何不容我一問耶！」寅乃曰：「昔黃帝令采女以問彭祖陰陽交會之道，彭祖之對亦不非也。蓋知黃帝未能去聲色，故因而對之，亦實非彭祖有九妻也。自古學道者，未有不云上士別床，中士別被；服藥百裹，不如獨臥也。如此則豈獨彭祖之一言可信也。夫神聖尚待至一而感，況神仙之道，未捨世慾而欲求也。」少女曰：「古之有全家昇青天者，有與妻俱之仙者，又豈無世慾也。」寅曰：「此即是神仙之家，降於世而復歸神仙也。非是百世修之而昇天之仙也。」少女曰：「如其然也，我一女子可修習而得道乎。」寅曰：「可。爾之身稟陰之氣而生，託陰之氣而活。如自守陰之道而不犯陽，自然得其道也。」少女謝而去之。寅遽出終南山，以入蜀山。山中人見其儀貌有異，多來問之。寅又惡之，而出以遠遊，終不知所在。

　　比對二版本內容，《陳眉公家藏祕笈續函》本足足比《琳瑯祕室叢書》本闕少一百二十七字，約佔〈蕭寅〉作品內容三分之一。從《琳瑯祕室叢書》引文下劃橫線可知，其短少之處適為蕭寅回答少女論昇天之仙如何修道之法。筆者復考察其餘版本，如丁福保編《道藏精華錄》本《疑仙傳》、《四庫全書存目叢書》子部·道家類收錄之「《疑仙傳》三卷 北京圖書館藏明鈔本」，皆錄有此短闕之內容。即此例也，故《陳眉公家藏祕笈續函》本中《疑仙傳》之〈蕭寅〉作品短闕部分，實難避免後人對該部叢書刪減竄改之批評。

（三）未查原書卷數

　　《陳眉公家藏祕笈續函》三部志怪傳奇小說收錄作品，據上單元「（二）與同是『寶顏堂』刊刻之版本相互讎校」或「（二）與明代其他著名叢書收錄版本比較」比較後，「更動原書卷數」者有《桂苑叢談》等一部作品，茲論述如下：

　　唐馮翊子《桂苑叢談》，若參前文「（二）與明代其他著名叢書收錄版本比較」，相互讎校結果，《續百川學海》本、《五朝小說》本、《蒼雪菴日鈔》本、《重編說郛》本、《廣四十家小說》本等五種叢書版本皆無法反映該部小說原書卷數

樣貌。再據《四庫全書總目》卷一百四十二子部五十二「小說家類三」記載云：

> 陳繼儒刻入《祕笈》，乃題爲唐子休馮翊著，顛倒其文，誤之甚矣。
> 其書前十條，皆載咸通以後鬼神怪異及瑣細之事。後爲《史遺》十
> 八條，其十二條亦紀唐代雜事，餘六條則兼及南北朝。……又似摘
> 抄卷中未及刊削者。疑已經後人竄亂，非原書也。〔註92〕

　　據此，顯然可知「提要」對該部小說卷數內容有失考證大有微詞，而今日出版該部小說之上海中華書局《桂苑叢談》〔註93〕本仍含含糊糊照舊本排印，確有未當；以下將列表加以比較分析。另外，「提要」批評《祕笈》將《桂苑叢談》「顛倒其文」、「似摘抄卷中未及刊削者」，卻無清楚舉證說明。提要此言究竟眞象爲何？

　　考諸民國上海中華書局《桂苑叢談》本，作品編排方式、收錄作品總數與內容文字差異等情形，究竟與《陳眉公家藏祕笈續函》本差異情形爲何？以下先列表示之：

版本名稱 作品編排方式、 收錄作品總數、 內容文字差異	《桂苑叢談》 《陳眉公家藏祕笈續函》本		《桂苑叢談》 上海中華書局本〔註94〕	
作品編排方式	全書內容排列方式： 《史遺》前，共收錄十則作品。 《史遺》部分，共收錄十八則作品。		全書內容排列方式： 《史遺》前，共收錄十則作品。 《史遺》部分，共收錄十八則作品。	
收錄作品總數	《史遺》前	〈張綽有道術〉 〈太尉朱崖辯獄〉 〈崔張自稱俠〉 〈班支使解大明寺語〉 〈賞心亭〉 〈方竹柱杖〉 〈杜可均卻鼠〉 〈李將軍爲左道所悞〉 〈沙彌辯詩意〉 〈客飲甘露亭〉 「史遺」前，共收錄十則，各則有標題名稱。	《史遺》前	〈張綽有道術〉 〈太尉朱崖辯獄〉 〈崔張自稱俠〉 〈班支使解大明寺語〉 〈賞心亭〉 〈方竹柱杖〉 〈杜可均卻鼠〉 〈李將軍爲左道所悞〉 〈沙彌辯詩意〉 〈客飲甘露亭〉 「史遺」前，共收錄十則，各則有標題名稱。
	《史遺》部分	「史遺」部分，共收錄十八則，各則無標題名稱。	《史遺》部分	「史遺」部分，共收錄十八則，各則無標題名稱。

〔註92〕文淵閣《四庫全書》子部三四八「小說家類」。同註4，頁1042-650。
〔註93〕同註16。
〔註94〕同註16。

內容文字差異 〔註95〕	《史遺》前，十則作品內容文字差異如下： **異字**：與上海中華書局《桂苑叢談》本，共六則作品差異。 **異文**：與上海中華書局《桂苑叢談》本，共一則作品差異。 **闕字**：與上海中華書局《桂苑叢談》本，共三則作品差異。 **闕文**：與上海中華書局《桂苑叢談》本，共一則作品差異。

　　據上表清楚可知，二部版本之間實無太大差異。然從明代叢書至今日上海中華書局《桂苑叢談》等版本，皆無法反映該部小說原書眞象。故《陳眉公家藏祕笈續函》本誤植「《史遺》十八則」作品，實難避免後人對該部叢書考證不精之批評。

　　下面筆者再以類書加以比對，以探究《陳眉公家藏祕笈續函》本之《桂苑叢談》小說原書眞象。分二部份，進一步探究之。

（1）《史遺》前十則內容之問題

　　宋李昉編《太平廣記》所引《桂苑叢談》共有九則作品，引用篇目如下：「卷第七十五　道術五」張辭、「卷第七十九　方士四」杜可筠、「卷第一百七十二　精察二」李德裕、「卷第一百七十四　俊辯二幼敏附」班蒙、「卷第二百四　樂二」李蔚、「卷第二百三十二　器玩四」甘露僧、「卷第二百三十八　詭詐」張祐、「卷第二百三十八　詭詐」李全皋、「卷第二百五十六　嘲誚四」青龍寺客等。究竟與《陳眉公家藏祕笈續函》本有何差異，先列表示之：

書籍名稱 著錄篇名差異、 內容文字差異	《桂苑叢談》 《陳眉公家藏祕笈續函》本	《桂苑叢談》 《太平廣記》本〔註96〕
著錄篇名差異 〔註97〕	〈崔張自稱俠〉	道術　張辭
	〈杜可均卻鼠〉	方士　杜可筠
	〈太尉朱崖辯獄〉	精察　李德裕
	〈班支使解大明寺語〉	俊辯二幼敏附　班蒙
	〈賞心亭〉	樂　李蔚
	〈方竹柱杖〉	器玩　甘露僧
	〈張綽有道術〉	詭詐　張祐
	〈李將軍為左道所惑〉	詭詐　李全皋
	〈沙彌辯詩意〉	嘲誚　青龍寺客

〔註95〕「作品收錄內容差異」：此欄位差異處僅是反映《陳眉公家藏祕笈續函》「明萬歷間繡水沈氏尚白齋刊本」《史遺》前十則作品內容文字差異於上海中華書局《桂苑叢談》本之情形，分異字、異文、闕字、闕文等四種情形。

〔註96〕〔宋〕李昉等人編：《太平廣記》（上海：古籍出版社出版，1990 年 12 月）。

〔註97〕「著錄篇名差異」：依照《太平廣記》卷數先後排列。

內容文字差異〔註98〕	〈張綰有道術〉	文字差異：差異甚多。內容差異：二本情節內容，出入不多。	詭詐 張祜	文字差異：差異甚多。內容差異：二本情節內容，出入不多。
	〈太尉朱崖辯獄〉	文字差異：差異甚多。內容差異：二本情節內容，出入不多。	精察 李德裕	文字差異：差異甚多。內容差異：二本情節內容，出入不多。
	〈崔張自稱俠〉	文字差異：差異甚多。內容差異：二本情節內容，出入不多。	道術 張辭	文字差異：差異甚多。內容差異：二本情節內容，出入不多。
	〈班支使解大明寺語〉	文字差異：差異甚多。內容差異：二本情節內容，出入不多。	俊辯二幼敏附班蒙	文字差異：差異甚多。內容差異：二本情節內容，出入不多。
	〈賞心亭〉	文字差異：差異甚多。內容差異：二本情節內容，出入不多。	樂 李蔚	文字差異：差異甚多。內容差異：二本情節內容，出入不多。
	〈方竹柱杖〉	文字差異：差異甚多。內容差異：比《太平廣記》本多出一半多之情節內容。	器玩 甘露僧	文字差異：差異甚多。內容差異：比《陳眉公家藏祕笈續函》本闕一半多之情節內容。
	〈杜可均卻鼠〉	文字差異：差異甚多。內容差異：比《太平廣記》本內容情節末尾處，闕五句之多。	方士 杜可筠	文字差異：差異甚多。內容差異：比《陳眉公家藏祕笈續函》本內容情節末尾處，多出五句之多。
	〈李將軍為左道所惑〉	文字差異：差異甚多。內容差異：二本情節內容，出入不多。	詭詐 李全皋	文字差異：差異甚多。內容差異：二本情節內容，出入不多。
	〈沙彌辯詩意〉	文字差異：差異甚多。內容差異：二本情節內容，出入不多。	嘲誚 青龍寺客	文字差異：差異甚多。內容差異：二本情節內容，出入不多。

　　以《太平廣記》本所錄九則作品比對讎校後，可知與《陳眉公家藏祕笈續函》本文字出入甚多，且內容情節亦有二則差異頗多，茲舉〈方竹柱杖〉之原文作說明：

《陳眉公家藏祕笈續函》本，〈方竹柱杖〉全文內容：

　　大尉朱崖公兩出鎮於浙右，前任罷日遊甘露寺，因訪別於老僧院公曰：「弟子奉詔西行，祗別和尚。」老僧者熟於祗接，至於談話，多空教所長，不甚對以他事。由是公憐而敬之。煮茗既終，將欲辭去。

公曰：「昔有客遺笻竹杖一條，聊與師贈別。」亟令取之，須臾而至。
其杖雖竹而方，所持向上，節眼鬚牙，四面對出，天生可愛。且朱
崖所寶之物即可知也。別後不數歲再領朱方，居三日，復因到院，
問：「前時柱杖何在？」曰：「至今寶之。」公請出觀之，則老僧規
圓而漆之矣。公嗟嘆再彌日，自此不復目其僧矣。太尉多蓄古遠之
物，云是大宛國人所遺竹，唯此一莖而方者也。昔者友人嘗語愚云：
往歲江行風阻，未得前去，沿岸野步，望出嶺而去，忽見蘭若甚多，
僧院覯客來，皆扃門不內。獨有一院大敞其戶，見一僧翹足而眠，
以手書空，顧客殊不介意。友生竊自思書空有換鵝之能，蹺足類坦
床之事，此必奇僧也，直入造之。僧雖強起，全不樂。客不得已而
問曰：「先達有詩云：『書空蹺足睡，路險側身行。』和尚其庶幾乎！」
僧曰：「貧道不知何許事，適者畫房門拔匙撟。」客不辭而出。嗚呼！
彌天四海之談，澄汰簸揚之對，故附於此。〔註99〕

《太平廣記》本，「卷第二百三十二　器玩四」甘露僧，全文內容：

唐潤州甘露寺僧某者道行孤高，名重江左。李衛公德裕廉問日，常
與之遊。及罷任，以方竹杖一枝留贈焉。方竹出大宛國，堅實而正
方，節眼鬚牙，四面對出，實衛公之所寶也。及再鎮浙右，其僧尚
在。公問曰：「前所奉竹杖無恙否。」僧對曰：「已規圓而漆之矣。」
公嗟惋彌日。 出《桂苑叢談》〔註100〕

　　二版本內容差異甚多，據李劍國《唐五代志怪傳奇敍錄》中「《桂苑叢談》
一卷」考證曰：「6.文竹柱杖：《類說》節載，題《規圓方竹杖》。《說郛》載全
文。《廣記》卷二三二引，題《甘露僧》，文略。」〔註101〕李氏此說除道出《太
平廣記》錄存此則內容爲不全外，亦傳達《重編說郛》本收錄此則較爲完整。
筆者將《重編說郛》本與《陳眉公家藏祕笈續函》本內容相互參照後，果然
出入不多。大抵，《太平廣記》本錄存九則《桂苑叢談》作品，無論內容、文
字，皆與《陳眉公家藏祕笈續函》本有所出入。除此之外，《錦繡萬花谷》前
集卷之十七中「妓妾」記錄一條：

〔註99〕　〔唐〕馮翊子撰：《桂苑叢談》（〔明〕陳繼儒編：《寶顏堂祕笈》，臺北：國家
　　　　　圖書館「善本書室」所藏「明萬曆間繡水沈氏尚白齋刊本」），頁7～9。
〔註100〕《太平廣記》「卷第二百三十二　器玩四」。同註96，頁1044-504。
〔註101〕同註5，頁954。

【禦史娘】國樂婦人，有永新婦禦史娘、柳青娘，皆一時之妙也。
有與禦史娘詩曰：「天下能歌禦史娘，花前月底奉君王，九重深處無
人見，獨把新聲傳順郎。」《桂苑叢集》。〔註102〕

　　此則作品敍述禦史娘能歌詩事，若干學者謂此則作品乃是《陳眉公家藏
祕笈續函》本之《桂苑叢談》所遺闕，而李劍國《唐五代志怪傳奇敍錄》中
「《桂苑叢談》一卷」：

　　　　註2，《錦繡萬花谷》前集卷一七引《禦史娘》，出《桂苑叢集》，實
　　　　見段安節《樂府雜錄》。本書所附《史遺》（見後），或亦有引作《桂
　　　　苑叢談》者。〔註103〕

　　李氏已考證「禦史娘」一則非出自《桂苑叢談》。總之，《陳眉公家藏祕
笈續函》本所收之《桂苑叢談》「史遺」前十則內容，應是目前所知最有可能
保存原書之樣貌，唯文字則不如《廣四十家小說》本之精善也。

（2）《史遺》十八則內容之問題

　　筆者考查《新唐書·藝文志》卷五十八志第四十八「雜史類」〔註104〕記
載：「林恩《補國史》十卷僖宗時進士」條下分別另置二小條《傳載》一卷」、「《史
遺》一卷」；復據《宋史·藝文志》卷五「小說類」中記載：「林思仁一作黃望《史
遺》一卷」，〔註105〕可知《史遺》應是另外一部書名。此一論說，吾師王國良
《唐代小說敍錄》〔註106〕曾論及。李劍國《唐五代志怪傳奇敍錄》中「《桂苑
叢談》一卷」更深入指出：

　　　　《寶顏堂祕笈》、《四庫全書》本末附《史遺》十八條（各無小題）。
　　　　重編《說郛》、《五朝小說》等本止十一條，刪落《史遺》之題而各
　　　　立標目，遂與《桂苑叢談》相淆。《孔帖》卷九九引《桂花（苑）叢
　　　　談》『第中大杏』，《錦繡萬花谷》後集卷三七引《桂苑叢談》『中使

〔註102〕〔明〕錫山秦氏校刻：《錦繡萬花谷》「前集」卷之十七（臺北：新興書局有
　　　　限公司，1974年1月），頁595。
〔註103〕同註5，頁956。
〔註104〕〔宋〕歐陽脩等奉勅撰：《新唐書·藝文志》第四十八（許嘉璐主編：《二十
　　　　四史全譯》，上海：漢語大詞典出版社，2004年1月），頁1172。
〔註105〕《宋史·藝文志》卷五「小說類」卷五。同註23，頁235。
〔註106〕《唐代小說敍錄》云：「28 桂苑叢談一卷……（內容考）全書共十條，外附
　　　　『史遺』十八條〔『史遺』原自爲一書，新唐書志雜史類、宋志小說類著錄，
　　　　說詳『史遺』篇〕。」
　　　　同註38，頁25。

封樹』，皆在《史遺》中，知南宋時二書即合訂一冊。〔註107〕

顯見陳繼儒等人編纂該部小說時，未能詳加考證《史遺》十八則內容原是南宋刊刻者合訂一冊，遂有此缺失。吾人使用《陳眉公家藏祕笈續函》本所收之《桂苑叢談》時，甚至明代叢書或今日上海中華書局刊刻發行之《桂苑叢談》，皆必須注意此項缺失。值得一提，國家圖書館有藏《史遺》一書，爲明邵闇生編於《蔓古介書》中，其內容與《桂苑叢談》「《史遺》」完全不同，可以互參。

二、版本流傳問題

《陳眉公家藏祕笈續函》三部志怪傳奇小說作品，與明代其他著名叢書收錄版本比較，再找尋其他版本作爲佐證，以進一步判斷該部叢書之版本價值。

（一）最早刊行之版本

《陳眉公家藏祕笈續函》三部志怪傳奇小說作品，屬於「最早刊行之版本」者，有《集異志》一部。

僞託唐陸勳《集異志》，其他著名明代叢書中同是「寶顏堂」《陳眉公家藏祕笈續函》本，收錄刊刻四卷二百四十則或四卷二百三十四則，旁及明代上海圖書館藏之「明鈔本」，應是存留原貌較早刊行版本；上海圖書館藏之「明鈔本」，筆者疑是清傅增湘《藏園訂補郘亭知見傳本書目》卷十一上・子部十二・小說家類・異聞「《集異志》」記載二條之一云：

⑪《集異志》二卷 唐陸勳撰。○明墨格寫本，行款失記。楊馥堂處間，未收。

該版本屬手寫本，且作品收錄次序、卷數分法、文字內容等皆與「寶顏堂」刊本有若干差異。筆者從《陳眉公家藏祕笈續函》本內容編排與上海圖書館藏之「明鈔本」相互比較後，應是欲將類似主題之作品編排於同卷中，且文字內容應經陳繼儒等人查核史籍志怪小說後進行改易刪減，方刊刻印行問世，如〈吳孫皓寶鼎元年〉：

吳孫皓寶鼎元年，丹陽宣騫母年八十，因浴化爲黿。兄弟閉戶衛之，掘堂上作一池，寘水中。黿入池遊戲二日，引頸外望，伺戶小開，便轉輪自躍入於遠潭，遂不復還。此吳亡之象也。〔註108〕

考查上海圖書館藏之「明鈔本」，卷一〈吳孫皓寶鼎元年〉則作：

〔註107〕同註5，頁956～957。
〔註108〕同註33，卷一，頁7。

吳孫皓寶鼎元年，丹陽宣騫母年八十，因浴化爲黿。兄弟閉戶衛之，
掘堂上作一池，寔水其中。黿入池遊戲一二日，常引頸外望，伺戶
小開，轉便輸自躍入於遠潭，遂不復還。此吳亡之象也。〔註109〕

筆者旁查《晉書・五行志下》第十九「人痾」條下記載：

孫皓寶鼎元年，丹陽宣騫母年八十，因浴化爲黿，兄弟閉户衛之。
掘堂上作大坎，實水其中，黿入池遊戲，一二日恒延頸外望。伺户
小開，便輪轉自躍，入于遠潭，遂不復還。與漢靈帝時黃氏母同事，
吳亡之象也。〔註110〕

檢視二版本内容，佐證其出處《晉書・五行志中》，可知該部小説原編纂
者採輯史書與志怪雜書，非一字不漏摘取，顯然有加以潤色增減，欲使該部
小説更具故事性。至於，《説郛續》本與《唐人説薈》本收錄作品明顯刪減原
貌内容，誠屬《集異志》劣質之版本。故陳繼儒編纂《陳眉公家藏祕笈續函》
本收錄《集異志》，應當爲明代叢書中最早，且較接近原貌之刊本。

（二）刪減更動之版本

《陳眉公家藏祕笈續函》三部志怪傳奇小説收錄作品，屬於「刪減更動
之版本」者，有《疑仙傳》一部。

五代隱夫玉簡《疑仙傳》，其他著名明代叢書中僅「寶顏堂」《陳眉公家
藏祕笈續函》本，收錄刊刻二十則，在文獻上理應功不可沒。然旁及明代其
他版本，如《琳瑯祕室叢書》本與《道藏精華錄》本皆據《汲古閣》毛晉舊
鈔，刊刻該部小説有二十二則。筆者以爲《陳眉公家藏祕笈續函》本刊刻於
明萬曆間，且陳繼儒與毛晉有往來互動，應能見此汲古閣舊鈔，而短收卷下
〈韓業〉、〈吹笙女〉二則作品，以及〈蕭寅〉闕三分之一内容而言，其中不
乏精彩之文。如卷下〈吹笙女〉：

吹笙女者，常遊漢水邊，容貌美麗，年約十七八，著碧衣。手常捧
一笙，或凌晨薄暮，即自吹之，聲調感人。但維一小艇於漢水，人
或就之，即遽入小艇而去。在漢水邊數年，或去之，經歲而返，或
月餘而復來。水邊人呼爲吹笙女。天寶初，王懿者放蕩之子也。自

〔註109〕《四庫全書存目叢書》「子部・小説家」二四五。同註50，第二四五冊，頁245
～564。

〔註110〕〔唐〕房玄齡等奉勅撰：《晉書・五行志下》第十九（許嘉璐主編：《二十四
史全譯》，上海：漢語大詞典出版社，2004年1月），第一冊，頁704。

長安聞，專往訪焉。及至水邊，數日不睹，乃悵恨而歎曰：「我於長
安中，聞有神仙之女，吹笙於此水。故遠來，欲一覩玉容，少聽鳳
笙。不期水邊寂寂，杳無人跡。何今日不出蓬島而暫來此耶？」方
欲盡興而回，俄見此女，獨乘小艇，吹笙自遠而至。俄又出小艇，
遊於水邊。懿乃漸前進而言曰：「神仙女數年此遊，何待也？」吹笙
女回顧懿，微笑而言曰：「待君也。」懿因謂之曰：「我常多憂患，
不喜人間，欲遊物外，又不知爾數年待我也。」吹笙女曰：「人間何
足戀，少年樂未極，已老矣，老又有終。爭如他仙家，僻在蓬萊，
處金銀宮闕之內，駕鶴乘鸞，以自嬉遊，息芝田，會瑤池，而又本
不老，亦無終，何憂患之能關慮也。」懿因戲之曰：「爾能容我爲一
攜笙奴乎？」吹笙女笑曰：「君猶未省，爲老奴已多年也。」吹笙女
即命懿同入小艇去之。後經數日，吹笙女與懿復同來此水邊遊。水
邊人有見之者。懿謂人曰：「寄語長安中少年，我今被吹笙女攜挈而
遠遊，不復遊長安也。」言訖，與吹笙女復共入小艇，吹笙而去。
自後不復來，故不知所之也。〔註111〕

此一則作品，描述吹笙仙女對王懿傳仙道、攜遊物外，除能提供女仙形
象，且能彰顯《疑仙傳》主題。陳氏編纂《陳眉公家藏祕笈續函》本，既收
錄該部小說，卻未能審視全部收錄內容，缺失遺漏，誠如葉德輝對明人刻書
之批評，其《書林清話》卷五「明人刻書之精品」云：「割裂首尾、改換頭面，
直得謂之焚書，不得謂之刻書矣。」〔註112〕陳繼儒編纂《陳眉公家藏祕笈續
函》本被後人所詬刪減弊病，《疑仙傳》實爲一例。

（三）誤植他書之版本

《陳眉公家藏祕笈續函》三部志怪傳奇小說收錄作品，屬於「誤植他書
之版本」者，有《桂苑叢談》一部。

吾人查考諸家書目記載，知今日流傳該部小說最早刊刻應屬明代版本，
如傅增湘《藏園訂補郘亭知見傳本書目》卷十一上・子部十二「小說家類　異
聞」記載：

桂苑叢談一卷　舊本題馮翊子休撰。○說郛本。○四十
家小說本。○續百川本。○續祕笈本。

〔註111〕同註86。
〔註112〕〔清〕葉德輝：《書林清話》（臺北：文史哲出版社，1998年），頁262。

㊤○明萬曆刊寶顏堂祕笈本，八行十八字，白口，四周單闌。余據

《太平廣記》引文校，頗有補訂。〔註113〕

復據《中國古籍善本書目》有「目十九子部小說家類」一條記載：

桂苑叢談一卷　明抄本。〔註114〕

上文據傅氏《藏園訂補邵亭知見傳本書目》及《中國古籍善本書目》所言，或與前文中「（二）與明代其他著名叢書收錄版本比較」，可知該部小說於明代刊刻頗為盛行，亦是今日可知最早刊行之年代；另從《中國古籍善本書目》，可知存世者另有「明抄本」，唯藏於北京圖書館，惜臺灣未有收藏，故無法窺知其詳。且從明代叢書版本之間相互讎校結果，乍看《陳眉公家藏祕笈續函》本與《廣四十家小說》本，應是存留原書全貌，亦是明代叢書最完善之版本。證諸《新唐書‧藝文志》與今日學者等考證結果，證實《桂苑叢談》原貌僅有十則。至於《史遺》部分，乃南宋刊刻時已誤植入該部小說中，《陳眉公家藏祕笈續函》本未能精細校勘考證，即草率刊行發售，導致原書全貌失真，實陳繼儒疏失於考證結果。

第三節　《陳眉公家藏祕笈續函》志怪傳奇小說內容綜合論考

　　一般讀者閱讀小說作品時，多半不留意或不注重作者筆下功夫，只作為消遣抒懷，殊不知文字運用為作者思想、情感之呈現。故此單元論述考證，以「內容」層面為主。《陳眉公家藏祕笈續函》三部志怪傳奇小說內容綜合論考，或從「量」去觀察內容完整性，或從「質」去評論作品文學性。一方面檢驗陳繼儒校書精善與否，另一方面檢驗陳繼儒選書鑑別能力眼光為何。

一、收錄作品內容文字比較

　　此單元，進一步將上一節「（二）與明代其他著名叢書收錄版本比較」之三部志怪傳奇小說，針對其內容文字部分，再作一綜合論考。期能從校書精善與否之無偏無頗方式，評斷《陳眉公家藏祕笈續函》本收錄三部志怪傳

〔註113〕同註28，第二冊，頁79。
〔註114〕中國古籍善本書目編輯委員會編：《中國古籍善本書目》（上海：上海古籍出版社出版，1996年12月），頁735。

奇小說究竟於明代叢書地位為何？且間接略窺明代著名叢書之間品質優劣情況。

（一）與明代叢書內容文字差異作比較

叢書名稱　　志怪傳奇小說書名	明代叢書	內 容 文 字 比 較 說 明
《桂苑叢談》	《陳眉公家藏祕笈續函》本	**「史遺」前十則內容文字差異情形：** 主要有三種文字差異情況，異字、異文、闕字，其中以「異字」影響該部小說最深。故差異九則作品中，出現十九處「異字」情形，而《廣四十家小說》本文字較符合者十一處，其次為《陳眉公家藏祕笈續函》本八處符合，其餘各版本《續百川學海》本、《五朝小說》本、《說郛》本皆七處文字符合。至於，《蒼雪菴日鈔》本僅收入二則作品外，且顛倒、竄改其文，實屬明代叢書最差之版本。 **與明代著名叢書收錄版本比較優劣情形：** 《廣四十家小說》本，比較精善。
	《續百川學海》本	
	《五朝小說》本	
	《蒼雪菴日鈔》本	
	《重編說郛》本	
	《廣四十家小說》本	
《集異志》	「明萬曆間繡水沈氏尚白齋刊本」共分六集之《陳眉公家藏祕笈續函》本	**內容文字差異情形：** 文字差異情況，有二種現象： 其一，本文使用《陳眉公家藏祕笈續函》之底本與「明萬曆間繡水沈氏尚白齋刊本」共分三集之《陳眉公家藏祕笈續函》本比較分析——二百四十則中，二版本「異字」有二十則出現差異；「闕字」有五則出現差異。旁查上海圖書館「明鈔本」《集異志》，「明萬曆間繡水沈氏尚白齋刊本」共分六集之《陳眉公家藏祕笈續函》本之內容文字，應較近原版本樣貌。此外，「明萬曆間繡水沈氏尚白齋刊本」共分三集之《陳眉公家藏祕笈續函》本刊刻時闕刻其中六則作品，實屬該版本最嚴重之疏失。 其二，本文使用《陳眉公家藏祕笈續函》之底本與《說郛續》本比較分析——《陳眉公家藏祕笈續函》本作品收錄總數二百四十則，而《說郛續》本僅收八十五則。查考上海圖書館「明鈔本」後，《說郛續》本應是根據明代版本加以摘錄，並無完整刊刻出該部小說收錄情形。而內容文字差異情況，影響該部小說最深為闕文情形。《說郛續》本收錄《陳眉公家藏祕笈續函》本八十四則作品中，共有二十八則有闕文。旁證上海圖書館「明鈔本」後，可以肯定《說郛續》本闕文情形，乃是自行刪減該部小說作品內容樣貌。 **與明代著名叢書收錄版本比較優劣情形：** 本文使用《陳眉公家藏祕笈續函》之底本，比較完善。
	「明萬曆間繡水沈氏尚白齋刊本」共分三集之《陳眉公家藏祕笈續函》本	
	《說郛續》本	
《疑仙傳》	「明萬曆間繡水沈氏尚白齋刊本」共分六集之《陳眉公家藏祕笈續函》本	**內容文字差異情形：** 主要有二種文字差異情況： 其一，二十則「異字」有四則出現差異，「明萬曆間繡水沈氏尚白齋刊本」共分六集之《陳眉公家藏祕笈續函》本之內容文字，旁查較善之《琳瑯秘室叢書》本，其出入較少。 其二，二十則「闕字」有一則出現差異，「明萬曆間繡水沈氏尚白齋刊本」共分六集之《陳眉公家藏祕笈續函》本，內容文字無此現象。
	「明萬曆間繡水沈氏尚白齋刊本」共分三集之《陳眉公家藏祕笈續函》本	

	同是「寶顏堂」刊刻之版本優劣情形：
	「明萬曆間繡水沈氏尚白齋刊本」共分六集之《陳眉公家藏祕笈續函》本與「明萬曆間繡水沈氏尚白齋刊本」共分三集之《陳眉公家藏祕笈續函》本，比較二版本，實出入不多，若單以收入二十則作品分析其精善，「明萬曆間繡水沈氏尚白齋刊本」共分六集之《陳眉公家藏祕笈續函》本稍為優良。

1.《陳眉公家藏祕笈續函》本內容文字比較精善之志怪傳奇小說

三部志怪傳奇小說收錄作品，內容文字比較精善除表格所呈現外，復從收錄作品數量觀察其「內容比較完整」而作探討。

《陳眉公家藏祕笈續函》三部志怪傳奇小說，屬於「內容比較完整」者，有《集異志》等一部作品：

偽託唐陸勳《集異志》之《陳眉公家藏祕笈續函》本，現存二百四十則作品，無論內容文字與收錄作品數量，皆比另一部「明萬曆間繡水沈氏尚白齋刊本」共分三集之《陳眉公家藏祕笈續函》本與《說郛續》本略勝一籌。「明萬曆間繡水沈氏尚白齋刊本」共分三集之《陳眉公家藏祕笈續函》本短闕六則作品、《說郛續》本短闕一百五十五則作品，主題有異象異獸徵應吉凶果報之事，以及鬼魅人妖奇特怪異之事，如〈開元八月下〉《陳眉公家藏祕笈續函》本有存錄，而「明萬曆間繡水沈氏尚白齋刊本」共分三集之《陳眉公家藏祕笈續函》本與《說郛續》本則無。此〈開元八月下〉作品，描述山川異象徵驗之事，其故事云：

> 開元八月下，契丹寇營州，發關中卒援之。宿澠池之關門，營穀水上，夜半山水暴至，萬餘人皆溺死。六月庚寅夜，穀洛溢入西上陽宮，宮人死者十有七八。畿內諸縣田稼廬舍蕩盡，掌衛兵溺死千餘人。京師興道坊一夕陷為池，居民五百餘家皆沒不見。是年鄧州三鴉口大水塞穀，或見二小兒以水相沃，須臾有蚯大十圍，張口仰天，人或斬射之。俄而暴雷雨，漂溺數百家。〔註115〕

此則作品揭露《集異志》奇異現象撰寫之旨意。其餘五則無收錄有：〈晉惠帝元康六年五月〉、〈晉安帝元興二年十二月〉、〈晉元帝大興四年〉、〈晉懷帝永嘉元年〉、〈晉成帝咸寧初〉等作品，亦皆有不可名狀神奇之境。「明萬曆間繡水沈氏尚白齋刊本」共分三集之《陳眉公家藏祕笈續函》本與《說郛續》本，不錄可惜。

〔註115〕同註33，卷二，頁17～18。

2. 明代其他叢書本內容文字比較精善之志怪傳奇小說

三部志怪傳奇小說收錄作品，據明代其他叢書本內容文字比較精善，即反映出《陳眉公家藏祕笈續函》本之缺點，故分別依照「異動文字，竄改之嫌」與「脫闕文句，校勘不精」再作探討。

（1）異動文字，竄改之嫌

《陳眉公家藏祕笈續函》三部志怪傳奇小說，屬於「異動文字，竄改之嫌」者，有《疑仙傳》一部作品：

五代隱夫玉簡《疑仙傳》，「明萬曆間繡水沈氏尚白齋刊本」共分六集之《陳眉公家藏祕笈續函》本實優於「明萬曆間繡水沈氏尚白齋刊本」共分三集之《陳眉公家藏祕笈續函》本，理應列入上一小節「《陳眉公家藏祕笈續函》本內容文字比較精善之志怪傳奇小說」部分。然「明萬曆間繡水沈氏尚白齋刊本」共分六集之《陳眉公家藏祕笈續函》本僅收錄二十則作品，且刪減其中之卷下〈韓業〉、〈吹笙女〉二則作品，與〈蕭寅〉一則不完整作品，實有竄改該部小說之嫌，故無法達到精善之標準，因而歸於此處批判。再者，筆者分析有關《疑仙傳》諸多版本後，認為《陳眉公家藏祕笈續函》本之該部小說除收錄作品文字有異動、竄改之嫌外，復為符合自行編排次序而竄改《疑仙傳》中〈小序〉文字：

> 夫神仙之事，自古有之，其間混迹，固不可容易而測也。僕偶於朋
> 友中錄得此事，輒加潤色，不敢便以神仙為名。今以諸傳搆成一卷，
> 目之為疑仙傳爾。〔註116〕

筆者考查清胡珽輯《琳瑯秘室叢書》本、丁福保編《道藏精華錄》與今日《四庫全書存目叢書》子部·道家類收錄之「《疑仙傳》三卷 北京圖書館藏明鈔本」，皆作「今以諸傳搆成三卷」，僅見《陳眉公家藏祕笈續函》本曰「今以諸傳搆成一卷」，故實難脫竄改之嫌。

（2）內容文字，校勘（考證）不精

《陳眉公家藏祕笈續函》三部志怪傳奇小說，屬於「內容文字，校勘（考證）不精」者，有《桂苑叢談》一部作品：

唐馮翊子《桂苑叢談》，筆者旁證中華書局出版《桂苑叢談》〔註117〕本，

〔註116〕〔唐〕隱夫玉簡撰：《疑仙傳》（〔明〕陳繼儒編：《寶顏堂祕笈》，臺北：國家圖書館「善本書室」所藏「明萬曆間繡水沈氏尚白齋刊本」）。

〔註117〕同註16。

結果以《廣四十家小說》本九則中十一處文字較合理，比《陳眉公家藏祕笈續函》本八處，算是略勝一籌。如《廣四十家小說》本〈賞心亭〉：

> 咸通中，……一日公召陶同遊，問及往日蘆管之事。陶因獻朱崖陸
> 臺元白所撰歌一曲，公亦喜之，即於茲亭奏之。〔註118〕

上文橫線處所指為人名，《陳眉公家藏祕笈續函》本作「未」字，顯然刊刻時不夠謹慎所導致。其餘如〈太尉朱崖辯獄〉中之「訢」、〈方竹柱杖〉中之「換」等字則亦是如此，故有粗製濫造之嫌。另外，未經精審內容所引起文意錯誤，此種情形於《廣四十家小說》本，亦有缺失。如《廣四十家小說》本〈方竹柱杖〉：

> 見一僧蹺足而眠，以手書空，顧客殊不介意。友生竊自思書空有換
> 鵝之能，蹺足類坦床之事，此必奇僧也，直入造之，僧雖強起，全
> 不樂，客不得已而問曰：「先達有詩云：『書空蹺足睡，路險側身行。』
> 和尚其庶幾乎！」

其「蹺」字，《陳眉公家藏祕笈續函》本亦作「蹺」字，然中華書局出版《桂苑叢談》本作「翹」字。「蹺」者，舉足也；「翹」者，舉起也。文中描述一位僧人舉起其足而睡，蹺字已有舉足意，毋須畫蛇添足，而蹺足猶言舉足，必須接一足字語意始完整。細論之，當以「翹」字為是。除此之外，《陳眉公家藏祕笈續函》本之《桂苑叢談》混入《史遺》部分，前已證之實南宋刊刻時已合訂一冊而未審誤植，故謂該部叢書未能精細校勘考證，遂有此項嚴重缺失。

從內容文字得知，能讓這些小說訛誤之處更加顯著，亦能顯示出陳繼儒志怪傳奇小說校讎粗劣之例證。

（二）與清代、民國以後其他版本內容文字差異作比較

版本名稱 志怪傳奇小說書名	其他版本	內　容　文　字　比　較　說　明
《桂苑叢談》	《陳眉公家藏祕笈續函》本 上海中華書局出版《桂苑叢談》本	**「史遺」前十則內容文字差異情形：** 主要有四種文字差異情況，異字、異文、闕字、衍字，其中以「異字」影響該部小說最深。故十則作品中，皆出現「異字」情形，而旁查《太平廣記》本，中華書局出版《桂苑叢談》本文字較符合內容。 **《陳眉公家藏祕笈續函》本與其他版本刊刻之版本孰優孰劣情形：** 中華書局出版《桂苑叢談》本，比較精善。

〔註118〕同註16，頁67～68。

《集異志》	《陳眉公家藏祕笈續函》本	**作品收錄總數情形：** 《陳眉公家藏祕笈續函》本作品收錄總數二百四十則，而《唐人說薈》本僅收八十五則。查考上海圖書館「明鈔本」後，《陳眉公家藏祕笈續函》本應是存留該部小說原貌。至於，《唐人說薈》本，應是根據明代版本加以摘錄，並無完整刊刻出該部小說收錄情形。
	《唐人說薈》本	**內容文字差異情形：** 主要內容文字差異情況，影響該部小說最深爲闕文情形。《唐人說薈》本收錄《陳眉公家藏祕笈續函》本八十四則作品中，共有二十八則有闕文情形。闕文情形，依照《陳眉公家藏祕笈續函》本內容文字，旁證上海圖書館「明鈔本」後，可以肯定《唐人說薈》本應根據《說郛續》本刊刻，故闕文之處是自行刪減該部小說作品內容樣貌。
		《陳眉公家藏祕笈續函》本與其他版本刊刻之版本孰優孰劣情形： 《陳眉公家藏祕笈續函》本，比較精善。
《疑仙傳》	《陳眉公家藏祕笈續函》本	**內容文字差異情形：** 主要內容文字差異情況，影響該部小說最深者有二種情形：一則爲內容作品收錄不同，共短少二則作品；二則爲闕文之情形，共有一則差異。至於，《琳瑯秘室叢書》本與《陳眉公家藏祕笈續函》本，內容文字訛誤脫衍實在不少，旁作品明白云霽《正統道藏》、今日《四庫全書存目叢書》子部‧道家類收錄之「《疑仙傳》三卷北京圖書館藏明鈔本」本，皆與《琳瑯秘室叢書》本較相似。
	《琳瑯秘室叢書》本	**《陳眉公家藏祕笈續函》本與其他版本刊刻之版本孰優孰劣情形：** 《琳瑯秘室叢書》本，比較精善。

1. 《陳眉公家藏祕笈續函》本內容文字比較精善之志怪傳奇小說

三部志怪傳奇小說收錄作品，內容文字比較精善除表格所呈現外，復從收錄作品數量觀察其「內容比較完整」而作探討。

《陳眉公家藏祕笈續函》三部志怪傳奇小說，屬於「內容比較完整」者，有《集異志》一部作品：

僞託陸勳《集異志》內容比較完整，此可從二方面證之：一方面，《陳眉公家藏祕笈續函》本收錄作品二百四十則較清代《唐人薈要》本之八十五則作品完整，此部分可從上海圖書館藏「明鈔本」《集異志》佐證。另一方面，《陳眉公家藏祕笈續函》本內容情節較爲完整，不同於《唐人薈要》本刪減內容文字，此可自上海圖書館藏「明鈔本」《集異志》，或史書、志怪雜書，比較得知。如《陳眉公家藏祕笈續函》本卷二〈玄宗開元十七年四月乙亥〉原文：

> 玄宗開元十七年四月乙亥，大風震電，藍田山摧裂百餘步，畿內山也。占曰：「人君德消政易則然。」天寶十一載六月，虢州閿鄉黃河中媧墓，因大雨晦冥失所在。至乾元二年六月乙未，瀕河人聞有風雷，曉見其墓湧出，下有巨石，上有雙柳，各長丈餘，時號風陵堆。

占曰：「塚墓自移，天下破。」〔註119〕

而《唐人薈要》二版本，〈玄宗開元十七年四月乙亥〉原文：

> 玄宗天寶十一載六月，虢州閿鄉黃河中媧墓，因大雨晦冥失所在。
> 至乾元二年六月乙未，瀕河人聞有風雷，曉見其墓湧出，下有巨石，
> 上有雙柳，各長丈餘，時號風陵堆。占曰：「塚墓自移，天下破。」。

〔註120〕

從二版本內容相互校讎後，可見出《唐人薈要》本，僅存天寶年間媧墓事。旁查上海圖書館藏之「明鈔本」，卷一〈玄宗開元十七年四月乙亥〉原文：

> 玄宗開元十七年四月乙亥，大風震電，藍田山摧裂百餘步，畿內山
> 也。占曰：「人君德消政易則然。」天寶十一載六月，虢州閿鄉黃河
> 中媧墓，因大雨晦冥失於所在。至乾元二年六月乙未，瀕河人聞有
> 風雷，曉見其墓湧出，下有巨石，上有雙柳，各長丈餘，時號風陵
> 堆。占曰：「塚墓自移，天下破。」〔註121〕

《陳眉公家藏祕笈續函》本與上海圖書館藏之「明鈔本」雖略有一、二文字差異，但占卜文與異象變化皆在，而《唐人薈要》二版本闕少此部分內容，故無法渲染奇異意境之果效。

大抵，陳氏編纂《陳眉公家藏祕笈續函》本與《唐人薈要》本，前者較為完整，今日上海文明書局、商務印書館《叢書集成初編》與新文豐《叢書集成新編》等，皆依照此版本刊刻影印；後者刪減本新興書局《說庫》本，則依此版本印行。以上談論《陳眉公家藏祕笈續函》本與《唐人薈要》本，是今日見到收錄《集異志》最常見之版本，然繁簡不同，研究者必須加以判斷，方能不被資料所誤。

2. 清代、民國以後其他版本內容文字比較精善之志怪傳奇小說

三部志怪傳奇小說收錄作品，其他版本內容文字比較精善，即反映出《陳眉公家藏祕笈續函》本之缺點，故分別依照「異動文字，竄改之嫌」與「誤植文句，校勘（考證）不精」作探討。

（1）脫闕文句，竄改之嫌

〔註119〕同註33，卷二，頁11。
〔註120〕同註81，頁2。
〔註121〕《四庫全書存目叢書》「子部‧小說家」二四五。同註50，第二四五冊，頁245～570。

　　《陳眉公家藏祕笈續函》三部志怪傳奇小說，屬於「異動文字，竄改之嫌」者，有《疑仙傳》一部。

　　五代隱夫玉簡《疑仙傳》，《琳瑯秘室叢書》本校勘較精審，可與清丁福保編《道藏精華錄》、《四庫全書存目叢書》子部・道家類收錄之「《疑仙傳》三卷　北京圖書館藏明鈔本」本相印證。然以《陳眉公家藏祕笈續函》本爲底本之上海文明書局《寶顏堂祕笈》之《續笈》本，仍以該套叢書之《疑仙傳》刊刻，實欠缺周延。清周中孚《鄭堂讀書記》卷六十九「子部十四・道家類」記載「《疑仙傳》一卷　《續祕笈》本」條下云：

> 舊本題隱夫玉簡撰，亦不著時代。《四庫全書》存目作三卷，《通志》同，亦無撰人。以其書考之，當爲宋乾德、開寶以後人所撰。……
> 按是書所錄二十二人，皆開元以後事，其詞頗拙陋，或不成文，殆不學之徒所作。雖出於宋人，無足取也。〔註122〕

　　周氏提要已論該部小說原內容爲二十二則作品，上海文明書局依舊採用「續祕笈本　《疑仙傳》一卷」之版本，不知擇善本而刊，實有失於考證，亦顯露學養欠缺之嫌。故筆者《陳眉公家藏祕笈續函》本刪減二則作品、竄改一則作品內容，從文獻保存角度言，實屬嚴重缺失。

　　（2）誤植文句，校勘（考證）不精

　　《陳眉公家藏祕笈續函》三部志怪傳奇小說，屬於「誤植文句，校勘（考證）不精」者，有《桂苑叢談》等一部。

　　《桂苑叢談》「前十則」作品，據傳增湘《藏園訂補郘亭知見傳本書目》卷十一上・子部十二「小說家類　異聞」記載：

> ㊜○明萬曆刊寶顏堂秘笈本，八行十八字，白口，四周單闌。余據太平廣記引文校，頗有補訂。〔註123〕

　　從傳氏所言，可知《陳眉公家藏祕笈續函》本內容文字有誤，然《藏園訂補郘亭知見傳本書目》卻未進一步指出補訂之處。筆者，將《陳眉公家藏祕笈續函》本與上海中華書局出版《桂苑叢談》本前十則「異字」處，校勘並旁查《太平廣記》本存錄九則作品，結果上海中華書局出版《桂苑叢談》本稍勝一籌。如上海中華書局出版《桂苑叢談》本〈李將軍爲左道所惑〉原文：

〔註122〕《鄭堂讀書記》卷六十九「子部十四・道家類」。同註21，第十四冊，頁557～558。
〔註123〕同註28，第二冊，頁79。

－204－

護軍李將軍全皋罷淮海日，寓於開元寺。以朝廷艱梗，未獲西歸，一旦有一小校紹介一道人，云能爐火之事。護軍乃延而客之，自此常與之善。一日話及黃白事，道人曰：『唯某頗能得之。可求一鼎容五六<u>升</u>已來者，得金二<u>十</u>餘兩爲<u>母</u>，日給水銀藥物，火候足而換之，莫窮歲月，終而復始。』李喜其說，顧囊有金帶可及其數，以付道人。諸藥既備，用火之後，日日親自看驗。居數日覺有微倦，乃令家人親愛者守之。數日既滿，齋沐而後開，金色粲然，的不虛矣。李拜而信之，三日之內添換有<u>徵</u>。一日道人不來，藥爐一切如舊，疑<u>駭</u>之際，俄經再宿，初且訝其不至，不得已啓爐而視之，不見其金矣。事及導引小校，代填其金，道人杳無蹤跡。〔註124〕

　　而《陳眉公家藏祕笈續函》本第一處橫線處作「可求一鼎容五六<u>萬</u>已來者」、第二處橫線處作「得金二＿＿餘兩爲<u>每</u>」、第三處橫線處作「三日之內添換有」、第四處橫線處作「疑悞之」，文中無論脫闕之字或異字，以《太平廣記》本佐證後，上海中華書局出版《桂苑叢談》本皆完全相同，是陳繼儒未能精審校勘，故無法顯露此則作品完整內容。其餘如〈太尉朱崖辯獄〉、〈賞心亭〉等，亦是如此。值得一提，上海中華書局出版《桂苑叢談》本於文字雖較《陳眉公家藏祕笈續函》本正確無誤，然仍將《史遺》部分誤植入該部小說，亦犯失於考證之嚴重缺失。

　　從內容文字得知，能讓此等小說訛誤之處更加顯著，亦能顯示出陳繼儒志怪傳奇小說校讎粗劣之例證。

二、論收錄作品之文學性價值

　　上一節從「量」觀察，將三部志怪傳奇小說收錄作品內容文字比較後，已將《陳眉公家藏祕笈續函》本收錄志怪傳奇小說何部可作爲閱讀者、研究者取資，何部可能要另尋其他較佳版本，故已初步反映出三部志怪傳奇小說之內容。此單元，進一步擬以每部志怪傳奇小說內容特質作論考，是從「質」來反映《陳眉公家藏祕笈續函》，以見陳繼儒選書鑑別能力爲何？

（一）較具文學性之志怪傳奇類作品

　　從「文學性」層面，論其三部志怪傳奇小說收錄作品之價值。以下分別，

〔註124〕同註16，頁 67～68。

從作者筆下文采、選用題材實虛與作品傳達意境等三方面，分析梳理該部作品是否具備文學性價值。比較「具備文學性」之志怪傳奇類作品，有《桂苑叢談》、《集異志》、《疑仙傳》等，三部作品。值得一提，此三部作品中，其中有整體質量並非上乘之作，為避免當中若干則可供閱讀之作被忽略，故在此一併列舉探討。

1. 作者筆下文采

「作者筆下文采」部分，從語言運用與敘事技巧等方面判斷該部小說是否具備文學性之特色。

（1）唐馮翊《桂苑叢談》

《桂苑叢談》「前十則」作品能見出作者簡潔文筆，讓閱讀者快速瞭解該則作品主角形象，如〈崔張自稱俠〉：

> 進士崔涯、張祜下第後，多遊江淮。常嗜酒，侮謔時輩，或乘飲興，即自稱豪俠。二子好尚既同，相與甚洽。崔因醉作俠士詩云：『太行嶺上三尺雪，崔涯袖中三尺鐵。一朝若遇有心人，出門便與妻兒別。』由是往往播在人口。崔、張真俠士也，以此人多設酒饌待之，得以互相推許。一旦張以詩上牢盆使，出其子授漕渠小職，得堰俗號冬瓜。張二子一椿兒，一桂子，有詩曰：『椿兒繞樹春園裏，桂子尋花夜月中。』人或戲之曰：『賢郎不宜作此等職。』張曰：『冬瓜合出祜子。』戲者相與大哂。後歲餘，薄有資力。一夕有非常人裝飾甚武，腰劍手囊，貯一物流血於外，入門謂曰：『此非張俠士居也？』曰：『然。』張揖客甚謹。既坐，客曰：『有一讐人，十年莫得，今夜獲之，喜不可已。』指其囊曰：『此其首也。』問張曰：『有酒否？』張命酒飲之。客曰：『此去三數裏有一義士，餘欲報之，則平生恩讐畢矣。聞公氣義，可假餘十萬緡，立欲酬之，是餘願矣。此後赴湯蹈火，為狗為雞，無所憚。』張且不吝，深喜其說，乃傾囊燭下，籌其縑素中品之物量而與之。客曰：『快哉！無所恨也。』乃留囊首而去，期以卻回。及期不至，五鼓絕聲，東曦既駕，杳無蹤跡。張慮以囊首彰露，且非己為，客既不來，計將安出？遣家人將欲埋之。開囊出之，乃豕首矣。因方悟之而嘆曰：『虛其名，無其實，而見欺之若是，可不戒歟！』豪俠

之氣自此而喪矣。〔註125〕

此則作品描述崔涯、張祜二人自稱豪俠,而一位素昧平生之客,利用二人俠氣之舉而以豕首詐取張祜十萬緡,故事情節,筆下文采,均有可觀者。明隆慶刻本《劍俠傳》附錄已收載,後世吳敬梓《儒林外史》第十二回、十三回有張鐵臂欺婁家兩公子五百兩銀子事,亦有類此情節描述,應脫胎於此。

2. 選用題材實虛

（1）唐馮翊《桂苑叢談》

《四庫全書》子部十二「小說家類二」提要記載《桂苑叢談》:

> 案《桂苑叢談》一卷,……其書前十條皆載咸通以後鬼神怪異及瑣細之事,後爲史遺十八條。〔註126〕

從「提要」之論,可知該部小說「前十則」作品以描寫鬼神怪異與瑣談異聞爲主題。其中,內容情節使用不少詩歌作品與談論文人雅士之奇舉,亦虛亦實,除可作爲研究唐代文學者所取資外,進一步可從選用題材「實」與「虛」成分多寡,作爲判斷該部小說是否具備文學性。分析研究後,如〈張緯有道術〉、〈崔張自稱俠〉、〈賞心亭〉、〈方竹柱杖〉、〈沙彌辯詩意〉、〈客飲甘露亭〉等作品,〔註127〕皆可觀之。以下舉〈張緯有道術〉爲例,其原文如下:

> 咸通初,有進士張緯者,下第後多遊江淮間,頗有道術。常養氣絕粒,嗜酒耽棋。又以爐火藥術爲事。一旦覩天大晒,命筆題云:『爭奈金烏何,頭上飛不住。紅爐謾燒藥,玉顏安可駐。今年花發枝,明年葉落樹。不如且飲酒,莫管流年逝。』人以此異之。不喜裝飾,多歷旗亭而好酒杯也。或人召飲,若遂合意,則索紙剪蛺蝶三二十

〔註125〕同註 16,頁 65～66。
〔註126〕文淵閣《四庫全書》子部三四八「小說家類」。同註 4,頁 1042-650。
〔註127〕從《全唐詩》查得《桂苑叢談》引用詩歌,有以下作品:「張緯有道術」作品中有四首詩作,查考《全唐詩》卷八六一「張辭」,詩題分別爲〈題壁〉、〈上鹽城令述德詩〉、〈謝令學道詩〉、〈別令詩〉;「崔張自稱俠」作品中有二首詩作,查考《全唐詩》卷五○五「崔涯」,詩題爲〈俠士詩〉與卷五一一「張祜」,一聯詩句;「賞心亭」作品中有一首詩作,查考《全唐詩》卷七九五「蔚鎮淮海」,一聯詩句;「方竹柱杖」作品中有一首詩作,查考《全唐詩》卷四七五「李德裕」,一聯詩句;「沙彌辯詩意」作品中有一首詩作,查考《全唐詩》卷八七七,詩題爲〈客題青龍寺門〉;「客飲甘露亭」作品中有六首詩作,查考《全唐詩》卷五九八「高駢」,二聯詩句與卷八六五「甘露詩鬼」,〈西軒詩〉四首作品。故《桂苑叢談》十則作品中,有六則引用詩作,達十五首之多。

枚，以氣吹之，成列而飛，如此累刻。以指收之，俄皆在手。見者
求之，即以他事爲阻。常遊鹽城，多爲酒困。非類輩欲乘酒試之，
相競較力，留繫是邑中。醒乃課述德陳情二首以上狄令。乃立釋之。
詩所記惟一篇云：『門風常有蕙蘭馨，鼎族家傳霸國名。容貌靜懸秋
月彩，文章高振海濤聲。訟堂無事調琴軫，郡閣何妨醉玉觥。今日
東漸^{音尖}橋下水，一條從此鎮長清。』自後狄宰多張之才，次求其道，
日久延接，欲傳其術。張以明府勳貴家流，年少而宰劇邑，多聲色
狗馬之求，未暇志味玄奧，因贈詩以開其意云：『何用梯媒向外求，
長生只在內中修。莫言大道人難得，自是行心不到頭。』他日將欲
離去，乃書琴堂而別。後人多云江南上昇，初去日乘醉，因求搗網
剪紙鶴二隻，以水噀之，俄而翔翥，乃曰：『汝先去，吾即後來。』
時狄公亦醉，不暇拘留，遂得去。其所題云：『張綽張綽自不會，天
下經書在腹內。身卻騰騰處世間，心即逍遙出天外。』至今江淮好
事者記綽時事詩極多。〔註128〕

此則作品，描述張綽有道術，真如神仙會以紙剪蛺蝶、紙鶴，吹氣而飛、
噀水翔翥，情節頗爲虛幻。而上文橫線處之四首詩歌，查考《全唐詩》卷八六
一，可清楚得知皆爲張辭（張綽）〔註129〕所作，詩題分別爲〈題壁〉、〈上鹽城
令述德詩〉、〈謝令學道詩〉、〈別令詩〉，讓內容呈現文學性。大抵，《桂苑叢談》
選用題材虛實相交，除能引人入勝外，亦能提供研究唐代文學者之資料。

《桂苑叢談》所記多鬼神怪異事，唯懿宗咸通以後唐末社會情況，亦能
從中探索一二。如〈李將軍爲左道所惑〉：

護軍李將軍全皋罷淮海日，寓於開元寺。以朝廷艱梗，未獲西歸，
一旦有一小校紹介一道人，云能爐火之事。護軍乃延而客之，自此
常與之善。一日話及黃白事，道人曰：『唯某頗能得之。可求一鼎容
五六升已來者，得金二十餘兩爲母，日給水銀藥物，火候足而換之，
莫窮歲月，終而復始。』李喜其說，顧囊有金帶可及其數，以付道
人。諸藥既備，用火之後，日日親自看驗。居數日覺有微倦，乃令

〔註128〕同註 16，頁 63～64。
〔註129〕張辭，《全唐詩》卷八六一，作者小傳云：「張辭，咸通初，進士下第，遊淮
　　　　海間。有道術，嘗養氣絕粒。好酒耽棋，後於江南上昇。」按：此乃據《太
　　　　平廣記》卷七五引《桂苑叢談・張辭》爲說。「張辭」，《陳眉公家藏祕笈續函》
　　　　以下諸本並作「張綽」。

家人親愛者守之。數日既滿，齋沐而後開，金色粲然，的不虛矣。
李拜而信之，三日之內添換有徵。一日道人不來，藥爐一切如舊，
疑駭之際，俄經再宿，初且訝其不至，不得已啟爐而視之，不見其
金矣。事及導引小校，代填其金，道人杳無蹤跡。〔註130〕

從此則記載，可知彼時詐騙之術，雖貴為護軍將軍亦不能免。而〈崔張
自稱俠〉所記，實亦詐欺事也。又書中所記多與佛道有關，可見晚唐五代佛
道盛行於民間情況。

（２）偽託唐陸勳《集異志》

據李劍國《唐五代志怪傳奇敘錄》「偽訛書目‧《集異志》四卷」條下謂：

《集異志》，……細檢各條，皆掇摘漢以來正史《五行志》及志怪雜
書所載災異變怪之事而成，或照錄原文，或稍事增損，洵為贋書。

〔註131〕

從李氏之言，可知該部小說作品中材料多採自正史資料，以及民間童謠
歌謠等地方材料。《集異志》中，正史資料可正面記錄時代重要史事，而地方
性資料可側面記載當地、當時社會習俗平民心理反映。該部小說，取材實虛
相雜，各有側重，可作為研究史實、地方風俗與文學者所取資。

首先，取資於正史資料方面，如《漢書‧五行志》、《後漢書‧五行志》、
《晉書‧五行志》、《宋書‧五行志》等。例如卷二〈晉惠帝元康四年〉：

晉惠帝元康四年，蜀郡山崩，殺人。五月壬子，壽春山崩，洪水出，
城壞，地陷方三十丈，殺六月人，壽春大雷，山崩地拆，人家陷死，
上庸郡亦如之。月，居庸地裂，廣三十六丈，長八十四丈，水出，
大饑。上庸四處山崩，地墜廣三十丈，長一百三十丈，水出殺人。
皆賈后亂朝之應也。〔註132〕

考查《晉書‧五行志下》第十九「山崩地陷裂」條下記載：

惠帝元康四年，蜀郡山崩，殺人。五月壬子，壽春山崩，洪水出，
城壞，地陷方三十丈，殺人。六月，壽春大雷，山崩地坼，人家陷
死，上庸亦如之。八月，居庸地裂，廣三十六丈，長八十四丈，水
出，大饑。上庸四處山崩，地墜廣三十丈，長一百三十丈，水出殺

〔註130〕同註16，頁70～71。
〔註131〕同註5，下冊，頁1177-1178。
〔註132〕同註33，卷二，頁10～11。

人。皆貴後亂朝之應也。〔註133〕

檢視二則內容，得知《集異志》確實保存史書眞實文獻，其餘作品如卷一〈吳孫休時〉、〈漢劉聰建興元年正月〉等；卷二〈漢靈帝中平三年八月中〉、〈魏明帝景初元年〉等；卷三〈晉獻公時〉、〈文成之世〉等；卷四〈漢獻帝建安十五年正月〉、〈晉劉曜時〉等。值得一提，《集異志》採輯正史資料並非每則作品全如上述照錄原文，若干資料或節錄或增改。如卷二〈晉武帝咸寧中〉：

> 晉武帝咸寧中，司徒府有二大蛇，長十許丈，居廳事平橑上而人不知，但府中怪數年數失小兒及諸犬之屬。後有一蛇夜出，被刃傷不能去，乃覺之，發徒攻擊，移時乃死。漢靈帝時，蛇見御座，楊賜以爲帝溺於酒色之應。〔註134〕

考查《晉書・五行志下》第十九「龍蛇之孽」條下記載：

> 武帝咸寧中，司徒府有二大蛇，長十許丈，居聽事平橑上，而人不知。但數年怪府中，數失小兒及豬犬之屬。後有一蛇夜出，被刃傷不能去，乃覺之，發徒攻擊，移時乃死。夫司徒，五教之府：此皇極不建，故蛇孽見之。漢靈帝時，蛇見御座，楊賜云爲帝溺於色之應也。魏代宮人猥多，晉又過之，燕遊是湎，此其孽也。《詩》云：「惟虺惟蛇，女子之祥」也。〔註135〕

檢視二則內容，得知《集異志》取材《晉書・五行志》而稍作改寫如上文橫線「＿」處，以及刪減如上文橫線「﹍」處。從《集異志》刪減《晉書・五行志》原文觀之，該則作品應欲以蛇徵兆突顯晉武帝沈溺女色之事。其餘作品如卷一〈晉惠帝時〉、〈晉懷帝永嘉元年〉等；卷二〈夏後氏之衰〉、〈晉武帝咸寧中〉等；卷三〈玄宗時童謠曰〉、〈漢成帝建始三年十月丁未〉等；卷四〈漢元帝初元四年〉、〈漢哀帝建平三年十月〉等，亦是反映類似現象。

大抵，該部小說編纂者多採唐以前史書資料，誠如周勛初《唐人筆記小說考索》「上編：通論・唐代筆記小說的內涵與特點」言：

> 傳奇每以「傳」「記」爲名，如《柳氏傳》、《李章武傳》……魏晉南北朝時這類著作已經風行，至唐代更趨興盛，或受其時普遍重視史書的影響，文士竟以稗補史闕自命，群趨於「傳記」之途，精力所

〔註133〕《晉書・五行志下》第十九。同註110，頁698。
〔註134〕同註33，卷二，頁8～9。
〔註135〕《晉書・五行志下》第十九。同註110，頁702。

萃，遂有許多創造，其中很多作品後被列入了《太平廣記》中的「雜傳記類」，也可用以說明這些作品與史類著作具有血緣關係。〔註136〕

據引文可知，《集異志》實能反映唐以前若干正史記載外，偶亦出現收錄作品難以完全符合史書。筆者認爲，小說畢竟屬於另一種文體，此文體仍以故事情節爲發展主軸，故未必要將史書首尾完整照錄，其中節錄部分實能間接投射出作者欲表明思想寓意。

其次，地方性資料方面。《集異志》中出現不少古代童謠、歌謠等資料，如卷三〈晉獻公時〉：

晉獻公時，童謠曰：「丙之晨，龍尾伏辰。^{袀音均，}袀服振振，^{戎衣也}取虢之旗。鶉之賁賁，天策焞焞。火中成軍，虢公其奔。」〔註137〕

此則作品出自《左傳・僖公五年》，晉獻公率軍包圍虢國，問葡偃吉凶如何？卜偃引此首童謠，道出虢國被晉國滅亡實屬天意；此首童謠爲先秦時期著名作品。再舉卷三〈苻堅滅〉：

苻堅滅燕，慕容沖姊爲清河公主，年十四而有殊色。堅納之，寵冠後宮。沖年十二，亦有龍陽之姿，堅又幸之。姊弟專寵，宮人莫進。長安歌之曰：「一雌復一雄，雙飛入紫宮。」鹹俱爲亂，堅乃出沖。

〔註138〕

此則作品出自《晉書・苻堅載記下》，苻堅破燕都鄴城，將前燕清河公主及其弟慕容沖帶進宮中，且寵愛非常，經大臣王猛諫言，始將慕容沖放出任平陽太守。當時長安百姓以飛鳥作此，道出姊弟二人受寵情形；此首歌謠爲兩晉時期著名作品。《集異志》卷三中出現最多童謠、歌謠，他如〈文成之世〉、〈漢成帝時〉、〈漢光武建武六年〉、〈漢順帝之末〉等，約二十餘首作品。

大抵，地方性資料實能輔助史實，亦能反映下階層百姓心聲。誠如清劉毓崧〈古謠諺・序〉：

欲探風雅之奧者，不妨先問謠諺之塗，誠以言爲心聲。而謠諺皆天籟自鳴，直抒己志，如風行水上，自然成文，言有盡而意無窮，可以達下情而宣上德，其關係寄託，與風雅表裡相符。蓋風雅之述志，著於文字；而謠諺之述志，發於語言。語言在文字之先。……故昔

〔註136〕同註3，頁18。
〔註137〕同註33，卷三，頁1。
〔註138〕同註33，卷三，頁11。

之觀民風者，既陳詩，亦陳謠諺。考之左氏《正義》以逍遙訓謠，許氏《說文》以傳言訓諺。夫謠與遙同部，凡發於近地者，即可行於遠方。諺從彥得聲，凡播於時賢者，即可傳之來哲。〔註139〕

民間童謠、歌謠，因反映出獨特藝術風格，往往成爲地方性最原始、珍貴資產，亦成爲今日研究者研究民間文學課題之一，如雷群明・王龍娣有《中國古代童謠賞析》〔註140〕、高殿石有《中國歷代童謠輯注》〔註141〕等著作。《集異志》收錄作品中包含童謠、歌謠部分，當可供研究者取資。

（3）五代隱夫王簡《疑仙傳》

據隱夫玉簡〈疑仙傳小序〉：

夫神仙之事，自古有之，其間混迹，固不可容易而測也。僕偶於朋友中錄得此事，輒加潤色，不敢便以神仙爲名。今以諸傳搆成三卷，目之爲疑仙傳爾。〔註142〕

從「小序」之論，可知該部小說作品中神仙有關之事，前人已有敘述。二十二人當中，有九人生處於唐玄宗時期。

其次，《疑仙傳》可作爲研究唐代文學者所取資，誠如崔際銀《詩與唐人小說》中「唐詩與小說用詩之互觀・四 晚唐」謂：

（二）小說用詩的繁富……就小說用詩情況而言，本期取得的成就最大。志怪傳奇小說集如：陳劭《通幽記》、薛用弱《集異記》、牛僧孺《玄怪錄》、鄭還古《博異志》、薛漁思《河東記》、李復言《續玄怪錄》、佚名《會昌解頤》、呂道生《定命錄》、陸勛《集異記》、盧言《盧氏雜說》、溫庭筠《乾𢷎子》、段成式《酉陽雜俎》、李玫《纂異記》、柳祥《瀟湘錄》、張讀《宣室記》、袁郊《甘澤謠》、裴鉶《傳奇》、皇甫枚《三水小牘》、陳翰《異聞集》、杜光庭《神仙感遇傳》、康軿《劇談錄》、沈汾《續仙傳》、王簡《疑仙傳》、徐鉉《稽神錄》；雜事小說……等等，都錄有數首乃至數十首詩歌。……對我們來說，

〔註139〕〔清〕杜文瀾編：《古謠諺》（臺北：世界書局印行，1960年11月），〈序〉，頁1～2。

〔註140〕雷群明・王龍娣《中國古代童謠賞析》（長沙市：湖南文藝出版社出版，1988年1月）。

〔註141〕高殿石輯：《中國歷代童謠輯注》（山東：山東大學出版社出版，1991年11月）。

〔註142〕同註64。

最重要的是，唐人小說中自始至終都有詩歌的進入。而且，隨著時
代的推移，詩歌進入小說的概率越來越高，小說中詩歌與唐詩發展
的風貌益相合。〔註143〕

　　筆者據此線索查考，可清楚得知卷上〈張鬱〉作品於《全唐詩》卷八百六
十三「洛川仙女」條下存有三首；卷中〈朱子真〉作品於《全唐詩》卷七百七
十「朱子真詩一首」條下存有〈對趙穎歌〉〔註144〕、卷八百六十「朱子真」條
下亦存有〈對趙穎歌〉〔註145〕作品，此二首詩歌作品雖分別著錄於《全唐詩》
中，然詩作內容一模一樣。以下舉卷上〈張鬱〉作品欣賞，其內容原文如下：

　　張鬱者，燕人也，客於京洛，多與京洛豪貴子弟遊，狂歌醉舞近十
　　載。忽因獨步沿洛川，鬱既觀是時也，風景恬和，花卉芳馥，幽鳥
　　翔集於喬木，佳魚踴躍於長波，因高吟曰：「浮生如夢能幾何，浮生
　　復更憂患多。無人與我長生術，洛川春且狂歌。」吟纔罷，忽舉
　　目見一翠幄臨水，絃管清亮。鬱驚歎曰：「是何人之遊春也？」言未
　　絕，有一女郎自幄中而出，緩步水濱，獨吟獨歎。鬱性放蕩，不可
　　羈束，不覺徑至女郎前，問之曰：「是何神仙之女，下陽臺邪？來蓬
　　瀛邪？獨吟而又獨歎邪？」女郎駭然變色，良久乃斂容而言曰：「兒
　　自獨吟獨歎，何少年疏狂不拘之甚也？安得容易來問？」鬱曰：「我
　　天地間不羈之流也。少耽詩酒，適披麗質詠歎，固願聞一言耳。」
　　女郎微笑，指翠幄而言曰：「可同詣此也。」鬱因同至翠幄內。女郎
　　乃命張綺席，復舉絃管，與鬱談笑，共酌芳樽。及日之夕也，女郎
　　曰：「人世信短促邪，春未足，秋又來，纔紅顏，遽白髮。設或知人
　　世之不可居，而好道之者實可與言也。」鬱低頭不對。」女郎乃歌
　　曰：「形雲入帝鄉，白鶴又徊翔。久留深不可，蓬島路遐長。」又歌
　　曰：「空愛長生術，不是長生人。今日洛川別，可惜洞中春。」俄與

〔註143〕崔際銀著：《詩與唐人小說》（天津：天津古籍出版社出版，2004 年 6 月），
　　　　頁 183～186。
〔註144〕《全唐詩》卷七百七十「朱子真詩一首」條下存有〈對趙穎歌〉：「人間幾
　　　　日變桑田，誰識神仙動裡天。短促雖知有殊異，且須歡醉（一作笑）在生
　　　　前。」
　　　　《全唐詩》（北京：中華書局出版，1960 年 4 月），第二十二冊，頁 8744。
〔註145〕《全唐詩》卷八百六十「朱子真」條下存有〈對趙穎歌〉「人間幾日變桑田，
　　　　誰識神仙動裡天。短促雖知有□異，且須歡醉在生前。」
　　　　《全唐詩》（北京：中華書局出版，1960 年 4 月），第二十四冊，頁 9720。

鬱別，乘洛波而去。鬱大驚，亦疑是水仙矣。〔註146〕

此則作品，《全唐詩》卷八百六十三詩題〈洛川仙女・答張鬱歌〉二首、附〈張鬱洛川沿步吟〉，主要描述張鬱遊春，狂歌高吟七絕一首：「浮生如夢能幾何，浮生復更憂患多。無人與我長生術，洛川春日且狂歌。」詩中道出浮生若夢，憂患苦多，恨無長生術，復恨無知音相賞。洛川水仙以二首五絕應答張鬱對冀求長生道術之看法。「形（彩）雲入帝鄉，白鶴又徊翔。久留深不可，蓬島路遐長。」、「空愛長生術，不是長生人。今日洛川別，可惜洞中春。」仙道作品採用詩歌，誠如段莉芬《唐五代仙道傳奇研究》謂；

> 詩歌在仙道傳奇中除了塑造人物形象、傳情達意及烘托氣氛等作用以外，還有促進情節發展的作用，預示人物未來的遭遇，或作為遇仙、遊仙等的證明。總而言之，詩筆在仙道題材相得益彰，其主因在於仙道題材提供一寬闊的想像空間——超越古今、出入虛實的舞臺，可以任傳奇作者趁便逞其詩才與情思。〔註147〕

大抵而言，《疑仙傳》選用題材虛實相交，除能反映唐時志怪傳奇特徵外，亦能提供研究唐代仙道詩歌之資料。

3. 作品傳達意境

小說意境傳達，〔註148〕藉由作品主題，傳達作者思想寓意。思想寓意，多半含有多重意味，故呈現意境往往具備多層次感受。以下筆者從文獻方式，將《陳眉公家藏祕笈續函》收錄三部「志怪傳奇類」小說內容分析歸納後之結果，分別從情、理、奇三大意境層面，探討該部小說是否具備文學性。然必有若干則作品，傳達意境非僅屬其中之一，甚至有兼含三種意境者。實因內容如此，不得不然也。

（1）情之意境，多半指作品以情思感動讀者心底。

志怪傳奇小說，以神仙怪異、人物記事為主題。其中「情之意境」特指

〔註146〕同註64，卷上，頁3～4。
〔註147〕段莉芬撰：《唐五代仙道傳奇研究》（臺中：私立東海大學中國文學系博士論文，1998年7月），頁349～350。
〔註148〕所謂「小說意境」，據劉世劍《小說概說》云：「小說中的意境較隱蔽，它多半融化在構成小說的諸因素（如人物、環境、抒情、議論、語言）中。一般讀者閱讀小說時也較少自覺地、專門地關心它的意境。但意境存在於小說中確是事實，而且這是分辨小說格調高低、藝術感染力大小的一個重要依據。」劉世劍著：《小說概說》（高雄：麗文文化事業股份有限公司，1994年11月），頁187。

情節發展必須使人內心深受感動。故事主角無論神仙、怪異或人物，皆必須具備強烈愛恨情感，讓欣賞者閱讀後能有迴腸盪氣之感受。

僞託唐陸勳《集異志》中，童謠、歌謠資料多能寄寓不少下階層百姓內心情感，如卷三〈漢桓帝之初〉：

> 漢桓帝之初，京都童謠曰：「遊平賣印自有平，不避豪家及大姓。」按延熹之末，鄧皇后以譴自殺，乃以竇貴人代之。其父名武字遊平，拜城門校尉。及太后攝政，爲大將軍，與太傅陳蕃合心戮力，惟德是建，印綬所加，咸得其人，豪貴大姓，皆絕望矣。〔註149〕

此則故事，描述竇武與陳蕃同心協力輔佐竇太后攝政，任用人才以能以賢，不避豪門大姓，故京都童謠曰：「遊平賣印自有平，不避豪家及大姓。」反映百姓希望賢人治國渴望。《集異志》卷三中收錄童謠、歌謠，能顯露地方百姓心聲，另有卷三〈漢成帝時歌謠〉、〈晉武帝太康三年平吳後江南童謠〉等皆是。

（2）理之意境，多半指作品以理趣引發讀者思維。

志怪傳奇小說，以神仙怪異、人物記事爲主題，其中「理之意境」特指故事情節藉由體悟某事理或修養身心之過程，從中讓人有或多或少啓發作用。

五代隱夫王簡《疑仙傳》，清丁福保《道藏精華錄一百種提要》謂：

> 《疑仙傳》　是書爲隱夫玉簡撰。多載異人奇士神化不測之事，內如管革之辯於張果、負琴生之語於太白、薑澄之答葉靜。言雖似辯，實寓至理。允足爲大道之點化，更可當俗士之針砭。〔註150〕

筆者認爲，丁氏謂：「言雖似辯，實寓至理。允足爲大道之點化，更可當俗士之針砭。」所言有理。如卷上〈負琴生〉：

> 負琴生者，遊長安數年，日在酒肆乞酒飲之。常負一琴，人不問即不語，人亦以爲狂。或臨水，或月下，即援琴撫弄，必悽切感人。李太白聞焉，就酒肆攜手同出坰野，臨水竹藉草，命之對飲，因請撫琴。生乃作一調弄，太白不覺愴然。生乃謂太白曰：「人間絲竹之音，盡樂於人心，唯琴之音傷人心。我本謂爾不傷心，不知爾亦傷心邪。足知爾放曠拔俗，是身也，非心之放曠拔俗也。」太白本疑是異人，復聞此語，乃拜而問之曰：「丈者奚落魄之甚也。心落魄也？身落魄也？」生曰：「我心不落魄，身亦不落魄。但世人以此爲落魄，

〔註149〕同註33，卷三，頁5。
〔註150〕同註68，頁31。

故我有落魄之迹。」太白曰：「丈者知世人惡此落魄，何不知而改之？」
生曰：「我惡之，即當改之；世人惡之，我奚改邪。」太白又曰：「丈
者負此琴，祇欲自撫之以樂也？欲人樂之也？」生曰：「我此琴古琴
也，負之者，我自好古之音也，又孰欲人之樂也。我琴中之音雅而
純，直而哀，知音之者聞之即爲樂，不知音者聞之但傷耳。亦猶君
之爲文也，輕浮若蝶舞花飄，豔冶如處子佳人。王孫公子以爲麗詞，
達士即不以爲文也。」太白曰：「我之文即輕浮豔冶不足觀，我之風
骨氣概豈不肯仙才邪？」生曰：「君骨凡肉異，非眞仙也，止一貴人
耳。復況體穢氣卑，亦貴不久。但愛惜其身，無以虛名爲累。」言
罷，與太白同醉而回。明日，太白復欲引之於酒肆共飲，不復見。
後數日，太白於長安南大樹下見之，方忻喜，欲就問之，忽然而滅。
〔註151〕

　　此一則故事，描述負琴生與李太白論辯「心」與「身」之看法。文中不
斷著墨負琴生能言善道功夫外，亦欲寄寓修道之法於「心」而非「身」之道
理。故一連串論談，若眞正放曠拔俗、落魄之迹、負琴生之琴音、李太白爲
文風骨氣概等事，皆在闡述世人與異人之別；一者僅在乎外在之身，另一者
看重內在之心。凡人僅重外在之美，而忽視內在之美；俗人往往以外在形象
而判斷是非，卻忽略內在之眞實性，實能發人深省。《疑仙傳》收錄二十二則
作品，另有卷上〈賣藥翁〉、〈彭知微〉；卷中〈方響女〉、〈管革〉；卷下〈薑
澄〉、〈吹笙女〉、〈姚基〉等，皆能賦予若干思維，可供閱讀者深思。

　　（3）奇之意境，多半指作品以奇異詭怪吸引讀者想像。

　　志怪傳奇小說，以神仙怪異、人物記事爲主題，其中「奇之意境」特指
故事中神仙怪異之事，無法合乎常理或難以理解；人物記事之事，其人往往
具備神奇之特質。情節發展過程，令人嘖嘖稱奇。

I、唐馮翊子《桂苑叢談》

〈張綽有道術〉作品欣賞，其內容原文如下：

　　咸通初，有進士張綽者，下第後多遊江淮間，頗有道術。常養氣絕
粒，嗜酒耽碁。又以爐火藥術爲事。一旦覩天大晒，命筆題云：『爭
奈金烏何，頭上飛不住。紅爐謾燒藥，玉顏安可駐。今年花發枝，

〔註151〕同註64，卷上，頁4～5。

明年葉落樹。不如且飲酒，莫管流年逝。』人以此異之。不喜裝飾，
多歷旗亭而好酒杯也。或人召飲，若遂合意，則索紙剪蛺蜨三二十
枚，以氣吹之，成列而飛，如此累刻。以指收之，俄皆在手。見者
求之，即以他事爲阻。常遊鹽城，多爲酒困。非類輩欲乘酒試之，
相競較力，留繫是邑中。醒乃課述德陳情二首以上狄令。乃立釋之。
詩所記惟一篇云：『門風常有蕙蘭馨，鼎族家傳霸國名。容貌靜懸秋
月彩，文章高振海濤聲。訟堂無事調琴軫，郡閣何妨醉玉舭。今日
東漸^{音尖}橋下水，一條從此鎮長清。』自後狄宰多張之才，次求其道，
日久延接，欲傳其術。張以明府勳貴家流，年少而宰劇邑，多聲色
狗馬之求，未暇志味玄奧，因贈詩以開其意云：『何用梯媒向外求，
長生只在內中修。莫言大道人難得，自是行心不到頭。』他日將欲
離去，乃書琴堂而別。後人多云江南上昇，初去日乘醉，因求搗網
剪紙鶴二隻，以水噀之，俄而翔翥，乃曰：『汝先去，吾即後來。』
時狄公亦醉，不暇拘留，遂得去。其所題云：『張綽張綽自不會，天
下經書在腹內。身卻騰騰處世間，心即逍遙出天外。』至今江淮好
事者記綽時事詩極多。〔註152〕

　　引文中，道出張綽好酒能詩，剪蛺能飛、噀水，且乘鶴而去。此張綽異
能法術，充滿奇特色彩，誠如段莉芬《唐五代仙道傳奇研究》謂：

傳奇中仙眞道人施用法術，可能有以下幾個作用：1.證明神仙實
有。2.誇耀神奇，以傳揚教義。3.作爲規勸或懲戒。4.修道的實
際需要。而這個充滿種種異能法術的神仙世界的背後，隱含著人們
渴望突破現實困境的種種欲求，雖具有正面的意義，但因法術中濃
厚的神祕色彩，也不免有令人有訾議之處。〔註153〕

大抵，《桂苑叢談》中描述法術異能，實能傳達奇異神祕之意境。

II、僞託唐陸勳《集異志》

據《說庫》「提要」謂：

《集異志》唐陸勳撰　多述周秦以下怪事瑣聞，有爲正史所未載者
言之，有徵殊異於臆造爲豪者。〔註154〕

〔註152〕同註16，頁63～64。
〔註153〕同註147，頁341。
〔註154〕歷代學人撰：《說庫》（原刻者，文明刊歷代善本：藏書者，蔡毓齋，臺北：

引文中，提及「多述周秦以下怪事瑣聞」道出《集異志》奇之成份，如卷一〈晉懷帝永嘉元年〉：

> 晉懷帝永嘉元年，吳縣萬詳婢生子，鳥頭兩足馬蹄，一手無指，尾黃色，大如枕。此亦人妖，亂之象也。五年五月，抱罕令嚴根婢產一龍一女一鵝。《京房易傳》曰：「人生他物，非人所見者，皆爲天下大兵。」是時承惠帝之後，四海沸騰，尋而陷於平陽，爲劉聰所害，此其應也。〔註155〕

此則作品奇異之處有二：一者，人如何生獸物？「吳縣萬詳婢生子，鳥頭兩足馬蹄，一手無指，尾黃色，大如枕。」「抱罕令嚴根婢產一龍一女一鵝」，皆引人聯想詭異情境。二者，「是時承惠帝之後，四海沸騰，尋而陷於平陽，爲劉聰所害，此其應也。」巧合乎？應驗乎？令人殊覺不可思議。大抵，該部小說屢見以山川、異獸，作爲徵應吉凶果報之事，故讓人嘖嘖稱奇，如卷一〈陳周文育爲鎭南將軍〉、卷二〈吳孫權赤烏十三年八月〉、卷三〈晉惠帝永寧初〉、〈齊武帝時〉、卷四〈晉安帝太興中〉、〈晉安帝隆安初〉等作品，皆此類也。

Ⅲ、五代隱夫玉簡《疑仙傳》

卷上〈葛用〉，其原文如下：

> 葛用者，常牽一黃犬遊岐隴間，人或以酒飲之，即飲而不食。好與僧徒道流談，每至夜即宿於郊野。道士王奉敬仰焉。忽謂奉曰：「可共乘此犬一遊也。」奉曰：「此犬何可乘也？」用曰：「此犬能行也。」因共乘之。此犬忽躍身有如飛鳥，頃刻之間，出中華之外約萬餘里。至一山，峰巒奇秀，風景澄靜，有殊人間也。俄共下犬，攜手入一洞中，見奇樹交陰，名花爛然，峻閣高臺，多臨綠水。俄又入一朱戶，有三女子出迎之，韶玉麗質，實世希有，皆宛若舊識。既延之登一樓，俯翠欄，褰珠簾，設碧玉床。命以瓊漿共酌，仍三女子雜坐。須臾之間，彈箏吹簫，盡去形跡，及將日暮，皆已半醉。用乃謂奉曰：「此三女子者，皆神仙之家也。偶會於此山。我知之，故與爾一詣。今既共懽飲，當復規，此若久留，不可不慮妨他女伴自遊戲也。」遂與奉俱出洞，其三女子亦送之於洞門。用顧謂女子曰：「明年今日再相見。」既與女子別，復共乘犬回。至岐隴間已三載矣。

新興書局有限公司，1973 年 4 月），頁 0003。
〔註155〕同註33，卷三，頁 5。

用又謂奉曰：「我一東遊耳，君當住此。」言訖而不見，爾後不復至矣。〔註156〕

此一則故事，描述葛用受道士王奉要求乘犬遨遊仙境。遨遊仙境，可見神犬功夫、仙境景色及仙人神態等敘述。文末處，提到此遊一去歷經三載，且葛用向道士王奉道別後消失無影無蹤，尤能傳達神奇意境。《疑仙傳》收錄二十二則作品，另如卷上〈葛用〉；卷中〈李陽〉；卷下〈沈敬〉、〈韓業〉亦皆奇異詭怪有趣，能引發讀者想像。

（二）較無文學性之志怪傳奇類作品

三部志怪傳奇小說收錄作品，分析研讀後發現作者筆下較無文學意趣、選用題材較無新意與作品較缺少意境傳達等三方面，作為判斷該作品較無深刻文學性。屬於「較無文學性志怪傳奇作品」有《疑仙傳》等一部作品。值得一提，此部作品雖較無文學性成分，但仍具備其他功用或目的。為避免被閱讀者忽略，故在此亦稍加探討。

五代隱夫玉簡《疑仙傳》，從作者筆下較無意趣方面論之，據《四庫全書總目》子部五十七「道家類存目」云：

舊本題隱夫玉簡撰，不著名氏。……。所錄凡二十二人，皆開元以後事。前有自序，稱不敢便以神仙為名，因目之曰《疑仙傳》。其詞皆冗遝拙陋，或不成文，殆粗知字義者所為。雖宋人舊本，無足採錄也。〔註157〕

復據李劍國《唐五代志怪傳奇敘錄》「《疑仙傳》三卷」條下言：

《四庫提要》頗詆此書，謂「其詞皆冗遝拙陋，或不成文，殆粗知字義者所為」。貶之雖過，要亦近實。所敘仙跡，大都平庸不足觀，殊乏奇麗。且夫論道談術，篇篇幾有，淺言鄙語，無關宏旨。所載詩數首全劣，毫無唐詩風采。觀《草衣兒》敘事，反復再三，頗似民間故事章法，疑作者乃下層文人而耽於神仙者也。〔註158〕

從「提要」之言：「其詞皆冗遝拙陋，或不成文，殆粗知字義者所為。雖宋人舊本，無足采錄也。」李氏亦謂：「所敘仙跡，大都平庸不足觀，殊乏奇麗。且夫論道談術，篇篇幾有，淺言鄙語，無關宏旨。」二所論，多指涉語

〔註156〕同註64，卷上，頁5～6。
〔註157〕同註5，第四冊，頁2909。
〔註158〕同註27，下冊，頁1086。

詞缺乏修飾，造成故事情節比較平淡無奇。筆者認為，若從保留宋代小說作品文獻層面論之，應可作為比較宋代小說優劣之證明。如卷中〈草衣兒〉：

> 草衣兒，自稱魯人也。美容儀，年可十四五。冬夏常披一草衣，故人號為草衣兒。於泗水邊垂釣數年，人未嘗見其得魚，尤異之。或問曰：「魚可充食乎？」對曰：「我不食魚，但釣之也。」又或問其姓氏，即對曰「我自幼不識父，亦猶方朔也，故亦不能作一姓氏也。」泗水邊皆潛察其舉止。草衣兒知之，逃往漢江濱，又垂釣江濱。人初以為漁者。及又不見獲魚，雖炎燠凜冽，但一草衣，數年不易，亦甚疑之。又有問之者，曰：「爾何姓名也？為釣在江濱已數年，寒暄但一草衣，又不見得魚，何也？」草衣兒曰：「我是草衣兒也，人呼我為草衣兒。來垂釣也，釣不必在魚也。況我自得之，又焉知我不得也。我既號為草兒衣，又安能更須姓名也。」江濱人亦潛察之。草衣兒知之，又逃往渭水，垂釣水濱。人見其容貌美，又唯披一草衣，深以為隱者。後見其不獲魚，乃疑之。又問之者，曰：「君何隱也？來渭水何也？欲繼呂望之名耶？」草衣兒對曰：「我性好釣魚，自幼便以垂釣為樂。嘗亦釣於數水，皆不可釣，故來此水。人亦見我披草衣，呼我為草衣兒。呂望者，是他見紂不可諫，欲佐西伯，來此而待，非釣魚也。方今明主有天下，無西伯可待，又何繼呂望之名也。」問者曰：「爾不待西伯，待何人也。」草衣兒曰：「我待一片石耳。」其人笑而不復問。後數日，有一片白石，可長丈餘，隨渭水流至。草衣兒見之，忻喜踴躍，謂水邊人曰：「我本不釣魚，待釣此石也。數年間一身無所容，今日可容此身也。」乃上此石，乘流而去，不知所之。〔註159〕

此則故事，反覆再三描述草衣兒為何名為「草衣兒」，以及他人見垂釣不見其魚之過程。然閱讀全文後，作者於文末處始明言言草衣兒非釣魚而為釣石也，其真正用義為何？不難理解，文筆實較無新奇、奇異之意，內容亦稍微平淡無味。其餘作品，如卷上〈李元〉、〈賣藥翁〉，卷中〈丁寔〉，卷下〈蕭寅〉、〈景仲〉等，亦是如此。

〔註159〕同註64，卷上，頁4～5。